おとな旅
プレミアム
PREMIUM

仙台・松島・平泉

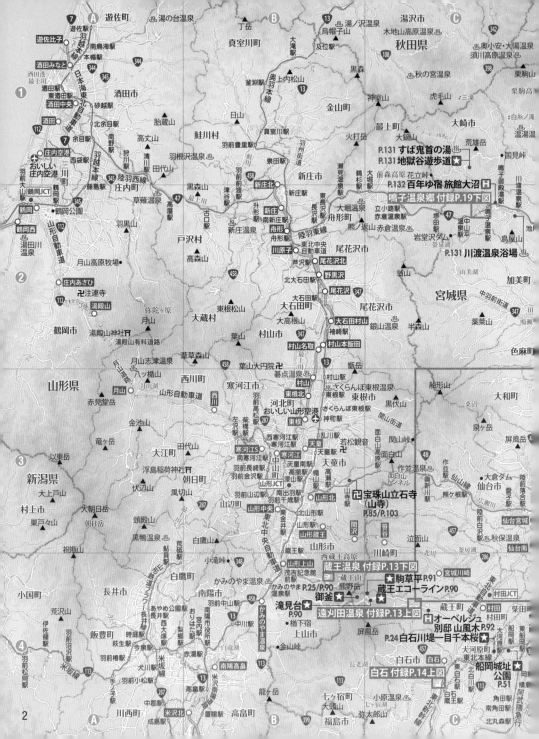

MAP

付録 街歩き地図

仙台・松島・平泉

仙台・松島 ……… 2

仙台広域 ……… 4

仙台中心部 ……… 6

定禅寺通・国分町 ……… 8

仙台駅西口 ……… 10

秋保温泉／作並温泉 …… 12

遠刈田温泉／蔵王温泉 …… 13

白石／松島・塩竈 …… 14

松島／塩竈 …… 15

気仙沼・南三陸 …… 16

石巻・牡鹿半島 ……… 17

平泉 ……… 18

登米／鳴子温泉郷 ……… 19

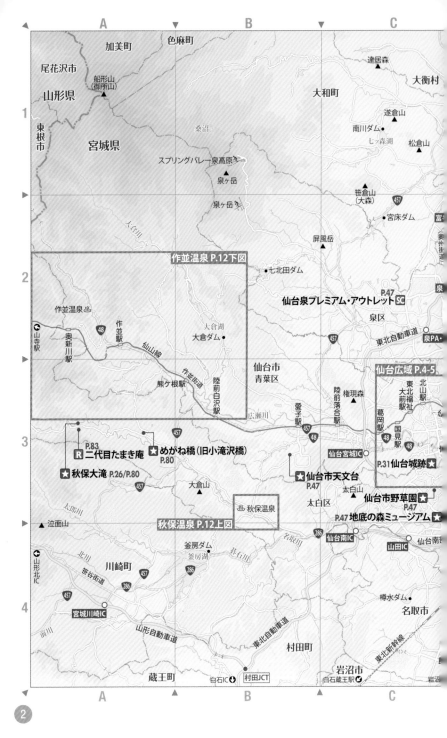

A　　　　　　B　　　　　　C

尾花沢市

加美町　　色麻町

山形県

船形山
(御所山)

東根市

宮城県

達居森

大衡村

大和町

遂倉山

南川ダム　　　七ツ森湖　　松倉山

桑沼

スプリングバレー泉高原

泉ヶ岳

泉ヶ岳

笹倉山
(大森)

宮床ダム

奥州往還道

泉

富

1

作並温泉 P.12下図

屏風岳

七北田ダム

仙台泉プレミアム・アウトレット **SC** P.47

泉区

東北自動車道　泉PA

2

山寺駅

作並温泉

奥新川駅

作並駅

48

大倉湖

大倉ダム

仙山線

熊ケ根駅

作並街道

陸前白沢駅

広瀬川

仙台市
青葉区

457

愛子駅

48

権現森

陸前落合駅

仙台広域 P.4-5

北仙台駅

大和前駅

仙台駅

葛岡駅

東北福祉大前駅

国見駅

48

48

P.31 仙台城跡 ★

3

P.83
R 二代目たまき庵

★ めがね橋(旧小滝沢橋) P.80

★ 秋保大滝 P.26/P.80

大倉山

巛 秋保温泉

秋保温泉 P.12上図

457

仙台宮城IC

★ 仙台市天文台 P.47

太白区

太白山

仙台市野草園 ★ P.47

P.47 地底の森ミュージアム ★

泣面山

286

名取川

仙台南IC

山田IC

仙台南I

山形北IC

北川

笹谷街道

川崎町

457

286

釜房ダム

釜房湖

碁石川

樽水ダム

名取市

4

宮城川崎IC

前川

457

山形自動車道

蔵王町

白石IC

村田町

東北自動車道

村田JCT

岩沼市

白石蔵王駅

東北新幹線

岩沼

A　　　　　　B　　　　　　C

2

仙台広域
せんだいこういき

周辺図 P.2-3

0 400 800m
1:40,000

川平北公園

明成高

水の森公園

北仙台小

中山中

うとう沼

北仙台小

P.44
中本誠司現代美術館 ★

吉成小

中山小

青陵中等教育学校

桜の水辺公園 ●

梅田川

北山駅

北山霊園

荒巻小

卍資福寺 P.40

卍覚範寺 P.

青葉神 P.41

P.40
輪王寺 卍

北山トンネル

SC 仙台南吉成
タウンプラザ

仙台高

貝ヶ森
中央公園

三条中

P.41/f
卍光明

P.41 東昌寺 卍

青葉区

東北福祉大前駅

国見小

通町小

東北文化学園大

林子平墓 ★
P.51

第二中

葛岡墓園

国見駅

P.33 大崎八幡宮 ⛩

第一中

東北大学病院

北四番丁

仙台厚生病院

青葉区

仙台市役

三居沢電気百年館 ●

宮城第一高

尚絅学院高・中

仙台第二高

立町小

定禅

仙台宮城

仙台西道路

牛越橋

聖ドミニコ学院
高・中・小

川内駅

地下鉄東西線

⇦作並温泉

宮城教育大

東北大

国際センター駅

天町西
片平小

青葉の森緑地

東北大学・
災害科学
国際研究所

青葉山駅

東北大

★ 仙台城跡 P.31

葛岡駅

⇦愛子駅

P.32 瑞鳳殿

地下鉄東西線

東北大学
西澤潤一
記念研究センター

竜ノ口渓谷

P.46
八木山動物公園 ★
フジサキの杜

東北工業大

仙台城南高

仙台向山高

東北
自動車道

青葉山総合
グラウンド

八木山動物公園駅

八木山本町局

金剛沢治山の森

⇩仙台南IC

第二工業

◉泉中央駅

⊗南光台小
南光台
東一丁目緑地
⊗南光台東小

仙台市科学館・
★仙台文学館
P.45

泉区

⊗旭丘小
⊗旭ヶ丘駅 ◉日立システムズホール仙台
泉南光台南三局⊕

オープン病院⊕
鶴ヶ谷
中央公園

台原森林公園
・南光台三丁目公園
⊗鶴谷中

⊗泉北局
自由ヶ丘局⊕
⊗鶴谷小
⊗鶴谷東小

⊗台原駅
⊗台原中
大堤公園
仙台第三高

⊗台原小
⊗東北医科薬科大
与兵衛沼公園
西山小⊗
⊗西山中
卍善應寺

⊗東北労災病院
与兵衛沼
⊗枡江小
塩釜駅◉

P.46 仙台東照宮⛩
⊗五城中
東照宮駅
⊗小松島小
小松島局
✝カトリック東仙台教会
古川駅◉

⊗上杉山中
⊗宮城教育大附属中・小
⊗幸町中
⊗幸町小
仙台市
⊗東仙台小⊗東仙台中
東仙台駅◉

⊗北六番丁小
仙山線
⊗幸町南小

仙台中心部 P.6-7

⊗中嶋病院

東北本線
東北新幹線
多賀城駅◉

⊗上杉山通小
⊗常盤木学園高
宮城野区
⊗原町小
陸前原ノ町駅
仙石線
⊗苦竹駅

県庁
台公園駅⊗
45
⊗東六番丁小
宮城野区役所◯
仙塩街道
仙台医療センター
⊗宮城野小

仙台市歴史民俗資料館 P.39 ★
P.39 榴岡天満宮⛩
⊗榴岡小
⊗仙台大志高
⊗宮城野中
育英学園高
宮城野原駅
宮城の萩
大通り
⊗仙台工高

広瀬通
広瀬通駅◉
286
青葉通
仙台駅
あおば通駅◉
P.24/P.39 榴岡公園 ★
宮城野通駅◉
榴ヶ岡駅
宮城野原公園

P.38
★楽天モバイルパーク宮城

仙台東IC◯

中央局⊕
若林区
連坊駅
⊗東華中

⊗宮城野局
地下鉄東西線
荒井駅◉

東北大
⊗五橋中◉五橋駅
286
仙台第一高
聖和学園高
陸奥国分寺
卍
薬師堂駅
陸奥国分尼寺跡
卸町駅◉

⊗東北学院大
⊗仙台一高
荒町局
★陸奥国分寺薬師堂 P.102
★お薬師さんの手づくり市 P.39
⊗大和小

広瀬川
愛宕橋駅
地下鉄南北線
東北新幹線
東北本線
若林区役所◯
⊗南小泉中
聖ウルスラ学院
英智高・中・小
達見塚局
4
仙台ハイパス

神社⛩
太白区
286
越路橋
河原町駅◉
八軒中
文化センター◉

中
年寺山
園
・伊達家の墓
長町一丁目
白石蔵王駅◉
長町駅◉

仙台中心部

せんだいちゅうしんぶ

周辺図 P.4-5

0　　200　　400m
1:16,000　　N

⊗第二中
フォーラム

⊕北仙台駅

東北大学病院⊕
⊗東北大(星陵キャンパス)
大学病院前
木町通2

⊗木町通小
⊕伊藤病院

北四番丁駅
二日町北四番丁

地下鉄南北線

青葉

卍彌勒院
八幡1

仙台厚生病院⊕
大学病院前

木町通局

仙台市役所

P.35 勾当台公園

⊗宮城第一高
宮城二高前

広瀬町
支倉町

西公園通

国分町通

勾当台公園
市民広場

尚絅学院高・中⊗
角五郎(1)
角五郎1

尚絅学院中学・高校前

澱橋通
川内澱橋通
川内川前丁

トークネットホール仙台

青葉区

P.35/P.52
せんだいメディアテーク ★

定禅寺通
春日町

P.44
宮城県美術館 ★
(休館中)
仙台二高前

⊗仙台第二高

市民会館前

晩翠通

48

齊朝神社
宮城県美術館前
仲の瀬橋

西公園

⊗立町小

東北公済病院

広瀬川

仲ノ瀬運動広場

48 戦災復興記念館

日本銀行
(仙台支店)

川内駅
川内局

地下鉄東西線
国際センター駅

P.63 フレンチレストラン・
プレジール R

桜岡大神宮

アーク
青葉通

八木山動物公園駅

東北大学百周年記念会館
(川内萩ホール)

国際センター

大町西公園駅

大町西公園

⊗東北大

博物館
大橋

仙台大神宮

高等裁判所

五ツ橋

★青葉山公園 仙臺緑彩館 P.23

P.46
東北大学植物園 ★

仙台城
大手門脇櫓

P.33
仙台市博物館 ★
(2024年3月まで休館)

川内追廻

大手町

P.54 日本料理 e. R

評定
河原公園

平平丁小前
⊗片平丁小

仙台城清水門跡

青葉山公園

花壇

霊屋下

⊗穴蔵神社

青葉区

伊達政宗騎馬像
昭忠塔

天龍閣旅館

青葉山
宮城縣護國神社⊗
★仙台城跡 P.31

瑞鳳寺卍
経ケ峯歴史公園

霊屋橋
瑞鳳殿前

青葉城本丸会館

仙台城跡南

★瑞鳳殿
P.32

米ケ袋

八木山橋

太白区

向山(1)

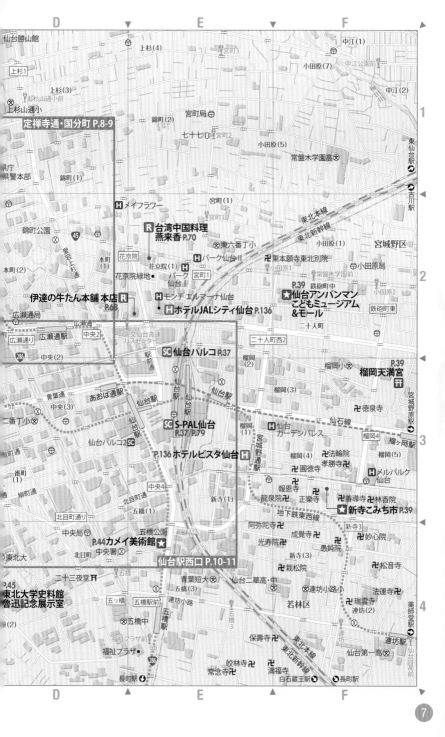

仙台勝山館

上杉(4)

上杉(1)

上杉(3)

上杉山通小前

⊗上杉山通小

定禅寺通・国分町 P.8-9

錦町(2)

宮町3

宮町局

七十七

宮町3

中江(1)

中江公園前

小田原(7)

中江(2)

東仙台駅

県庁
県警本部

錦町(1)

宮町(1)

宮町1

小田原(5)

常盤木学園高⊗

古川駅

宮城野区

錦町公園

45

メイフラワー

宮町1

R 台湾中国料理 燕来香 P.70

東六番丁小

東北本線

東北新幹線

小田原(1)

鉄砲町中 P.39

小田原局⊗

小田原2

鉄砲町東

木町
(1)

花京院

花京院(1)

パーク仙台II

花京院緑地

本町(2)

本町

パーク
仙台I

宮町1

東本願寺東北別院

常盤木学園前

P.39
★ 仙台アンパンマン こどもミュージアム &モール

**伊達の牛たん本舗 本店 R
P.68**

モンテ エルマーナ仙台

H ホテルJALシティ仙台 P.136

小田原1

二十人町

広瀬通局

広瀬通駅

広瀬通

中央2

宮交仙台高速
バスセンター

駅前通

二十人町西2

206

中央(2)

SC 仙台パルコ P.37

榴岡
(2)

榴岡小⊗

P.39
榴岡天満宮

宮城野原駅

あおば通駅

仙台駅

仙台駅

榴岡(3)

徳泉寺

青葉通

中央(3)

仙台駅

仙石線

仙台駅

榴岡

仙台パルコ2 SC

**SC S-PAL仙台
P.37/P.79**

宮城野通駅

榴岡
(1)

H 仙台
ガーデンパレス

法輪寺

榴岡4

榴ヶ岡駅

二番丁小⊗

一番町
(1)

柳町通

P.136 ホテルビスタ仙台

榴岡(4)

孝勝寺

圓徳寺

榴岡(5)

H メルパルク
仙台

北目町通

五橋(1)

新寺(1)

報恩寺

龍泉院

正樂寺

善導寺 林香院

北目町通り

中央4

地下鉄東西線

新寺3

★ 新寺こみち市 P.39

中央4⊕

北目町

五橋公園

中央署⊗

阿弥陀寺

成覚寺

妙心院

東北大

二十三夜堂

P.44 カメイ美術館 ★

光寿院

愚鈍院

松音寺

仙台駅西口 P.10-11

新寺(3)

栽松寺

P.45
**東北大学史料館
魯迅記念展示室**

五ツ橋

五橋駅前

五橋中

連坊小路

青葉短大⊗

五橋(3)

五橋駅

仙台二華高・中

連坊小路小⊗

法運寺

若林区

瑞雲寺

連坊(2)

薬師堂駅

286

福祉プラザ前

福祉プラザ

保寿寺

東北本線

東北新幹線

連坊駅

仙台第一高⊗

仙台
市地下鉄

長町駅

鮫林寺

満福寺

常念寺

白石蔵王駅

長町駅

定禅寺通・国分町
じょうぜんじどおり・こくぶんちょう

周辺図 P.6-7

0　50　100m
1:6,000
N

⊗木町通小前
⊕伊藤病院
●仙台市交通局
木町通局⊕
🏢七十七
県庁市役所前
青葉区役所

朝日プラザ北一番丁●
Ｈアパ
木町通1

青葉区

仙台市役所◎

仙台法務局●

P.43 みちのくYOSAKOIまつり★
P.43 仙台・青葉まつり★

勾当台公園
市民広場

春日神社Ⓗ

P.58 一心 本店 R
P.56
歓の季
P.34 ガネッシュティールーム C
R カフェ・ド・
ギャルソン P.35
●DOREME
C定禅寺通
市役所前

P.65 定禅寺通のわしょく 無垢とうや R

春日町

P.35/P.52 せんだいメディアテーク★

県民会館●
R 日本酒bar 旅籠 R
P.58

市役所前

●トークネットホール仙台

定禅寺通
P.64 おでん三吉 R

メディアテーク前
春日町
中国美点菜 彩華 R
市民会館前
スーパーホテルⒽ
P.70

メディアテーク前
P.68 旨味太助 R
P.6
牛▯
仙台店

グリーンパークⒽ
P.75 パール アルカンシェル R
市民会館前
Ⓗ立町局⊕
⊗
P.65 郷土酒亭 元祖 炉ばた R
アルファin定禅寺
P.43 定禅寺ストリートジャズフェスティバル★
P.75 LE BAR KAWAGOE R
P.43 SENDAI光のページェント★

西公園通
ドン・キホーテ S
P.72 富貴寿司 R
P.69
鉄板焼 すていき小次郎 R
P.60 炭火焼・ R
山塞料理 地雷也

仙台 欅ゲストハウス
Ⓗ
東北公済病院・戦災復興記念館前
●仙台YMCA
P.55 割烹 天ぷら 三太郎 R
東北公済病院・戦災復興記念館前
杜のホテル仙台Ⓗ
⊕東北公済病院

グリーンアーバ
Ⓗ
Ⓗ金蛇水神社
東北公済病院

⊗立町小
48

A **B** **C**

△ 西5 西6 ◯勾当台公園駅 西1 東2
◯勾当台公園駅
広瀬通 広瀬通駅 東1

グランテラス H 広瀬通 西4 広瀬通り
一番町(3) 西3 H スーパーホテル
48 SC 仙台フォーラス 東二番丁通
東北公済病院 P.37 電力ビル● 中央(2) P.46
★ ぶらんど～む一番町 電力ビル前 三瀧山不動院
P.36
仙台フコク 一番町局 電力ビル前 クリスロード商店街 ★
生命ビル● マーブルロード P.37 中央(3) P.37
肴町公園 おおまち商店街 中央通り
明治安田生命 日本銀行 仙台七夕まつり 青葉通
仙台ビル● (仙台支店) P.25/P.42 S しまぬき 本店 P.76
芭蕉の辻 R P.63 nacrée R
SC 藤崎 P.37
お寿司と旬彩料理 中央(3)
たちばな P.61 北1 北2 七十七
青葉通一番町駅 東二番丁交番
★ P.45 地下鉄東西線 南1 中央三
晩翠草堂 青葉通 青葉通一番町 ⊗東二番丁小
晩翠草堂前 R 源氏 P.66
NTT東日本 餃子元祖 八仙 R 仙台文化横丁 R すけぞう P.67 P.60 和食堂さ
青葉通ビル P.66 R 葡萄酒小屋 P.67
青葉通レジデンス 一番五郎 R 壱弐参横丁
パールシティ H P.72
P.74
kazunori ikeda individuel C
サンモール一番町商店街 ★ 南町通 日本郵政●
仙台中央ビル● P.36 ⊕東二番丁局
高等裁判所前 ♨みちのく
♨北都 一番町(1)
仙台中局 R Au Bélier P.63
ベルエア H
一番町(1) 中5
高等裁判所● 五ッ橋通 トヨタ 東一番丁 ウェスティンホテル仙台 H P.136
⊗片平丁小 レンタカー● 柳町通
青葉区 P.69 仙台牛焼肉花牛 R
P.77 ウェスティンホテル仙台 S
放送大学 せんだいスーベニア
宮城学習センター● 金属材料研究所2号館●
café Mozart Atelier C 金属材料研究所1号館● 多元研化学 P.71 村上屋餅店
P.74 研究棟●
広 法政実務図書館●
瀬 ⊗東北大
川 片平市民センター● 東北大正門前

A **B** **C**

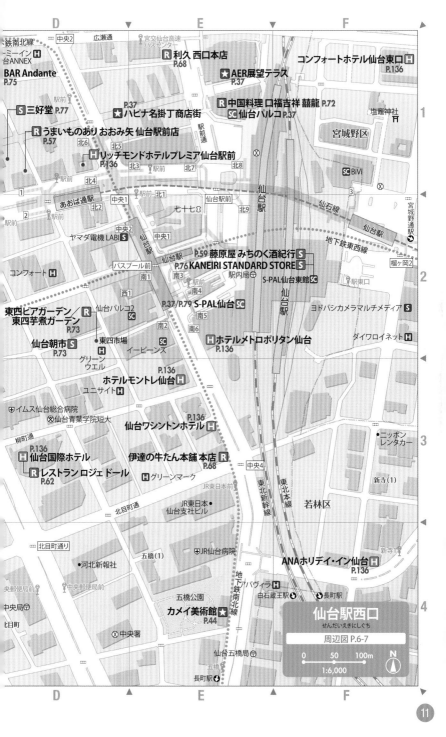

鉄南北線
中央2
広瀬通

宮交仙台高速
バスセンター

R 利久 西口本店
P.68

コンフォートホテル仙台東口 H
P.136

ーミーイン H
台ANNEX

BAR Andante
P.75

★ AER展望テラス
P.37

S 三好堂 P.77

★ ハピナ名掛丁商店街
P.37

R 中国料理 口福吉祥 囍龍 P.72
SC 仙台パルコ P.37

塩竈神社
H

R うまいものあり おおみ矢 仙台駅前店
P.57

駅
前
通

宮城野区

北6

北5

H リッチモンドホテルプレミア仙台駅前
P.136

北3

北7

SC BiVi

北4

北8

1

あおば通駅

北前 北1

仙台駅前

駅前

北2

中央1

七十七⊗

北9

仙石線

仙台駅

宮城野通駅

駅前

中央1

中央2

ヤマダ電機 LABI S

バスプール前

仙
台
駅

中央1

地下鉄東西線

稲ヶ岡2

コンフォート H

南1

南3

南4

P.59 藤原屋 みちのく酒紀行 S
P.76 KANEIRI STANDARD STORE S

駅内局

S-PAL仙台東館 SC

2

西1

仙
台
駅

駅東口

東四ビアガーデン／
東四芋煮ガーデン R
P.73

仙台パルコ2
SC

南2

P.37/P.79 S-PAL仙台 SC

南5

ヨドバシカメラマルチメディア S

東四市場

南6

ダイワロイネット H

仙台朝市 S
P.73

イービーンズ

H ホテルメトロポリタン仙台
P.136

グリーン
ウエル

ニッポン
レンタカー

ホテルモントレ仙台 H
P.136

ユニサイト H

⊕イムス仙台総合病院

⊗仙台青葉学院短大

仙台ワシントンホテル H
P.136

3

柳町通

P.136

P.136
H 仙台国際ホテル

伊達の牛たん本舗 本店 R
P.68

中央4

新寺(1)

R レストラン ロジェ ドール
P.62

H グリーンマーク

JR東日本前

東
北
新
幹
線

東
北
本
線

若林区

新寺

JR東日本・
仙台支社ビル

北目町通

北目町通り

新寺1

五橋(1)

⊕JR仙台病院

ANAホリデイ・イン仙台 H
P.136

央郵便局前

⊕中央郵便局前

●河北新報社

央局⊕

地
下
鉄
南
北
線

ラ・バヴィラ H

白石蔵王駅 ▶

◀ 長町駅

4

丁目町

五橋公園

カメイ美術館 ★
P.44

⊗中央署

仙台駅西口
せんだいえきにしぐち

周辺図 P.6-7

0　　50　　100m

1:6,000

N

仙台五橋局⊕

五橋

長町駅 ▶

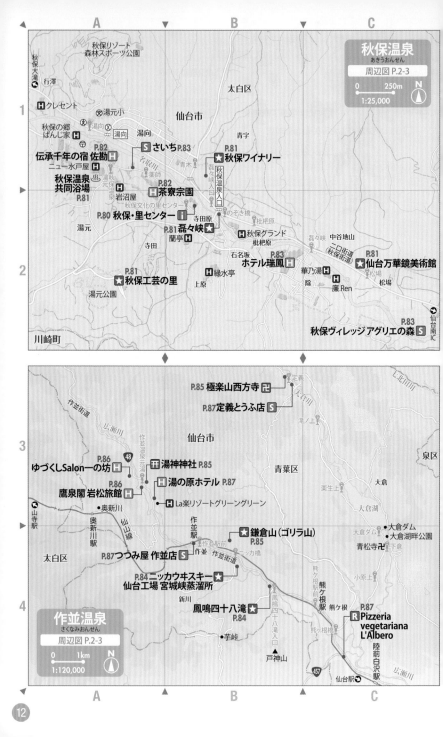

秋保温泉
あきうおんせん
周辺図 P.2-3
0 250m
1:25,000
N

秋保大滝
行澤
秋保リゾート
森林スポーツ公園
太白区
仙台市
クレセント
湯元小
秋保の郷 ばんじ家
湯向
湯向
青字
P.82
伝承千年の宿 佐勘
ニュー水戸屋
S さいち P.83
★ 秋保ワイナリー P.81
秋保温泉
共同浴場 P.81
岩沼屋
P.82
茶寮宗園
P.80 秋保・里センター
寺田原
のぞき橋
枇杷原
湯元
P.81 磊々峡 ★
蘭亭
秋保グランド
枇杷原
磊々峡
中谷地山
二口街道
(秋保街道)
P.81
★ 仙台万華鏡美術館
寺田
石名坂
ホテル瑞鳳 H P.83
松場
★ 秋保工芸の里 P.81
上原
緑水亭
華乃湯
廉 Ren
湯元公園
川崎町
P.83
秋保ヴィレッジ アグリエの森 S
仙台南IC

P.85 極楽山西方寺 卍
定義
P.87 定義とうふ店 S
滝ノ上
仙台市
作並街道
広瀬川
青葉区
泉区
P.86
ゆづくしSalon一の坊 H
48
P.85 湯神神社
栗生上
大倉
P.86
鷹泉閣 岩松旅館 H
H 湯の原ホテル P.87
奥新川
La楽リゾートグリーングリーン
大倉湖
山寺駅
奥新川駅
仙山線
作並駅
★ 鎌倉山(ゴリラ山) P.85
作並駅前
大倉ダム
大倉湖畔公園
青松寺 卍
太白区
P.87 つつみ屋 作並店 S
作並
作並街道
ニッカ橋
小原上
P.84 ニッカウヰスキー
仙台工場 宮城峡蒸溜所
新川
鳳鳴四十八滝入口
熊ケ根
熊ケ根駅
P.87
R Pizzeria vegetariana L'Albero
★ 鳳鳴四十八滝 P.84
芋峠
戸神山
457
仙台駅
陸前白沢駅
広瀬川

作並温泉
さくなみおんせん
周辺図 P.2-3
0 1km
1:120,000
N

12

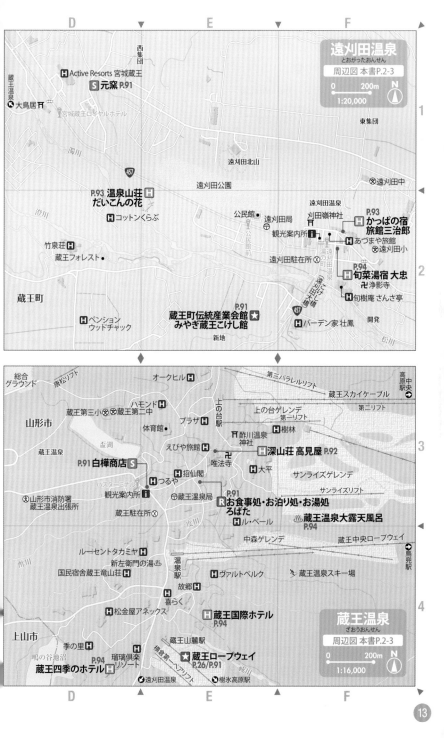

遠刈田温泉
とおがったおんせん

周辺図 本書P.2-3

0　　200m
1:20,000
N

蔵王温泉
大鳥居
西集団
H Active Resorts 宮城蔵王
S 元窯 P.91
宮城蔵王ロイヤルホテル
渇川
東集団
遠刈田北山
遠刈田公園
⊗ 遠刈田中
遠刈田温泉
刈田嶺神社
P.93
P.93 温泉山荘 H
だいこんの花
H コットンくらぶ
公民館
遠刈田局
公民館前
観光案内所 i
H かっぱの宿
旅館三治郎
竹泉荘 H
蔵王フォレスト
遠刈田駐在所
H あづまや旅館
⊗ 遠刈田小
湯の町
P.94
H 旬菜湯宿 大忠
蔵王町
卍 浄影寺
H 旬樹庵 さんさ亭
H ペンション
ウッドチャック
P.91
蔵王町伝統産業会館 ★
みやぎ蔵王こけし館
⊗遠刈田大橋
H バーデン家 壮鳳
開発
新地
松川

蔵王温泉
ざおうおんせん

周辺図 本書P.2-3

0　　200m
1:16,000
N

総合
グラウンド
唐松リフト
オークヒル H
第三パラレルリフト
蔵王スカイケーブル
高原中央駅 ⊖
山形市
ハモンド H
蔵王第三小 ⊗ 蔵王第二中
プラザ H
上の台駅
上の台ゲレンデ
第一リフト
第二リフト
体育館
蔵王温泉
盃湖
えびや旅館 H
酢川温泉
神社
H 樹林
P.91 白樺商店 S
H 招仙閣
唯法寺 卍
H 深山荘 高見屋 P.92
サンライズゲレンデ
H つるや
観光案内所 i
H 大平
サンライズリフト
山形市消防署
蔵王温泉出張所
蔵王温泉局
P.91
R お食事処・お泊り処・お湯処
ろばた
蔵王温泉大露天風呂
P.94
蔵王駐在所 ⊗
H ル・ベール
ルーセントタカミヤ H
新左衛門の湯
国民宿舎蔵王竜山荘 H
温泉駅
中森ゲレンデ
蔵王中央ロープウェイ
鳥兜駅 ⊖
H ヴァルトベルク
蔵王温泉スキー場
故郷 H
喜らく
H 松金屋アネックス
H 蔵王国際ホテル
P.94
上山市
季の里 H
P.94
蔵王四季のホテル H
瑠璃倶楽
リゾート
蔵王山麓駅
横倉第一ペアリフト
★ 蔵王ロープウェイ
P.26/P.91
⊖ 遠刈田温泉
⊖ 樹氷高原駅

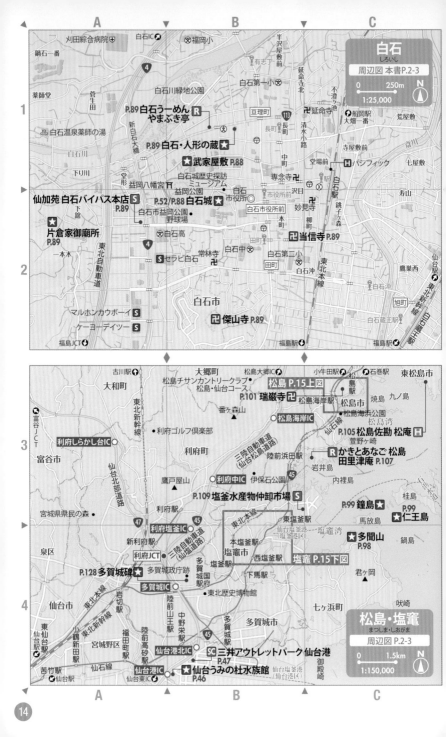

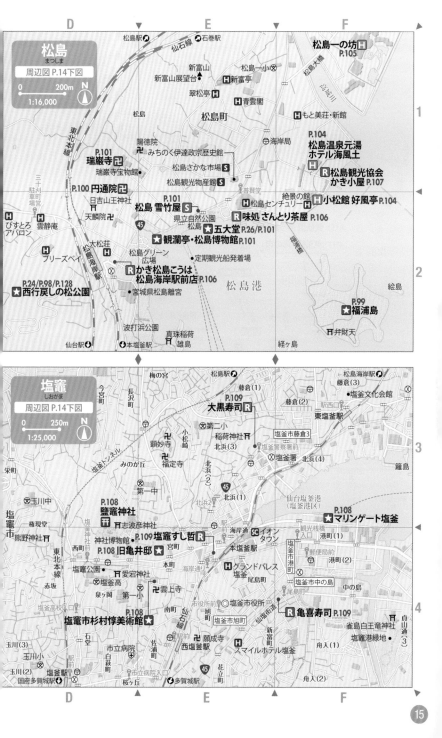

松島

まつしま

周辺図 P.14下図

0 — 200m
1:16,000
N

松島駅 仙石線 石巻駅
松島一小
新富山
新富山展望台
翠松亭 H 新富亭
H 青雲閣
松島町
陽徳院 卍
みちのくの伊達政宗歴史館
松島さかな市場 S
松島観光物産館 S
海岸局

P.101
瑞巌寺 卍
瑞巌寺宝物館

P.100 円通院 卍

日吉山王神社
天麟院 卍
雲静庵 H

大松荘 H
ブリーズベイ

ぴすとろ
アバロン H

三十刈町
駐車場宮

東北本線

松島一の坊 H
P.105

松島大橋

もと美荘・新館 H

P.104
松島温泉元湯
ホテル海風土 H

R 松島観光協会
かき小屋 P.107

絶景の館
松島センチュリー H 小松館 好風亭 P.104

R 味処 さんとり茶屋 P.106

P.101
松島 雪竹屋 S
県立自然公園
松島 ★ 五大堂 P.26/P.101
★ 観瀾亭・松島博物館 P.101

松島グリーン
広場 定期観光船発着場

R かき松島こうは
松島海岸駅前店 P.106

宮城県松島離宮

大松島海岸駅 H

P.24/P.98/P.128
★ 西行戻しの松公園

松島港

P.99
★ 福浦島

絵島

波打浜公園

真珠稲荷
雄島

仙台駅 本塩釜駅

弁財天

経ヶ島

塩竈

しおがま

周辺図 P.14下図

0 — 250m
1:25,000
N

梅の宮
松島駅
藤倉(1)

今宮町
長沢山

松島海岸駅
藤倉(3)

塩釜文化会館

P.109
大黒寿司 R
第二小
稲荷神社
北浜(3)
塩釜警察署前
塩釜市藤倉3

藤倉(2)
東塩釜駅

塩釜トンネル

顕妙寺 卍
みのが丘
福定寺 卍

小松崎

北浜(4)
塩釜署

籬島

栄町

第一中

塩竈
市

玉川中

P.108
鹽竈神社
卍 志波彦神社

北浜(2)
45
北浜(1)

仙台塩釜港
(塩釜港区)

P.108
★ マリンゲート塩釜

観光桟橋
入口
港町(1)

権現堂
熊野神社 卍

P.109
塩竈すし哲 R

神社博物館
P.108 旧亀井邸 ★

東北本線

宮町

海岸通
本塩釜駅

SC イオン
タウン

塩釜市
港町

郵便局前
港町(2)

塩竈公園
愛宕神社 卍
塩釜高

西町
本町

塩釜市中の島
中の島

H グランドパレス
塩釜
尾島町

尾島町

塩釜市杉村惇美術館 ★
P.108

泉が岡
第一小
卍 雲上寺

南町
市役所前 塩釜市役所

R 亀喜寿司 P.109

塩釜高校入口

石堂
市立病院
佐浦町

仙石線
西塩釜駅
卍 願成寺
新富町
H スマイルホテル塩釜

塩釜市旭町

仙石線塩釜街道

雀島白王竜神社
塩釜港緑地

舟入(1)

貞山通(3)

玉川(3)
玉川小
玉川(2)
国府多賀城駅
塩釜駅

駅前
白萩町
桜ヶ丘
市立病院入口
多賀城駅

45
花立町

舟入(2)

15

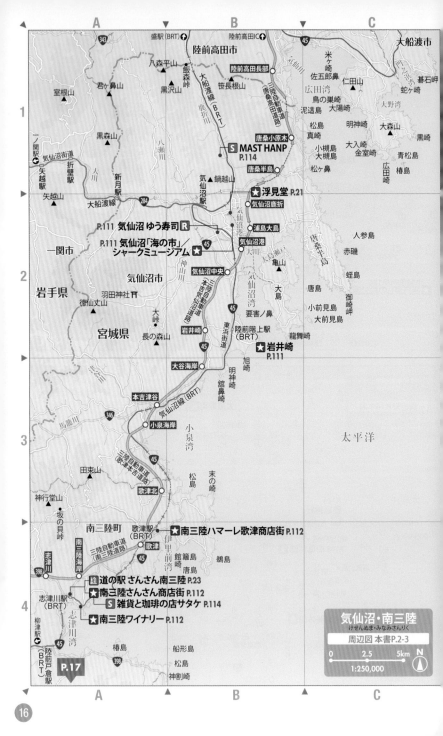

気仙沼・南三陸
けせんぬま・みなみさんりく

周辺図 本書 P.2-3

0　　2.5　　5km
1:250,000

陸前高田市

大船渡市

A欄

盛駅 (BRT)
陸前高田IC

八森平山
飯森山
君ヶ鼻山
黒沢山
笹長根山
大船渡線 (BRT)

室根山

黒森山

一ノ関駅
気仙沼街道
折壁駅
矢越駅
矢越山

新月駅
大船渡線
284

唐桑小原木
S MAST HANP P.114

唐桑半島

鍋越山
気仙沼駅
気仙沼鹿折

☆ 浮見堂 P.21

P.111 気仙沼 ゆう寿司 R

P.111 気仙沼「海の市」/
シャークミュージアム ☆ 45

気仙沼市

羽田神社

一関市

岩手県

徳仙丈山

宮城県

大峠
長の森山

気仙沼中央

本吉気仙沼道路（唐桑高田道路）

岩井崎

大谷海岸

馬籠川

本吉津谷
346

小泉海岸

小泉湾

三陸自動車道
（歌津本吉道路）

田束山

45

歌津北

神行堂山

坂の貝峠

南三陸町

南三陸海岸

志津川

歌津駅 (BRT)
歌津

★ 南三陸ハマーレ歌津商店街 P.112

伊里前湾

籠籠島
唐島

鵜島

志津川駅 (BRT)

柳津駅
(BRT)
陸前戸倉駅
(BRT)

P.17

398

★ 道の駅 さんさん南三陸 P.23
★ 南三陸さんさん商店街 P.112
S 雑貨と珈琲の店サタケ P.114
★ 南三陸ワイナリー P.112

志津川湾

椿島
船形島
松島
神割崎

米ヶ崎
佐五郎鼻
仁田山

広田湾
鳥の巣崎
泥遣鼻
大陽崎

松島
真崎

小槻島
大槻島
松ヶ鼻

大入崎
金室崎

碁石岬
蛇ヶ崎

大野湾

明神崎

大森山

黒崎

青松島
広田崎
椿島

唐桑半島

人参島

赤磯

蛭島
御崎岬

唐島

小前見島
大前見島

大島
亀山

気仙沼湾

要害ノ鼻

龍舞崎

旭崎
明神崎
舘鼻崎

陸前階上駅
(BRT)
東浜街道

★ 岩井崎 P.111

太平洋

16

D
E
F

登米IC
登米市
柳津駅
前谷地駅
気仙沼線
(BRT)
気仙沼線
陸前戸倉駅
(BRT)
横山神社
南三陸町
保呂羽山
神割崎
双子島
黒島
桃生津山
物見石山
かもめ島
金比羅崎
松島
翁倉山
走ヶ崎
追波湾
ハテ崎
1

三陸自動車道
一関街道
経山
長面浦
貢尻島
八景島
峠崎
桃生豊里
尾ノ崎峠
名振湾
甲島
大須崎

河北
前谷地駅
鹿又駅
石巻市
上品山
富士沼
硯上山
小富士山
雄勝湾
白銀崎
2
曽波神駅
石巻港IC
石巻女川
雄勝峠
女川町
御前湾
毘沙門島
池島
出島
四子島
大島
いしのまきマンガロード P.110
仙石線
石巻線
浦宿駅
女川駅
シーパルピア女川 P.112
石巻駅
万石浦
陸前稲井駅
渡波駅
石巻浦
沢田駅
女川港
みなとまちセラミカ工房 P.114
女川海の膳 ニューこのり P.113
蛇田駅
松島海岸駅
陸前山下駅
汐見台
公園入口
風越峠
大貝崎
山王島
早崎
大もりや R P.113
サンファンパーク
韮崎
大六天山
女川湾
二股島
寄磯崎
平島
3
石/森萬画館 P.110
旧北上川
尾崎
生草崎
弁天島
小出島
桂島
鮫浦湾
山王島
石巻港
牧鹿半島
大室崎
小網倉
光山
厚井崎
石巻湾
君ヶ金崎
焼山崎
小渕
二里城崎
兎島
鮫島
十八成
鮎川港
清崎
田代島 P.111
金華山瀬戸
仁王崎
P.111
金華山
4
釜ヶ崎
砥面島
鮎川港
黒崎
石巻・牡鹿半島
いしのまき・おしかはんとう
周辺図 本書P.2-3
立ヶ崎
網地島
佐度島
東ノ崎

0   2.5   5km   N
1:250,000

D
E
F

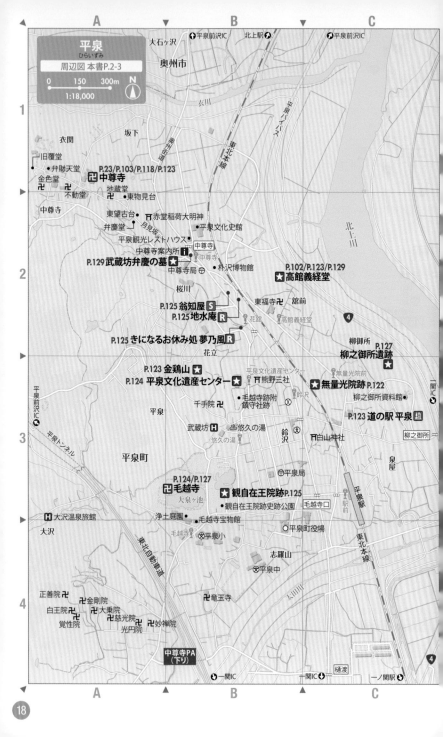

平泉
ひらいずみ

周辺図 本書P.2-3

0　150　300m

1:18,000

N

奥州市

大石ヶ沢

↑平泉前沢IC　　北上駅　　　↑平泉前沢IC

平泉バイパス

東北本線

衣川

衣関

坂下

北上川

旧覆堂
弁財天堂
金色堂
卍 中尊寺　P.23/P.103/P.118/P.123
卍 不動堂　地蔵堂　東物見台
中尊寺
東望古台
弁慶堂　月見坂
赤堂稲荷大明神
平泉文化史館
平泉観光レストハウス
中尊寺案内所 ℹ 中尊寺
P.129 武蔵坊弁慶の墓 ★
中尊寺局
朴沢博物館
P.102/P.123/P.129
★ 高館義経堂

桜川
東福寺 卍 舘前
P.125 翁知屋 S
P.125 地水庵 R
花鳥　高館義経堂
P.125 きになるお休み処 夢乃風 R

花立

柳御所
柳之御所遺跡 P.127
★
無量光院前
P.123 金鶏山 ★
P.124 平泉文化遺産センター ★
平泉文化遺産センター
卍 熊野三社
★ 無量光院跡 P.122
柳之御所資料館
一関IC
千手院 卍
P.123 道の駅 平泉
柳之御所

平泉
平泉前沢IC
平泉トンネル

武蔵坊 H
悠久の湯
悠久の湯
鈴沢
卍白山神社
泉屋

平泉町

卍 毛越寺　P.124/P.127
大泉ヶ池
平泉局
★ 観自在王院跡 P.125
観自在王院跡史跡公園
毛越寺宝物館
毛越寺口
毛越寺

駅前
平泉駅
東北本線

H 大沢温泉旅館
大沢
浄土庭園
平泉小
平泉町役場

志羅山
平泉中

正善院 卍
卍 金剛院
白王院 卍卍 卍大乗院
覚性院　卍慈光院
光円院　卍 妙禅院
卍 竜玉寺

中尊寺PA
(下り)

一関IC　　　一関IC　　　一ノ関駅
樋渡

18

D ▼ E ▼ F ▲

登米IC⊕
P.135 とよま観光物産センター ⑤
遠山之里
P.135 教育資料館 ★
登米街道
とよま明治村
登米三日町
P.135 味処 もん
R
P.135 海老喜 蔵の資料館 P.135
登米市
H 海老紋
登米市立
高倉勝子美術館
P.135 水沢県庁記念館 ★
★ 武家屋敷「春蘭亭」P.134
地方検察庁
★ 登米懐古館 P.135
ヤマカノ醸造
ウジエ ⑤
七十七 ⑧
仙台 ⑧
H えび武旅館
桜小路
登米局
九日町
町家ミュージアム
かくやま H
八幡神社前
★ 警察資料館 P.134
登米老人福祉センター
R 清川
登米
とよま
周辺図 本書P.2-3
0   100m
1:8,000
N
ヤマカノ醸造
養雲寺卍
卍
専称寺

1

2

北上川

鳴子温泉郷
なるこおんせんきょう
周辺図 本書P.2-3
0   300m
1:30,000
N

⊙ 鬼首温泉   ⊙ 鬼首温泉
羽後街道
花渕山バイパス
108
大鳴子
車湯
新屋湯
47
鳴子御殿湯駅⊕
東多賀の湯
H 扇屋
P.131 鳴子・早稲田桟敷湯
P.130 ぽっぽの足湯
P.133
R そば処 小花
P.133 餅処 深瀬 ⑤
H まずや
桜井こけし店 ⑤
P.133
鳴子小 ⊗
滝の湯 P.131
H 元祖
鳴子ホテル H
P.133
うなぎ湯の宿
ゆさや旅館 P.132
鳴子温泉 湯元 吉祥
P.103
尻前の関跡 ★
鳴子公園
大谷川橋
岩下こけし
資料館
鳴子温泉神社
P.130
47
★ 鳴子峡
P.26/P.130
小深沢
日本こけし館 ★
P.131
北羽街道
中峰 ▲
鳴子トンネル
陸羽東線
大崎市
上野々スキー場
潟沼

3

4

大深沢橋
人深沢
鳴子温泉
鳴子カントリークラブ
新庄
⊕中山平温泉駅

D ▲ E ▲ F ▼

とりはずして使える

MAP

付録 街歩き地図

仙台・松島・平泉

おとな旅
プレミアム
PREMIUM

TAC PUBLISHING Gro

平泉 付録P.18
P.125 達谷窟毘沙門堂 卍
P.25/P.125 厳美渓 ★
登米 付録P.19上図
伝統芸能伝承館 P.135
森舞台
東陽寺 卍 P.51
気仙沼・南三陸 付録P.16
P.49
岩出山城址
石巻・牡鹿半島 付録P.17
P.111 田代島 ★
金華山 P.111 ★
仙台・松島 付録P.2-3

★ 西行桜の森 P.128
★ 猊鼻渓 P.125

陸前高田市
気仙沼市
大船渡市
綾里崎
碁石岬

岩手県

一関市

栗原市

大崎市

古川市

涌谷町

石巻市

女川町

登米市

大和町

大郷町

富谷市

利府町

多賀城市

名取市

岩沼市

亘理町

山元町

太 平 洋

仙 台 湾

★ 岩井崎 P.111

あなただけの
プレミアムな
おとな旅へ！
ようこそ！

福浦島へ
朱塗りの橋が
延びる、松島湾の
穏やかな絶景

松島 →P.98

橋の向こうに、
風格ある五大堂の建物

SENDAI MATSUSHIMA HIRAIZUMI

仙台・松島・平泉への旅

時を沈め、凪ぐ美景
快晴のみちのくの旅

政宗の軍勢伊達衆の派手な衣装は、往古から東北の地で極まった栄華を集約し、象徴するものであった。

その数百年前には黄金の都平泉が繁栄している。

蝦夷の地には、朝廷も源氏も、秀吉や家康も一目置いた。平泉へは晩年の西行が訪れ、さらに元禄期には芭蕉が「夢の跡」と詠んだ。今なお特異の文化は継承されて旅人を誘う。辺境の誇りという伝統もまた受け継がれているかに見える。3.11の悪夢も遠く、三陸の陽光は眩しい。

政宗が築いた華美な美意識と
みちのくの自然が響き合う

SIGHTSEEING

緻密で華麗な
装飾を施された
瑞鳳殿は
見応え十分

瑞鳳殿 ➡ P.32

SIGHTSEEING

LEDの光が
定禅寺通を彩る
仙台の
冬の風物詩

SENDAI 光のページェント ➡ P.43

画像提供：SENDAI光のページェント実行委員会

洗練された美食と
庶民に根付いた食が共存する

GOURMET

炭火で焼いた
香ばしい牛たんは
仙台グルメの
代表格

旨味太助 ➡ P.68

素朴な風合いとやさしい表情
暮らしに溶け込む伝統の技

心身を癒やしてくれる
歴史ある温泉郷

SIGHTSEEING

奥州藤原氏が
築いた栄華を
今に伝える
世界遺産

中尊寺 ➡ P.118

SIGHTSEEING

洋館や蔵が
点在する登米の
街を歩いて
タイムトリップ

みやぎの明治村 ➡ P.134

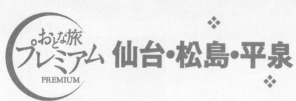

おとな旅プレミアム 仙台・松島・平泉

CONTENTS

仙台・松島・平泉全図 ・・・・・・・・・・・・・・・ 2
仙台・松島・平泉への旅
時を沈め、凪ぐ美景
快晴のみちのくの旅 ・・・・・・・・・・・・・・・ 4
仙台・松島・平泉はこんなところです ・・・ 12
仙台・松島・平泉を移動する ・・・・・・・・ 14
仙台・松島・平泉トラベルカレンダー ・・・・・・・ 16
プレミアム滞在モデルプラン
仙台・松島・平泉 おとなの2泊3日 ・・・・・・・・ 18

ニュース＆トピックス ・・・・・・・ 22

特集
みちのくの四季絶景 ・・・・・・・・ 24

仙台

仙台はこんな街です ・・・・・・・・・・・・・ 28
歩く・観る　30
仙台城跡周辺 ・・・・・・・・・・・・・ 30
定禅寺通 ・・・・・・・・・・・・・・・・・ 34
仙台駅西口 ・・・・・・・・・・・・・・・・ 36
仙台駅東口 ・・・・・・・・・・・・・・・・ 38
北山さんぽ ・・・・・・・・・・・・・・・・・ 40
仙台七夕まつり ・・・・・・・・・・・・・ 42
杜の都のアートと物語 ・・・・・・・・・ 44
仙台の見どころ
もっと仙台を知る ・・・・・・・・・・・・ 46

歴史 政宗が駆け抜けた地を巡る ・・・・・ 48

食べる	54
精緻なる美味 日本料理	54
そっと美酒を酌み交わす夜	58
宮城の地酒を知る	59
旬の魚介で知るみちのくの季節	60
お皿にのせる杜の都の洗練	62
国分町 その喧騒を楽しむ	64
2つの横丁は隠れたグルメスポット	66
庶民のごちそう牛たん	68
極上の味わい仙台牛	69
冷やし中華 元祖の味	70
ずんだの爽やかな甘さ	71
仙台名物ヌーヴェルヴァーグ	72
仙台朝市で名産探し	73
小粋なカフェの評判スイーツ	74
オーセンティック・バーでしっとり	75

買う	76
北国生まれの銘品たち	76
駅からすぐ 銘菓・名物を探す	78

周辺の街とスポット	80
秋保温泉	80
秋保温泉の湯宿	82
作並温泉	84
作並温泉の湯宿	86
白石	88
遠刈田・蔵王温泉	90
遠刈田・蔵王温泉の湯宿	92

松島

松島はこんなところです	96

歩く・観る	98
見晴らす。近づく。美島名景	98
陸の松島を巡る	100
歴史 おくのほそ道をたどって	102

泊まる	104
絶景に憩う 至福のひととき	104

食べる	106
豊かな海が生み出す美味	106

周辺の街とスポット	108
塩竈	108
港町の新鮮寿司をいただく	109
三陸海岸ドライブ	110
復興商店街・元気に営業中！	112
三陸の海の恵みを豪快に	113
心温まる手作りの品々	114

平泉

平泉はんなところです ‥‥‥‥ **116**

歩く・観る **118**

中尊寺 ‥‥‥‥‥‥‥‥‥‥‥ **118**

平泉 世界遺産さんぽ ‥‥‥‥‥ **122**

歴史 黄金の都に秘められた思想 ‥‥ **126**

周辺の街とスポット ‥‥‥‥‥‥ **130**

鳴子温泉郷 ‥‥‥‥‥‥‥‥‥ **130**

鳴子温泉郷の湯宿 ‥‥‥‥‥‥ **132**

登米 ‥‥‥‥‥‥‥‥‥‥‥‥ **134**

仙台・松島・平泉 宿泊のアドバイス ‥ **136**

アクセスと市内交通 ‥‥‥‥‥‥ **137**

仙台へのアクセス ‥‥‥‥‥‥ **138**

旅の拠点・JR仙台駅 ‥‥‥‥‥ **139**

仙台の市内交通 ‥‥‥‥‥‥‥ **140**

INDEX ‥‥‥‥‥‥‥‥‥‥‥ **142**

付録地図

仙台・松島 ‥‥‥‥‥ 2		白石／松島・塩竈 ‥‥ 14
仙台広域 ‥‥‥‥‥ 4		松島／塩竈 ‥‥‥‥ 15
仙台中心部 ‥‥‥‥ 6		気仙沼／南三陸 ‥‥ 16
定禅寺通・国分町 ‥‥ 8		石巻／牡鹿半島 ‥‥ 17
仙台駅西口 ‥‥‥‥ 10		平泉 ‥‥‥‥‥‥ 18
秋保温泉／作並温泉 12		登米／鳴子温泉郷 ‥ 19
遠刈田温泉／		
蔵王温泉 ‥‥‥‥ 13		

〔 **本書のご利用にあたって** 〕

● 本書中のデータは2023年12月～2024年1月現在のものです。料金、営業時間、休業日、メニューや商品の内容などが、諸事情により変更される場合がありますので、事前にご確認ください。

● 本書に紹介したショップ、レストランなどとの個人的なトラブルに関しましては、当社では一切の責任を負いかねますので、あらかじめご了承ください。

● 営業時間、開館時間は実際に利用できる時間を示しています。ラストオーダー(LO)や最終入館の時間が決められている場合は別途表示してあります。

● 営業時間等、変更する場合がありますので、ご利用の際は公式HPなどで事前にご確認ください。

● 休業日に関しては、基本的に定休日のみを記載しており、特に記載のない場合でも年末年始、ゴールデンウィーク、夏季、旧盆、保安点検日などに休業することがあります。

● 料金は消費税込みの料金を示していますが、変更する場合がありますのでご注意ください。また、入館料などについて特記のない場合は大人料金を示しています。

● レストランの予算は利用の際の目安の料金としてご利用ください。Bが朝食、Lがランチ、Dがディナーを示しています。

● 宿泊料金に関しては、「1泊2食付」「1泊朝食付」「素泊まり」は特記のない場合1室2名で宿泊したときの1名分の料金です。曜日や季節によって異なることがありますので、ご注意ください。

● 交通表記における所要時間、最寄り駅からの所要時間は目安としてご利用ください。

● 駐車場は当該施設の専用駐車場の有無を表示しています。

● 掲載写真は取材時のもので、料理、商品などのなかにはすでに取り扱っていない場合があります。

● 予約については「要予約」(必ず予約が必要)、「望ましい」(予約をしたほうがよい)、「可」(予約ができる)、「不可」(予約ができない)と表記していますが、曜日や時間帯によって異なる場合がありますので直接ご確認ください。

● 掲載している資料および史料は、許可なく複製することを禁じます。

■ データの見方

- ☎ 電話番号
- 🏠 所在地
- 🏛 開館／開園／開門時間
- 🕐 営業時間
- 🗓 定休日
- 💴 料金
- ✈ アクセス
- Ⓟ 駐車場
- 🛏 宿泊施設の客室数
- ⓘ チェックインの時間
- out チェックアウトの時間

■ 地図のマーク

- ★ 観光・見どころ
- 卍 寺院
- 🛕 神社
- ✝ 教会
- Ⓡ 飲食店
- Ⓒ カフェ・甘味処
- Ⓢ ショップ
- SC ショッピングセンター
- Ⓗ 宿泊施設
- ℹ 観光案内所
- ♨ 温泉
- ✈ 空港
- 🚏 バス停

エリアと観光のポイント
仙台・松島・平泉は こんなところです

城下町の仙台、絶景の松島、世界遺産の平泉。
歴史ロマンと自然美があふれる3つのポイントの特徴と
位置関係を押さえて、旅のプランを立てよう。

賑やかな大都市と豊かな自然が共存する
仙台
せんだい ➡ P.27

伊達政宗が青葉山に築いた仙台城の城下町として発展した、東北地方最大の都市。青葉山の自然の豊かさや、市街地にも多くの街路樹が植えられていることから「杜の都」の愛称で知られる。仙台城跡の一帯は緑豊かな青葉山公園として整備され、仙台市街を見渡せる眺望スポットとしても人気。街の中心部では、仙台駅西口のアーケード街やケヤキ並木が有名な定禅寺通などにおしゃれな店が立ち並んでおり、多彩なグルメやショッピングが楽しめる。

⬆ 華やかな飾りが街を彩る仙台七夕まつりなど、年間を通して多くのイベントが行われる

⬆ 仙台城跡の天守台に立つ伊達政宗公騎馬像。夜はライトアップされる

⬆ 仙台名物の牛たんはぜひ味わいたい

観光のポイント 仙台城跡や瑞鳳殿など、伊達政宗ゆかりの史跡が主な観光スポット。夜は街なかで牛たんや海の幸など仙台グルメを楽しもう

万葉の昔から文人墨客に愛されてきた、みちのくを代表する景勝地
松島
まつしま ➡ P.95

日本三景のひとつに数えられ、国の特別名勝に指定されている松島。穏やかな松島湾一帯に260余りの島々が浮かぶ美しい光景は、古くから和歌や俳句に詠まれてきた。松尾芭蕉があまりの絶景に言葉を失い、句が詠めなかったという逸話も残る。展望スポットから松島を眺めたり、観光船で湾内をクルーズしたり、伊達家ゆかりの地を巡ったりなど、楽しみ方はいろいろ。秋から冬にかけては、松島湾のカキも堪能したい。

⬆ 大小さまざまな島が浮かぶ、リアス海岸の松島湾。すべての島に名前がつけられている

⬆ 海産物が豊富な松島。なかでも松島かきは、身が締まっていて旨みたっぷりの絶品

観光のポイント 四大観と呼ばれる4つのビュースポットがある。観光船で島の名前の由来などを聞きながら眺めるのもおすすめ

鈴ヶ森
東稲山
平泉前沢
中尊寺
平泉駅
平泉町
猊鼻渓駅
猊鼻渓
矢櫃温泉
栗駒山
磐井川
立石山
厳美渓
一関
一ノ関駅
東北本線
平泉
栗駒高原
大船渡線
温湯温泉
文字温泉
一関市
岩手県
栗原市
北上川
蚕飼山
若柳金成
花山湖
くりこま高原駅
伊豆沼
内沼
長沼
築館
東北新幹線
東北自動車道
陸羽東線
登米東和
三滝堂
三陸自動車道
登米
登米市
登米
志津川
志津川湾
迫川
古川
田川
美里町
江合川
涌谷町
柳津駅
翁倉山
桃生津山
桃生豊里
気仙沼線
古川駅
小牛田駅
色麻町
石巻線
前谷地駅
大崎市
河北
石巻市
富士沼
大衡村
大衡
大和
大和町
大郷町
鳴瀬奥松島
東松島市
松島町
石巻女川
石巻河南
石巻
石巻駅
旧北上川
万石浦
女川駅
女川町
雄勝湾
御前湾
出島
女川港
女川湾
笠貝島
寄磯崎
足島
小出島
鮫浦湾
牡鹿半島
仁王崎
金華山瀬戸
石巻湾
田代島
金華山
松島海岸駅
松島海岸
松島湾
瑞巌寺
松島
仙石線
宮戸島
富谷
富谷JCT
富谷市
泉
利府中
利府町
塩竈市
塩竈
仙台塩釜港（塩釜港区）
塩釜駅
七ヶ浜町
多賀城
多賀城市
仙台
仙台市
仙台塩釜港（仙台港区）
七北田川
仙台宮城
仙台駅
仙台港北
仙台城跡
仙台南
仙台若林JCT
名取市
名取
名取川
仙台湾
仙台空港
仙台空港駅
岩沼駅
岩沼
岩沼市
亘理
柴田町
槻木駅
阿武隈川
常磐自動車道
亘理町
山元
陸前高田
陸前高田市
通岡
大船渡市
大船渡碁石海岸
今泉街道
気仙川
碁石岬
陸前高田長部
広田湾
大野湾
気仙沼市
唐桑小原木
広田崎
気仙沼街道
大船渡線
（気仙沼駅～盛駅間はBRTで運行）
唐桑半島
気仙沼
気仙沼鹿折
気仙沼駅
浦島大島
気仙沼港
気仙沼中央
気仙沼湾
大島
御崎岬
龍舞崎
岩井崎
岩井崎
大谷海岸
津谷川
舘鼻崎
本吉津谷
小泉湾
気仙沼線
（柳津駅～気仙沼駅間はBRTで運行。
柳津駅～前谷地駅間はJR線とBRTで並走運行）
歌津北
南三陸町
末の崎
南三陸
歌津
伊里前湾
歌津崎
南三陸海岸
太平洋
峠崎
大須崎
白銀崎

奥州藤原氏の栄華と仏教文化を今に伝える世界遺産の街

平泉
ひらいずみ

➡P.115

平安時代後期に奥州藤原氏の繁栄の拠点となった平泉には当時の建築物が多く残されており、そのうち5件の遺跡群がユネスコの世界遺産に登録されている。とりわけ有名なのが中尊寺。国宝の金色堂は全面が金箔で覆われ、繊細な装飾が施されている。

⇧中尊寺金色堂は保護のため覆堂（おおいどう）という建物内に納められている

観光のポイント 必ず訪れたい中尊寺をはじめ、世界遺産を巡るのが基本。厳美渓などで自然を満喫するのもいい

⇩世界遺産のひとつ、毛越寺の浄土式庭園

旅のきほん 2

公共交通機関で快適に

仙台・松島・平泉を移動する

仙台から松島方面へはJR仙石線、平泉方面へはJR東北本線が通っている。東北新幹線を利用すれば移動時間の短縮に。車で移動するなら東北自動車道や三陸自動車道が便利だ。

仙台 → 秋保温泉

仙山線と仙台市営バス利用 ●約40分
JR仙台駅⇨JR愛子駅、愛子駅⇨秋保・里センター

タケヤ交通バス利用 ●約30分
仙台駅前⇨秋保・里センター

車利用 ●約30分／18km
仙台市街⇨秋保温泉街（国道48号経由）

仙台 → 作並温泉

仙山線と仙台市営バス利用 ●約45分
JR仙台駅⇨JR作並駅（快速）、作並駅前⇨作並温泉入口

仙台市営バス利用 ●約1時間10分
仙台駅前⇨作並駅前

車利用 ●約40分／28km
仙台市街⇨作並温泉街（国道48号経由）

仙台 → 遠刈田・蔵王温泉

東北新幹線とミヤコーバス利用 ●約1時間
JR仙台駅⇨JR白石蔵王駅、白石蔵王駅⇨遠刈田温泉

東北本線とミヤコーバス利用 ●約1時間30分
JR仙台駅⇨JR白石駅、白石駅前⇨遠刈田温泉

車利用 ●約1時間／47km
仙台市街⇨遠刈田温泉街（東北自動車道・仙台宮城IC〜村田IC経由）

高速バス利用 ●約1時間
仙台駅前⇨遠刈田温泉（ミヤコーバス）

仙台 → 白石

東北新幹線と白石市民バス、ミヤコーバス利用 ●約20分
JR仙台駅⇨JR白石蔵王駅、白石蔵王駅⇨白石（白石市民バスは平日のみ運行）

東北本線利用 ●約50分
JR仙台駅⇨JR白石駅

車利用 ●約50分／45km
仙台市街⇨白石市街（東北自動車道・仙台宮城IC〜白石IC経由）

仙台 → 鳴子温泉郷

東北新幹線と陸羽東線利用 ●約1時間
JR仙台駅⇨JR古川駅⇨JR鳴子温泉駅

東北本線と陸羽東線利用 ●約2時間10分
JR仙台駅⇨JR小牛田駅⇨JR鳴子温泉駅

車利用 ●約1時間20分／80km
仙台市街⇨鳴子温泉街（東北自動車道・仙台宮城IC〜古川IC経由）

高速バス利用 ●約1時間25分
仙台駅前⇨鳴子温泉車湯（ミヤコーバス）

鳴子温泉郷★

陸羽東線

鳴子温泉駅

342

398

108

47

398

古川IC

古川駅

347

三本木スマートIC

4

13

月山IC

東根北IC

東根駅

457

仙台北部道路

山形JCT

左沢線

山形中央自動車道

48

作並駅

作並温泉★

仙山線

愛子駅

仙台★

仙台港北IC

仙台港IC

仙台東IC

山形駅

286

仙台宮城IC

仙台駅

仙台東部道路

458

秋保温泉★

仙台南IC

仙台若林JCT

山形上山IC

★蔵王温泉

山形自動車道

仙台南部道路

仙台空港✈

かみのやま温泉★

蔵王エコーライン

13

★遠刈田温泉

仙台空港IC

村田JCT

村田IC

常磐自動車道

南陽高畠IC

457

白石IC

4

349

東北新幹線

常磐線

白石★

113

白石駅

白石蔵王駅

399

福島駅✈ 郡山JCT✈

水戸駅✈

いわきJCT✈

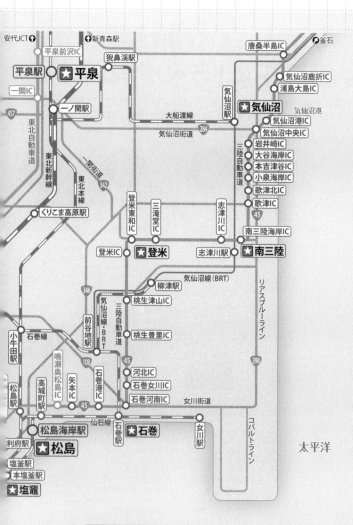

※JR気仙沼線・前谷地～柳津～気仙沼間、JR大船渡線・気仙沼～盛駅間はBRT（バス・ラピッド・トランジット）が運行している。JR気仙沼線・前谷地～柳津間は鉄道も運行。

❖

平泉

仙台 → 平泉

新幹線と東北本線利用●約1時間
JR仙台駅⮕JR一ノ関駅⮕JR平泉駅

車利用●約1時間25分／102km
仙台市街⮕平泉市街（東北自動車道・仙台宮城IC～一関IC経由）

松島 → 平泉

仙石線と東北新幹線と東北本線利用●約1時間20分
JR松島海岸駅⮕JR仙台駅⮕JR一ノ関駅⮕JR平泉駅

東北本線利用●約1時間15分
JR松島海岸駅⮕JR小牛田駅⮕JR一ノ関駅⮕JR平泉駅

車利用●約1時間25分／101km
松島海岸⮕平泉市街（三陸自動車道・松島海岸IC～東北自動車道・一関IC経由）

三陸海岸

仙台 → 石巻

仙石東北ライン利用●約1時間
JR仙台駅⮕JR石巻駅（快速）

車利用●約1時間／55km
仙台市街⮕石巻市街（仙台東部道路・仙台東IC～仙台港北IC、三陸自動車道・仙台港北IC～石巻河南IC経由）

高速バス利用●約1時間15分
仙台駅前⮕石巻駅前（宮城交通バス）

仙台 → 南三陸

東北本線と石巻線と気仙沼線BRT利用●約2時間15分
JR仙台駅⮕JR小牛田駅⮕JR前谷地駅⮕BRT志津川駅

車利用●約1時間30分／100km
仙台市街⮕南三陸町（仙台東部道路・仙台東IC～仙台港北IC、三陸自動車道・仙台港北IC～南三陸海岸IC経由）

高速バス利用●約1時間40分
仙台駅前⮕道の駅さんさん南三陸（宮城交通バス）

仙台 → 気仙沼

東北新幹線と大船渡線利用●約2時間5分
JR仙台駅⮕JR一ノ関駅⮕JR気仙沼駅

車利用●約2時間／131km
仙台市街⮕気仙沼市街（仙台東部道路・仙台東IC～仙台港北IC、三陸自動車道・仙台港北IC～気仙沼中央IC経由）

高速バス利用●約2時間50分
仙台駅前⮕南気仙沼駅前（宮城交通バス）

仙台 → 登米

車利用●約1時間20分／86km
仙台市街⮕登米市街（仙台東部道路・仙台東IC～仙台港北IC、三陸自動車道・仙台港北IC～登米IC経由）

高速バス利用●約1時間30分
仙台駅前⮕登米市役所前（東日本急行）

仙台 → 塩竈

仙石線利用●約30分
JR仙台駅⮕JR本塩釜駅

車利用●約30分／15km
仙台市街⮕塩竈市街（国道45号経由）

仙台 → 松島

仙石線利用●約40分
JR仙台駅⮕JR松島海岸駅

東北本線利用●約25分
JR仙台駅⮕JR松島駅

車利用●約35分／27km
仙台市街⮕松島海岸（仙台東部道路・仙台東IC～仙台港北IC、三陸自動車道・仙台港北IC～松島海岸IC経由）

高速バス利用●約1時間
仙台空港⮕松島海岸（岩手県北バス）
※2023年12月現在、運休中

祭りやイベントを楽しむ。旬の美味を愛でる
仙台・松島・平泉トラベルカレンダー

人気のシーズンは春と秋だが、夏にも大型イベントが多い。季節ごとに多彩に揃う
味覚を目当てに旅するのもおすすめ。海沿いと内陸部で気候が異なることがある。

1月	**2**月	**3**月	**4**月	**5**月	**6**月
各地の寺社は初詣客でいっぱい。仙台初売りの活気も体験してみたい。	まだまだ厳しい寒さが続くが、カキなど旬の味覚の楽しみもある。	ゆっくりと春の足音が近づいてくる。春の恒例行事も各地で始まる。	桜のシーズンになると観光客が増加。中旬頃満開になることが多い。	徒歩で散策するのにちょうどよい気候。連休中は混雑に注意。	中旬頃から梅雨に入るので雨具を用意。この時季ならではの花も。

● 仙台月平均気温（℃）　■ 仙台月平均降水量（mm）
● 一関月平均気温（℃）　■ 一関月平均降水量（mm）

> 気温が上がってきて過ごしやすくなる。新緑も美しい行楽シーズン

> 桜の開花は関東や西日本に比べて遅め。3月中に見頃になることは少ない

> 真冬の寒さは厳しいので防寒対策必須。太平洋側では降雪はそれほど多くない

気温（℃）: 1.06 / -0.5 　2.0 / 0.3 　4.9 / 3.6 　10.3 / 9.6 　15.0 / 14.8 　18.8 / 18.5

降水量（mm）: 37.0 / 43.8 　38.4 / 40.7 　68.2 / 71.2 　97.6 / 101.6 　109.9 / 105.9 　145.6 / 130.9

2日
仙台初売り
200年以上の歴史がある正月恒例の行事。仙台市内の商店街は福袋や豪華な景品などがある。大勢の買い物客で賑わう。

14日
松焚祭（どんと祭）
大崎八幡宮（P.33）で催行される、正月飾りなどを焚き上げる行事。この炎を目指して市内各地から集まる「裸参り」の列行も有名。

上旬
松島かき祭り
松島の冬の風物詩・カキのさまざまな料理の出店が並ぶ。カキ以外の料理もあり、宮城県のいろいろな味覚を楽しむことができる。

10日
鹽竈神社帆手祭
鹽竈神社（P.108）で火伏の神事として江戸時代に始まり、のちに神輿渡御の祭りになった。地元では春の訪れを告げる行事として親しまれる。

上旬～下旬
白石城桜まつり
白石城（P.88）一帯の公園で開催。期間中はライトアップされた城とぼんぼりに照らされた夜桜の幻想的な調和が楽しめる。

第3土・日曜
東照宮春祭
仙台東照宮（P.46）の祭礼。神楽が奉納され、境内にはたくさんの露店が並ぶ。桜の時季にあたるため、花見客も多く訪れる。

1～5日
春の藤原まつり
平泉町で奥州藤原氏を偲び、歴史の場面を再現した華やかな行列が催される。11月1～3日には「秋の藤原まつり」も開催。

第3日曜とその前日
仙台・青葉まつり
青葉神社（P.41）の神輿渡御や山鉾の巡行、仙台すずめ踊りなどの行事のほか、仙台の美味を集めた「杜の市」も開催。

➡ P.43

上旬
とおがった大道芸
遠刈田温泉の商店街が歩行者天国になり、国内外の腕利きの大道芸人たちが路上パフォーマンスを繰り広げる。

20日～7月10日
毛越寺あやめまつり
毛越寺（P.124）の花菖蒲園に、約300種・3万株が咲き誇る。期間中は「延年の舞」や茶会、子ども写生会などのイベントもある。

せり 10月上旬～4月下旬
曲がりねぎ 11月上旬～3月下旬
雪菜 11月上旬～4月上旬
仙台いちご 12月上旬～5月下旬
カキ 10月上旬～5月下旬

ホヤ 5月上旬～8月下旬

↑松島かき祭り

↑鹽竈神社帆手祭　画像提供:鹽竈神社

↑松島町内のライトアップ

画像提供:SENDAI光のページェント
↑SENDAI光のページェント

7月	**8**月	**9**月	**10**月	**11**月	**12**月
梅雨が明けると本格的な暑さに。夏の味覚も旬を迎えるので試したい。	夏休みに入り、仙台を代表するイベントもあって多くの観光客で賑わう。	暑さが落ち着いてきて観光しやすい季節。松島での名月観賞も一興。	標高の高いところから紅葉シーズン入り。魚介もいろいろ楽しめる季節。	平地では上旬から中旬にかけて紅葉の見頃を迎えるところが多い。	街は多彩なイルミネーションできらびやか。高原は雪に覆われる。

気温（℃）・降水量（mm）グラフ

- 22.3 / 22.2（7月）
- 24.2 / 24.0（8月）
- 20.7 / 19.8（9月）
- 15.2 / 13.5（10月）
- 9.4 / 7.2（11月）
- 4.5 / 2.2（12月）

降水量: 179.4 / 173.7（7月）、166.9 / 168.9（8月）、187.5 / 158.5（9月）、122.0 / 106.7（10月）、65.1 / 76.0（11月）、36.6 / 45.6（12月）

> 平地では暑さ対策が必要。高原や渓谷に涼を求めるのもいい

> 11月に入るとぐっと気温が下がる。ライトアップ見学は暖かい格好で

> 蔵王などのスキー場は12月中旬頃から3月中旬頃までオープン →

7月

海の日
塩竈みなと祭
震災後に始まった祭り。産業復興を願い、御神輿が色彩やかな御座船に奉安され海を巡幸する神輿「海上渡御」が最大の見どころ。

○○まつり
仙台すずめ踊り
仙台駅東口の宮城野通で、仙台の郷土芸能・すずめ踊りが披露される。祭りのクライマックスでは観客も参加可能。

8月

6〜8日 →P.42
仙台七夕まつり
伊達政宗公の時代から続く由緒ある行事。街中が七夕飾りで彩られて華やぐ。前夜祭である「仙台七夕花火祭」も見事。

16日
平泉大文字送り火
京都・東山に見立てた東稲山に、約100mの「大」の字の送り火が浮かび上がる。奥州藤原氏や義経の追善供養の行事。

9月

第2日曜と前日
定禅寺ストリートジャズフェスティバル
仙台の街中がステージに変わる音楽フェス。プロアマ問わず多彩な演奏者が集まる。 →P.43

中旬
月の松島in観瀾亭
伊達家が観月を楽しんだという観瀾亭で、中秋の名月頃の週末、お月見会が開催される（有料、抹茶とお菓子付き）。

10月

上旬 →P.43
みちのく YOSAKOIまつり
仙台市内の中心部の数カ所で、チームごとに個性豊かな踊りが見られる。鳴子を奏で、民謡を取り入れているのが演舞のルール。

上旬 仙台クラシックフェスティバル
仙台市内のホールや地下鉄駅など複数の会場でクラシックコンサートを開催。1公演の時間が短めなので、はしごも気軽に楽しめる。

11月

10月下旬〜11月下旬
松島町内のライトアップ
円通院庭園や瑞巌寺など、松島の主要な名所の紅葉が、およそ1カ月間にわたってライトアップされる。期間中はイベントも多彩。

12月

上旬〜 →P.43
SENDAI 光のページェント
定禅寺通のケヤキ並木に数十万球のLEDの明かりが灯るイルミネーションイベント。

下旬〜4月上旬
みやぎ蔵王の樹氷めぐり
蔵王名物の樹氷を雪上車で見学するツアー。マウンテンフィールド宮城蔵王すみかわで体験できる。要予約(☎0224-85-3055)。

食材	旬
雪菜	6月上旬〜9月下旬
仙台長なす	7月上旬〜10月下旬
ウニ	6月上旬〜8月下旬
せり	10月上旬〜4月下旬
曲がりねぎ	11月上旬〜3月下旬
雪菜	11月上旬〜4月上旬
仙台いちご	
カキ	10月上旬〜5月下旬
メバチマグロ	9月上旬〜12月下旬
金華サバ	9月上旬〜11月下旬

プレミアム滞在モデルプラン
仙台・松島・平泉
おとなの2泊3日

はるか昔からその名を詠われる名所を訪れ、先人の感嘆に思いを重ねる。東日本大震災から復興を遂げた街並みを歩く。東北最大都市の新しい魅力を探す旅へ出かけよう。

⤴まっすぐに並木道が延びる定禅寺通は仙台のシンボル

1日目

おくのほそ道をたどり仙台・松島を訪ねる

無数の島々が織りなす東北随一の名勝・松島へ。仙台の名物グルメも見逃せない。

8:00 仙台駅

約40分
JR仙石線で塩釜駅まで40分、塩釜から松島まで遊覧船で50分

10:00 松島

約12分
徒歩

10:30 西行戻しの松公園

約20分
徒歩

11:30 瑞巌寺

約60分
松島海岸駅からJR仙石線で39分、JR仙台駅で乗り換え、地下鉄東西線で3分、大町西公園駅下車、徒歩16分

15:00 瑞鳳殿

約3分
大町西公園駅から仙台駅まで地下鉄東西線で3分

17:00 S-PAL仙台

仙台駅直結

18:00 仙台駅

松島遊覧船 の船上から個性的な島々を眺める

松島遊覧船 ➡P.98
まつしまゆうらんせん

大きさも形もさまざまな島々を、船内に流れる解説を聞きながら観賞する。ウミネコが自在に飛び交う姿も趣深い。塩竈から松島へ渡る「芭蕉コース」は、丸文松島汽船が運航している。

西行戻しの松公園 で名勝・松島の美景を堪能

西行戻しの松公園 ➡P.98
さいぎょうもどしのまつこうえん

目の前に松島湾を一望できる展望スポット。美しい朝日が見られる絶好の場所で、春には松島海岸一の桜の名所として人気が高い。西行法師が、松の下で童子との禅問答に敗れ、松島行きを断念したという伝説が残る。

空と海が鮮やかなオレンジ色に染まる幻想的な朝日が見られる

伊達家の菩提寺
国宝 瑞巌寺 を参拝

瑞巌寺 ➡ P.101
ずいがんじ

伊達政宗が心血を注ぎ再興した伊達家の菩提寺。本堂内部の各室を飾る壮麗な障壁画や、伊達家関連の資料を展示している宝物館などを見学することができる。

円通院 ➡ P.100
えんつういん

夭逝した2代藩主の次男・光宗の菩提寺。苔むした緑濃い庭園は、季節の花や紅葉の名所。バラ園などもある。

五大堂 ➡ P.101
ごだいどう

慈覚大師作と伝わる五大明王を安置する御堂。現在の建物は政宗が造営したもので、桃山建築としては、東北地方現存最古のもの。国の重要文化財に指定されている。

プランニングのアドバイス

仙台から松島方面へはJR仙石線で移動するのが基本。ただし、仙石線は手前の東塩釜駅止まりの便が多いため、塩釜からの遊覧船を利用して松島を訪れることもできる。
食事は松島海岸沿いに飲食店が並んでおり、松島名物のカキと穴子をはじめとする海鮮が楽しめる。夜は仙台駅周辺で牛たんや地酒などを楽しみたい。

仙台藩の痕跡をたどり
伊達家の霊廟 瑞鳳殿 へ

瑞鳳殿 ➡ P.32
ずいほうでん

城跡がある青葉山を見つめるように建つ伊達家の霊屋。豪華に飾られた建物群は必見で、特に瑞鳳殿入口の涅槃門は黒漆の門構えが見事。

新名所が誕生して進化する S-PAL仙台 で
おみやげショッピングを大満喫!

エキチカおみやげ通り
エキチカおみやげどおり ➡ P.79

本館地下1階にあり、みやげ店が立ち並ぶ通り。名物の牛たんやずんだのスイーツなど、多数の店舗が入りおみやげ探しにびったり。

エキチカキッチン

本館地下1階をリニューアルオープン。杜のマルシェをイメージした空間に、東北初出店や新業態のショップなど合計23店が並ぶ。惣菜やベーカリーなどもあり、移動中の食事やホテルに戻ってからの軽食にも便利。

宮城の民芸品を扱うショップも揃う

19

2日目

9:30 一ノ関駅

約20分
岩手県交通バス渓泉閣前
行きで20分、渓泉閣前下
車、徒歩1分

10:00 厳美渓

約40分
岩手県交通バスー関駅前行
きで20分、一関駅前から乗
り換え、JR東北本線で10分、
平泉駅から徒歩8分

12:00 毛越寺

約11分
徒歩

14:00 平泉文化遺産センター

約10分
徒歩

15:30 中尊寺

約60分
平泉駅からJR東北本線で
10分、一ノ関駅から東北新
幹線で40分

18:00 仙台駅

プランニングのアドバイス

平泉駅や毛越寺から中尊寺までは、徒歩30分ほどと歩けない距離ではないが、やや離れている。巡回バスやタクシー、レンタサイクルを利用するのがおすすめ。中尊寺境内は広く、月見坂入口から金色堂まで1km近くの坂道を歩くことになる。余裕をもった時間設定にしておきたい。
平泉の名物料理はさまざまな味付けの餅を膳に据えた餅本膳。中尊寺へ向かう道沿いの店や、月見坂前のレストハウスなどで見つかる。

世界遺産・平泉の歴史と栄華を肌で感じる

奥州 藤原氏や 源 義経ゆかりの地を歩き1000年の時を超える思いに耳を傾ける。

荒々しい岩と渓流が生む 厳美渓 のダイナミックな光景

厳美渓 ⇒P.125
げんびけい

磐井川が巨岩を浸食し、独特の光景をつくり出している。この地を訪れた伊達政宗は、松島と並び領地の二大絶景であると評したという。渓流沿いには伊達政宗が植えた桜並木が残っている。

浄土信仰により造られた 平泉に残る 世界遺産 を参拝

毛越寺 ⇒P.124
もうつうじ

奥州藤原氏により大いに発展した寺院。浄土庭園は平安期の形式を今に伝える貴重な遺構。

観自在王院跡 ⇒P.125
かんじざいおういんあと

毛越寺に隣接して広がる寺院跡。観自在王院は、奥州藤原氏2代・基衡の妻によって建立。浄土庭園の遺構がほぼ完全な状態で残されている。

平泉文化遺産センター で 平泉の歴史を楽しく学ぶ

平泉文化遺産センター ⇒P.124
ひらいずみぶんかいさんセンター

世界遺産に登録された資産など、平泉の貴重な文化遺産の魅力を、パネルや映像などでわかりやすく紹介。

金色堂に見る昔日の繁栄 中尊寺 で平安の世を偲ぶ

中尊寺 ⇒P.118
ちゅうそんじ

奥州藤原氏初代当主藤原 清衡が建立。奥州藤原氏3代が眠る金色堂を中心に、諸堂や資料館が山中に建つ。巨樹がそびえる参道・月見坂を進むと、山中で輝きを放つ金色堂が現れる。平泉観光のハイライトだ。

3日目

太平洋を望む三陸海岸の新名所を散策

東日本大震災から10年以上が経ち、復興とともに新たな街の魅力が満載のエリアへ。

7:30 仙台駅

約2時間20分
仙台駅から石巻駅まで
JR仙石東北ライン快速
で1時間、JR石巻線で石
巻駅から18分、前谷地
駅でJR気仙沼線(BRT)
に乗り換え1時間

10:00 志津川駅

約1時間20分
JR気仙沼線(BRT)で志
津川駅から1時間20分

12:00 気仙沼駅

プランニングのアドバイス

南三陸さんさん商店街など、
南三陸の観光名所が集まるJR
志津川駅からJR気仙沼駅まで
はJR気仙沼線で乗り換えなし
で移動できる。車移動なら約
35km。復興が進み、車はもち
ろん公共交通機関でも観光が
しやすい。
食事は新鮮なウニをメインに
して海鮮を豪華に盛り付けた
キラキラ丼、アクアパッツァ
などの魚介、寿司や刺身を味
わいたい。

南三陸さんさん商店街 で贅沢な海鮮を味わう

南三陸さんさん商店街 ➡P.112
みなみさんりくさんさんしょうてんがい

南三陸の杉を使用して建てられたぬくもり
ある商業施設。新鮮な海産物を提供する食
事処やみやげ店、南三陸の
ブランドグルメである「キ
ラキラ丼」を提供する店も
多い。獲れたての海の幸を
存分にいただける。

復興の歴史を記録する 気仙沼「海の市」／ シャークミュージアム を鑑賞

気仙沼「海の市」／ シャークミュージアム ➡P.111
けせんぬま「うみのいち」／
シャークミュージアム

グルメやショッピングのほ
か、気仙沼の海の魅力や震
災復興について学べる複合
施設。サメの専門博物館を
中心に、新鮮な魚介や物産
品が並ぶ市場、氷の水族館
を併設する。

地域の食材とともに ご当地ワイン を嗜む

南三陸ワイナリー ➡P.112
みなみさんりくワイナリー

2020年、漁港近く
に海の見えるワイナ
リーが完成。南三陸
で愛情込めて造られ
たワインは、志津川
湾の豊かな海産物や
山の恵みとペアリン
グしたい。

浮見堂 のある 遊歩道で気仙沼を眺める

浮見堂
うきみどう

東日本大震災で被災後、再建された趣の
あるあずま屋。海上に作られた遊歩道は
朱色の柱が美しく、気仙沼内湾のシンボ
ルとして愛されている。夜のライトアッ
プなども行われ、幻想的な雰囲気に。

気仙沼 **MAP** 付録P.16 B-2

☎0226-22-4560(気仙沼市観光協会)
㊟気仙沼市魚町2-6-7 　㊟無休見学自由
㊐JR気仙沼駅から車で7分、市内内湾駐車場か
ら徒歩8分 ㊐なし

ニュース＆トピックス

広大な敷地に洗練された大型複合施設、ひとつの街を形成する道の駅、長い間親しまれてきた公園に新たな風。900年の時を刻む先人たちが進化し続ける東北の姿を見守っている。

メインの建物内には和食・ライブラリーカフェ・温泉・ショップがある

2022年4月オープン

東北復興シンボル の代表格
7つの棟と3つのコンセプトで発信

全国で「食」と「癒やし」をテーマに洗練した空間を展開するアクアイグニス。仙台市東部の海沿いに誕生した同施設は広大な敷地に7つの棟が立ち並び、有名シェフが手がける食のシーンや海を望む天然温泉が心地いい。

アクアイグニス仙台
アクアイグニスせんだい

仙台 MAP 付録P.3 D-4

☎022-355-2181 住仙台市若林区藤塚松の西33-3 営休店舗により異なる 交JR仙台駅から車で25分／仙台東部道路・名取ICから車で5分 P500台

↩夜はこの土地の名「藤塚」に由来し藤色のライトアップ

ピックアップ

癒やす

食・農・温泉の3つのコンセプトをゆったりと堪能できる地下約1000mから湧出する温泉

藤塚の湯
ふじつかのゆ

☎022-355-4030 営9:00〜21:00（土・日曜、祝日は〜22:00）※最終受付各1時間前 休無休（臨時休業あり） 料850円（土・日曜、祝日950円）

↩なめらかな肌になる美人の湯

買う

フランス語で絆を意味する"リアン"。生産者との温かなつながりを大切にしたマルシェへ

マルシェ リアン

☎022-355-8135 営10:00（日曜、祝日9:00）〜18:00休無休（臨時休業あり）

↩フラットな陳列で見渡せ感good

食べる

パティシエの辻口博啓氏、和食の名人・笠原将弘氏、イタリアンのシェフ・日髙良実氏といった、日本を代表する食の世界のカリスマたちが宮城の食材をいっそう輝かせる

コンフィチュール アッシュ

☎022-352-9610 営10:30〜17:00 休無休（臨時休業あり）

↩イートインスペースが併設されて、店内でゆっくりスイーツが楽しめる

↩厳選素材と独自の製法で作られたケーキやチョコレート菓子などが並ぶ

笠庵
かさあん

☎022-352-8890 営11:00〜14:00（LO）17:00〜20:00（LO）休無休（臨時休業あり）

↩華やかな和の世界を満喫できる「笠庵おまかせご膳」3500円

グリーチネ

☎022-352-9939 営11:00〜14:00（LO）（土・日曜、祝日は〜15:00LO）17:00〜20:00（LO）休無休（臨時休業あり）

↩日髙シェフ真骨頂のアクアパッツァ

4つの拠点からなる 南三陸 と 東松島市第1号 2つの道の駅に注目

商店街、震災伝承施設、JRの駅などが一体となった「道の駅 さんさん南三陸」。東北の道の駅らしい進化系アイデアがぎゅっと詰まった東松島市初の道の駅の開業。2つの東北愛が地元をますます活気づけていく。

南三陸町の観光と交通の新たな拠点

2022年10月オープン

道の駅 さんさん南三陸
みちのえき さんさんみなみさんりく

南三陸 **MAP** 付録P.16A-4
🏠施設により異なる 📍三陸町志津川五日町200-1 🕐🈹🈯施設により異なる
🚃JR志津川駅(BRT)からすぐ 🅿249台

↩商店街の名前は"サンサンと輝く太陽"からネーミング

2024年11月オープン予定

道の駅 ひがしまつしま(仮称)
みちのえき ひがしまつしま

🏠0225-82-1111(東松島市商工観光課観光振興係) 📍東松島市

東松島市初の道の駅。地元の農海産物販売所と特産の養殖カキを使ったフライ定食が目玉のフードコート、VR機能多用の観光案内施設、コンビニの3棟からなる。

画像提供:東松島市商工観光課

2024年

中尊寺 金色堂建立900年 の節目
奥州藤原氏の絢爛豪華な功績をたどる

天治元年(1124)8月20日に中尊寺 金色堂が完成した記録が残り、2024年は建立900年。続いて2026年に「鎮護国家大伽藍」落慶900年、2028年には藤原清衡没後900年と平安絵巻が平泉を彩る。

中尊寺 ちゅうそんじ ➡P.118

平泉 **MAP** 付録P.18A-1

金色堂内の装飾具がデザインされた御朱印

2023年4月オープン

公園に70年の時を経て ビジターセンター が誕生

昭和28年(1953)の開園以来、立ち入りが困難だったスペースに2023年、ホール、カフェやショップ、期間限定BBQ施設を併設した複合施設が開館した。

青葉山公園 仙臺緑彩館
あおばやまこうえん せんだいりょくさいかん

仙台 **MAP** 付録P.6B-3
🏠022-266-1651 📍仙台市青葉区川内追廻無番 🕐9:00～19:00(冬期は～17:00) 🈹3・6・9・12月の第1月曜 🈯入館無料
🚗東北自動車道・仙台宮城ICから車で10分 🅿200台以上
(2024年4月から有料)

↩館内で「仙台七夕まつり」の七夕飾りの実物を見られる

↑金色堂の内陣では阿弥陀三尊や地蔵菩薩など33体を安置する

画像提供:中尊寺

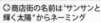

23

大自然の底力が見えてくる
みちのくの四季絶景

華やかな春、パワー全開の明るい夏、
紅葉が燃える秋に雪に覆われる冬。
季節の移ろいがことのほか際立つ
東北の四季の美しい絶景に癒されたい。

残雪の蔵王連峰を望みながら
ゆったりと桜並木を散策できる

特集

白石川堤一目千本桜
しろいしがわづつみひとめせんぼんざくら

大河原町 **MAP** 本書P.2 C-4

宮城県大河原町から柴田町にかけ
て、1200本の桜が白石川の両岸に
植えられている。見頃は4月上旬〜
中旬。

☎0224-53-2659(大河原町商工観光課)
所 大河原町白石川堤　時休料 散策自由
交 JR大河原駅から徒歩3分　P あり(河川敷
臨時駐車場)※祭り期間中のみ

西行戻しの松公園
さいぎょうもどしのまつこうえん　➡P.98

松島 **MAP** 付録P.15 D-2

松島を高台から望む眺望ポイン
ト。春には約260本の桜が彩りを
添え、なんとも贅沢な光景が広が
る。見頃は4月中旬〜5月上旬。

満開の桜を眼下に
松島の名景を望む

桜のピンクと松の緑のコントラ
ストが見事

植樹によって蘇った桜の名所。
梅、椿など季節ごとに華やかに
花が咲く

しだれ桜中心に
約360本近くの桜が咲く

榴岡公園 ➡P.39
つつじがおかこうえん

仙台駅東口 **MAP** 付録P.5 E-3

仙台中心部の桜の名所。ソメイ
ヨシノ、しだれ桜をはじめ多品
種が植えられ、4月上旬〜下旬
まで長く楽しめる。

蔵王連峰を背景に咲く
全長8kmの桜並木

東北夏の風物詩
アーケードを埋める笹飾り

伊達政宗公の時代から始まる長い歴史を持つ夏祭り

仙台七夕まつり →P.42

せんだいたなばたまつり

仙台駅西口 MAP 付録P.10 B-2

8月6〜8日、色とりどりの吹き流しを付けた笹飾りが、仙台市内各所に一斉に飾られる。花火大会や各種イベントも行われている。

厳美渓 →P.125

げんびけい

一関 MAP 本書P.3 D-1

磐井川が巨岩を浸食してできた渓谷美を、整備された遊歩道から眺めることができる。新緑に覆われた初夏は格別の美しさ。

奇岩連なる渓流に
木々の緑が鮮やかに映える

涼しげな渓流のせせらぎを聞きながら、渓谷美を堪能したい

御釜 →P.90

おかま

蔵王温泉 MAP 本書P.2 B-4

1000〜2000年前の噴火で生まれたお釜のような形をした円形の火口湖。湖水が強酸性のため生物は生息できない珍しい湖だ。

グリーンの水をたたえる
蔵王連峰に囲まれた神秘の湖

日光の当たり方によって湖面の色が変化するため五色湖とも

紅葉が染め上げる
切り立った峡谷を

紅葉に包まれた大深沢
橋が峡谷を見下ろす

鳴子峡 ➡P.130
なるこきょう

鳴子温泉郷 **MAP** 付録P.19D-4

大谷川が浸食した深い谷の岸壁を、ブナやカエデの色づいた葉が飾る。陸羽東線の車窓からも楽しめる。

特集

秋保大滝 ➡P.80
あきうおおたき

秋保温泉 **MAP** 付録P.2A-3

高さ約55mの滝が、鮮やかな紅葉のなか落ちていくさまは壮観。見頃は10月下旬〜11月上旬。

紅葉のなかを流れ落ちる
迫力ある大瀑布

鮮やかな景色のなか、滝の音が轟く

蔵王ロープウェイ ➡P.91
ざおうロープウェイ

蔵王温泉 **MAP** 付録P.13E-4

樹氷は、風で運ばれた雲粒が枝や葉に凍りつき、雪がさらに付着していくことで成長する。雪上車で間近に見ることもできる。

厳寒の季節に現れる
スノーモンスター

樹氷は特殊な植生や気象条件により現れる貴重な光景

五大堂 ➡P.101
ごだいどう

松島 **MAP** 付録P.15E-2

太平洋に面した松島では、積もるほど雪が降るのは珍しいという。雪化粧の五大堂や島々は普段とは違う美しさ。

雪に包まれた松島は
一見の価値あり

遠方からカメラ片手に訪れる人も多いそう

仙台

❖

戦国大名・伊達政宗が築いた
仙台城跡から一望できる仙台の街は、
東北一の大都市でありながら
「杜の都」とも呼ばれるほどに緑豊か。
ケヤキ並木が美しい定禅寺通を歩けば
美食と出会い、郊外に足をのばせば
質の良い温泉が待っている。

都会の洗練と
風光明媚な自然が
共存する街

旅のきほん

エリアと観光のポイント ❖

仙台はこんな街です

旅の拠点となる仙台駅を中心に、緑美しい街並みや歴史スポットが点在。
都会ならではのショッピングやグルメも楽しみたい。

高台の仙台城跡から
伊達政宗公騎馬像が
仙台の街を見守っている

伊達家を偲ぶ閑静な地区
仙台城跡周辺 ➡ P.30
せんだいじょうあとしゅうへん

仙台城跡は青葉山公園として整備され、仙台市博物館や瑞鳳殿など伊達家にまつわるスポットが点在する。仙台市街の眺望も見どころ。

| 観光の
ポイント | 瑞鳳殿 P.32
仙台市博物館 P.33 |

杜の都のシンボルロード
定禅寺通 ➡ P.34
じょうぜんじどおり

緑が美しいケヤキ並木が続く大通り。中央分離帯には遊歩道が設けられ、おしゃれなカフェも多い。12月のイルミネーションも見事。

| 観光のポイント | せんだいメディアテーク P.35　勾当台公園 P.35 |

東北一の歓楽街
国分町 ➡ P.64
こくぶんちょう

南北に走る国分町通を中心に、レストランや居酒屋、バーやスナックなど3000軒近くの飲食店が集まる東北随一の歓楽街。

| 観光の
ポイント | 郷土酒亭 元祖 炉ばた P.65
定禅寺通のわしょく 無垢とうや P.65 |

賑わう商業ビルと商店街
仙台駅西口 ➡ P.36
せんだいえきにしぐち

駅直結のS-PAL仙台をはじめ、駅前のショッピングビルや百貨店、一番町のアーケード商店街が買い物に人気。夜はレトロな横丁へ繰り出したい。

| 観光の
ポイント | 一番町四丁目商店街 P.36
AER展望テラス P.37 |

再開発で注目のエリア
仙台駅東口 ➡ P.38
せんだいえきひがしぐち

東口はS-PAL仙台東館と直結し、食事や買い物も充実。スタジアムやテーマパークといったファミリー向けの大型施設が人気を集めている。

| 観光の
ポイント | 楽天生命パーク宮城 P.38
仙台アンパンマンこども
ミュージアム&モール P.39 |

仙台

伊達家の菩提寺が並ぶ
北山
きたやま
➡P.40

「北山五山」と呼ばれる、伊達家ゆかりの寺社が立ち並び、庭園が美しい寺やアジサイが咲き誇る寺など、それぞれに四季折々の景観が楽しめる。

観光のポイント	輪王寺 P.40 東昌寺 P.41

仙台の奥座敷
秋保温泉
あきうおんせん
➡P.80

約1500年の歴史を誇る、皇室の御料温泉のひとつ。四季の渓谷美も見事。

歴代仙台藩主の隠れ湯
作並温泉
さなみおんせん
➡P.84

18世紀に伊達藩により開湯。渓谷を望む野趣あふれる露天風呂が多い。

城下町の風情が残る
白石
しろいし
➡P.88

白石城の城下町として発展、武家屋敷など旧跡が点在。温泉施設も多い。

絶景と隠れ家温泉の里
遠刈田・蔵王温泉
とおがった・ざおうおんせん
➡P.90

蔵王連峰の東麓は雄大な絶景の宝庫。情緒あふれる遠刈田温泉も人気。

（ 交通 information ）

仙台の移動手段

中心部の観光には、各スポットを巡回するレトロなデザインのバス・るーぶる仙台が便利。郊外へは、東西線と南北線の2本ある地下鉄や、路線バスを利用する。タクシーも台数が多く利用しやすい。

周辺エリアとのアクセス

列車・バス

JR平泉駅
◎東北本線で10分

JR一ノ関駅
◎東北新幹線で35分　◎東北本線で1時間10分

JR松島駅
◎東北本線で25分

JR仙台駅
◎タケヤ交通高速バスで30分

秋保温泉　◎仙山線で40分

JR作並駅　◎ミヤコーバスで1時間

遠刈田温泉　◎東北本線で50分

JR白石駅

車

一関IC
◎東北自動車道経由90km　松島海岸IC
◎三陸自動車道・仙台東部道路経由19km

仙台宮城IC　　仙台東IC
◎東北自動車道経由23km　仙台

村田IC　　◎県道132号・国道48号経由18km

◎国道457号・県道12号経由20km　◎国道48号経由28km　秋保温泉

作並温泉

遠刈田温泉
◎東北自動車道経由13km

白石IC

問い合わせ先

観光案内
仙台市観光情報センター　☎022-222-4069
湯のまち作並観光交流館　☎022-391-4126
ラサンタ
秋保温泉郷観光案内所　☎022-398-2323
白石city観光案内所　☎0224-26-2042

交通
仙台市交通局案内センター　☎022-222-2256
宮城交通(本社)　☎022-771-5310
JR東日本
(お問い合わせセンター)　☎050-2016-1600

仙台はこんな街です

WALKING & SIGHTSEEING

歩く・観る

青葉山周辺に仙台藩の遺構が残る

仙台城跡周辺

せんだいじょうあとしゅうへん

仙台の街を開いた伊達政宗が築き、
代々の藩主が暮らした仙台城の跡。
伊達男の気風を伝える霊屋を訪ねる。

仙台●歩く・観る

↻仙台城跡からは、かつての城下町である仙
台中心部からはるか太平洋までも一望できる

街歩きのポイント

循環バス・るーぷる仙台を利用して
アクセスするのがおすすめ。

瑞鳳殿からスタート、るーぷる仙台
のルートに沿って巡ると効率的。

るーぷる仙台は一日乗車券を利用
すれば観光施設の入場料も割引に。

街を一望する丘の周辺に
伊達家の痕跡が残る

　仙台市街を南西から見下ろす青葉山にあ
り、別名「青葉城」と呼ばれる仙台城。点
在する城壁のほか、城の遺構は空襲により
ほぼ失われ、現在、本丸跡は大広間の礎石
を残すのみ。三の丸跡にある仙台市博物館
に展示されている仙台藩ゆかりの品々も見
学して、江戸期の姿に思いを馳せよう。

　伊達家ゆかりの地といえば、青葉山と川
を挟んだ経ケ峯にある瑞鳳殿も外せない。
初代藩主・政宗から3代までの霊屋が残る。

↻仙台城跡には、独眼竜で知ら
れる政宗像が立っている

東北大学百周年記念会館
（川内萩ホール）
国際センター

フレンチレストラン・
プレジール P.63

地下鉄
東西線

青葉通
晩翠草堂前

仙台駅

大橋

大町西公園駅

仙台城址入口

博物館・国際センター前

仙台大神宮

五ツ橋通

仙台城大手門脇櫓

日本料理 e.
P.54

仙台市博物館 P.33

評定河原公園

仙台城清水門跡

青葉山公園

仙台城北壁

青葉山駅

伊達政宗騎馬像

昭忠塔

仙台城跡 P.31

瑞鳳殿前

六蔵神社

霊屋橋

宮城県
護國神社

青葉城資料展示館

瑞鳳寺

瑞鳳殿 P.32

経ケ峯歴史公園

N

0   200m

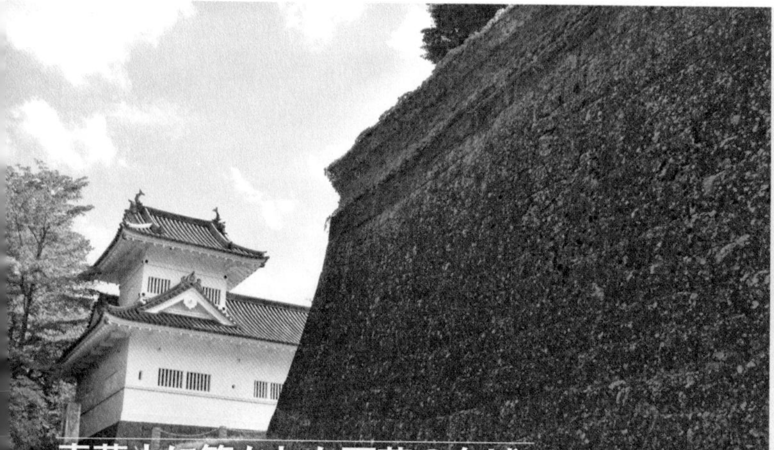

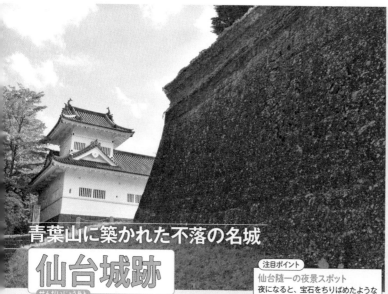

青葉山に築かれた不落の名城

仙台城跡

せんだいじょうあと

かつて国内屈指の名城と謳われた仙台城。400年の時を経ても名将が街を守り続ける。

戦国の英雄が築いた古城跡は、眼下に城下町を一望する抜群のビュースポット

伊達政宗（だてまさむね）が慶長6年（1601）に築城を始めた居城で、別名「青葉城」とも。本丸には「千畳敷」と呼ばれた大広間が造られ、政宗の死後も二の丸、東丸（三の丸）が建てられたが、明治の取り壊しと火災や仙台空襲などでほとんどが焼失、石垣だけが残された。本丸跡には伊達政宗公騎馬像が立つほか、資料館や護國神社が鎮座。市内屈指の眺望スポットだ。

MAP 付録P.6 A-4
☎022-222-0218（青葉城本丸会館）
所 仙台市青葉区川内1
開 休 料 見学自由（施設により異なる）
交 仙台駅前からバス・るーぷる仙台で26分、仙台城跡下車すぐ／地下鉄・国際センター駅から徒歩20分
P あり

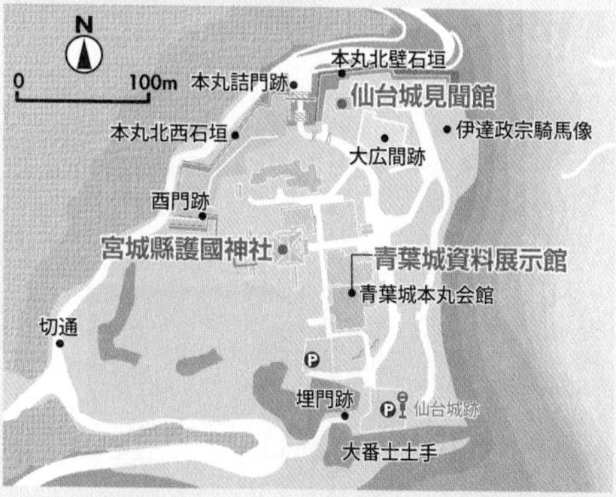

注目ポイント

仙台随一の夜景スポット

夜になると、宝石をちりばめたような美しい仙台市街のパノラマ夜景を楽しむことができる。騎馬像と石垣が23時までライトアップされている。

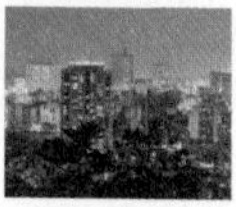

高層ビルが林立する都会の夜景に感動

大手門脇櫓

おおてもんわきやぐら

白漆喰の総白壁造だった脇櫓は空襲で消失。昭和42年（1967）に復元された。

清水門石垣

しみずもんいしがき

巽門から沢門に至る途中にあり、かつて湧水があったことからその名がついた。石垣は自然石を利用した野面積みで、築城初期の構造と考えられる。

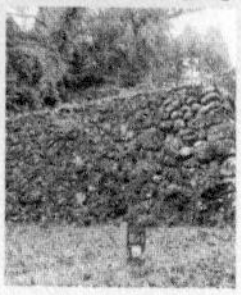

北壁石垣

きたかべいしがき

高さ最高約17m、全長約179mの切石積の石垣で、平成に入って修復された。現在の構造は寛文8年（1668）の地震後の修復時のものを再現。

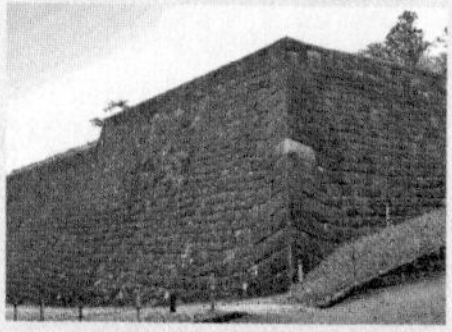

青葉城資料展示館

あおばじょうしりょうてんじかん

CGシアターが人気

売店や食事処などを併設。資料館のCGシアターでは最新技術を使った高精細映像『謹製仙台城』が見られる。

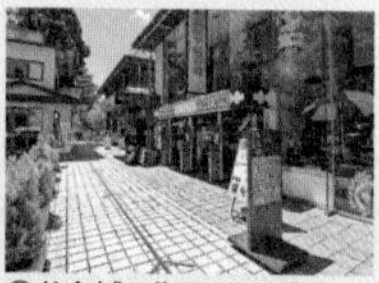

仙台城の復元CG映像も

宮城縣護國神社

みやぎけんごこくじんじゃ

郷土出身の御霊を祀る

明治37年（1904）、郷土出身の戦没者を奉祀する招魂社として創建。ご本殿は伊勢神宮から下げ渡されたもの。

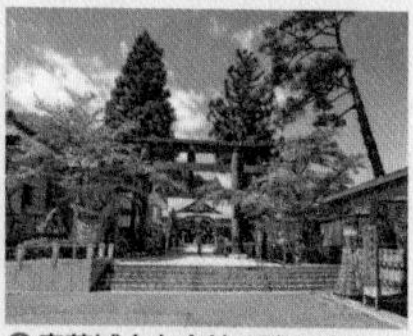

青葉城本丸会館の隣に建つ

仙台城見聞館

せんだいじょうけんぶんかん

仙台城の見どころがわかる

仙台城築城や城下町の歴史、発掘調査の資料などを展示。わかりやすいビデオ映像も流れる。

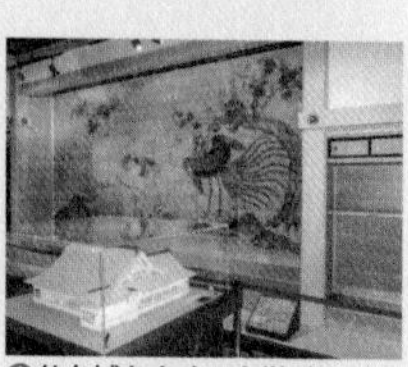

仙台城をさくっと学べる

↑🅐 極彩色の彫刻など、3殿のなかでも特に豪華

桃山文化を今に伝える絢爛たる霊屋

瑞鳳殿
ずいほうでん

参道を上るとあでやかな霊屋が3殿建つ。
緑深い杉木立の中、政宗の魂に挨拶を。

死後も仙台城下を見守るように造られた
華麗な装飾が施された霊屋

　寛永13年(1636)の仙台藩祖伊達政宗の死に際して、遺言に従い経ヶ峯の地に霊屋が築かれ、続く2代忠宗、3代綱宗も同地に葬られた。現在の建物は戦後の再建だが、鮮やかな色彩の彫刻や文様は、創建当初の姿を今に伝えている。

MAP 付録P.6 C-4

☎022-262-6250 所仙台市青葉区霊屋下23-2 時9:00～16:30(12～1月は～16:00) 休無休 料570円 交JR仙台駅からバス・るーぷる仙台で13分、瑞鳳殿前下車徒歩7分 Pあり

瑞鳳殿
ずいほうでん
墓所の中心となる

仙台藩祖政宗の霊屋。死から1年余りのちの、寛永14年(1637)10月に完成した。

↑🅐 本殿入口に置かれた涅槃門

感仙殿
かんせんでん
名君と謳われた忠宗の廟

2代忠宗の霊屋。瑞鳳殿本殿がある東側を向いて建つ。秋には周囲の木々が紅葉して美しい。

↑🅑 階段の先に見えてくる

善応殿
ぜんのうでん
芸術に才を発揮した綱宗の廟

3代綱宗の霊屋。再建後はほか2殿と違い、九曜紋が竪三つ引両紋、天女が鳳凰になっている。

↑🅒 奥まった場所に建つ

資料館
しりょうかん
政宗の真の姿に注目

墓室から発掘された副葬品や遺骨から再現した3藩主の復元顔貌像などが見られる。

↑🅓 瑞鳳殿の見どころを紹介する映像も

瑞鳳殿駐車場、るーぷる仙台バス停

注目ポイント

殉死者供養塔
瑞鳳殿と感仙殿の両脇に置かれている塔は、藩主の死に際して殉死した家臣を供養するためのもの。善応殿にないのは、3代藩主綱宗の没時には殉死が幕府により禁止されていたため。

→🅔 大きなものは直臣、小さなものはそれに殉じた陪臣のもの

国宝を含む貴重な資料は必見

仙台市博物館
せんだいしはくぶつかん

季節ごとに入れ替わる常設展示。
展示内容もダテじゃないクオリティ。

伊達家や仙台ゆかりの多彩な所蔵品を展示
国宝でユネスコ記憶遺産の貴重な資料は必見

　仙台伊達家から寄贈された文化財や仙台の歴史・文化に関する資料など約10万点を所蔵。国宝でユネスコ記憶遺産でもある慶長遣欧使節関係資料や、重要文化財の伊達政宗所用具足・陣羽織、豊臣秀吉所用具足、三沢初子所用帯具足などを含む（展示期間は要問い合わせ）。

MAP 付録P.6 A-3
☎022-225-3074
所仙台市青葉区川内26
開9:00〜16:45（入館は〜16:15）　休月曜（祝休日は開館、翌平日休）　料460円　交地下鉄・国際センター駅から徒歩8分　Pあり
※改修工事のため休館中。2024年4月再開館予定

↑江戸時代を中心とした仙台の歴史や文化を多様な視点から学べる

↑仙台城三の丸跡に立地。庭には魯迅像などもある

↑金色に輝く弦月の前立が付いた政宗所用の具足
※展示期間は要問い合わせ

足をのばして政宗が建立した神社へ

大崎八幡宮
おおさきはちまんぐう

慶長12年（1607）に伊達政宗の命により創建、絢爛豪華な社殿は安土桃山時代の建築として国宝に、社殿前の長床は国の重要文化財にそれぞれ指定されている。

MAP 付録P.4 B-2

☎022-234-3606　所仙台市青葉区八幡4-6-1
開境内自由　交JR仙台駅から市営バス白沢車庫行きなどで17分、大崎八幡宮前下車すぐ／JR東北福祉大前駅から徒歩15分　Pあり

←石鳥居は県の指定有形文化財

全国最大規模のどんと祭

松焚祭
まつたきまつり

毎年1月14日に行われ、松飾りなどを焚き上げて新年の無病息災を願う。「裸参り」も有名。

↑権現造りの本殿は黒漆塗りに彫刻、飾金具、胡粉彩色の装飾

「杜の都」を象徴するケヤキ並木に文化薫る

定禅寺通
じょうぜんじどおり

都会の大通りの真ん中に続く緑の散歩道。
人気のカフェや雑貨屋さんに立ち寄りながら、
ケヤキ並木に包まれて木洩れ日散歩を楽しもう。

街歩きのポイント
約700mの並木道。端から端まで自分のペースで歩こう。

遊歩道のベンチで休んだり、カフェに寄ったり、時間をたっぷり使いたい。

↑中央分離帯には遊歩道が設けられ、のんびり散策するのに最適

市民会館前　ギャラリー杜間道 S　P.35/P.52 せんだいメディアテーク ★　メディアテーク前　春日町
市民会館前　定禅寺通　春日町
西公園　立町局　メディアテーク前
N　0　50m

仙台●歩く・観る

遊歩道を散策しながらお買い物
紅葉の季節はロマンティックに

　オフィス街を走る定禅寺通は、ケヤキ並木の美しい大通り。勾当台公園と西公園の間に約700m続く中央分離帯には、並木に沿って遊歩道が設けられている。木洩れ日が差し込む歩道にはベンチや彫刻が並び、気持ちよく散策できる。沿道にはしゃれたカフェや人気のショップが集まっていて買い物も楽しい。9月のジャズフェスティバルや12月の光のページェントなどの季節のイベントも催される。

中央分離帯は屋外ギャラリー

遊歩道に並ぶブロンズ彫刻は、エミリオ・グレコなど、世界的作家が現地視察して手がけた作品。通りをおしゃれに飾っている。

ケヤキ並木を間近に眺める紅茶専門店

ガネッシュティールーム　P.35 Ⓐ

MAP 付録P.8 C-3

ダージリンなど紅茶の産地として有名なインド。その西部の都市コルカタ(旧カルカッタ)の市場で競り落とした茶葉を使用する。紅茶メーカーの直営店で窓からの見晴らしも抜群。

☎022-263-2467 ㊟仙台市青葉区国分町3-3-3 第3菊水ビル2F ⏰11:00～20:00 ㊡無休 ㊥地下鉄・勾当台公園駅から徒歩3分 Ｐなし

↑スペシャルティーケーキセット1485円。スイーツ3種にドリンクが付く

↑ぬくもりを感じる店内。カウンター席はケヤキ並木を眺める一等席だ

さらにアートにふれるスポット

せんだいメディアテーク

MAP 付録P.8 B-3

ケヤキ並木が美しい定禅寺通沿いにある公共施設。図書館やギャラリー、カフェなどがある。

☎022-713-3171 所仙台市青葉区春日町2-1 営9:00〜22:00（フロアにより異なる）休第4木曜 料入館無料 交地下鉄・勾当台公園駅から徒歩6分 Pあり

◎モダンな建物は建築家・伊東豊雄氏の設計

勾当台公園

こうとうだいこうえん

MAP 付録P.9 D-2

広場や花壇が広がり、彫刻も見られる憩いの場。市民イベントも随時行われる。

☎022-225-7211（青葉区役所）所仙台市青葉区本町3-9-2外 営休料入園自由 交地下鉄・勾当台公園駅からすぐ Pなし

◎園内の憩いのゾーンに彫刻が点在している

旬の食材を生かしたジェラートとエクレアの店

Pâtisseries Glaces Kisetsu

パティスリー グラス キセツ

P.35 C

MAP 付録P.9 E-2

季節感のあるエクレア380円〜とジェラート400円〜を販売。ジェラートは日替わりで8種が店頭に並ぶほかテイクアウト用もある。亘理イチゴなど地元食材を使ったものが人気。

☎022-302-6595 所仙台市青葉区本町3-2-4 営11:00〜18:00 休月曜（祝日の場合は翌日）交地下鉄・勾当台公園駅から徒歩2分 Pなし

◎イートインもできるパティスリー

◎エクレアは常時7〜8種並ぶ。季節によって種類が変わる

◎ジェラート2種盛り（奥）460円（店内飲食時）と、レモン（中）と塩キャラメル（手前）のエクレア

定禅寺通

R 定禅寺通のわしょく無垢とうや P.65
A P.58
R 一心 本店
B 定禅寺通市役所前
東京エレクトロンホール宮城
定禅寺通市役所前
公園2
P.35 ★勾当台公園
東北地方整備局
R ゆきむら P.62
C 錦町公園前
公園1
勾当台公園駅
定禅寺通
錦町公園前
スーパーホテル H
中国美点菜 彩華 P.70
R 定禅寺通市役所前
R 日本酒bar 旅籠 P.58
R おでん三吉 P.64
南1
仙台三越 SC
◎仙台駅

定禅寺通で30年以上続く人気カフェ

カフェ・ド・ギャルソン

P.35 B

MAP 付録P.8 C-3

白熱灯のぬくもりに、木肌が美しいカウンター。窓際席からは、ケヤキ並木を見下ろせる。定禅寺通の人気カフェでブレンドコーヒー660円はマイルドとストロングの2種がある。

☎022-224-5783 所仙台市青葉区国分町3-2-2 及川ビル2F 営11:30〜19:00（L.O.18:30）休木曜 交地下鉄・勾当台公園駅から徒歩2分 Pなし

◎ケヤキ並木が見える窓際の席が人気

◎レアチーズケーキ605円

◎グラスで出されるウインナコーヒー825円

◎オーク調のカウンターにテーブルなど落ち着いた雰囲気

仙台駅西口

せんだいえきにしぐち

交通の拠点でもあり、小型のショッピングビルが並ぶ駅前はいつも賑わい

駅周辺のハイセンスなファッションビルから
6つの商店街で構成される巨大アーケード街まで、
広い仙台の買い物エリアを散歩気分で巡る。

ショッピングを楽しむコツはアーケード街を使いこなす

駅前からT字型に延びるアーケード街は悪天候でも買い物が楽、加えて北は歓楽街の国分町、西は桜の西公園、南は学府の東北大学など各方面への通り道でもある。メイン通りを外れた脇道は個性的な店が多く見るだけでも楽しい。歩き疲れたら名物ずんだ餅にお煎茶でひと休みだ。

歓楽街の国分町が近くて便利

一番町四丁目商店街

いちばんちょうよんちょうめしょうてんがい

定禅寺通と広瀬通の間にある東北初のアーケード街。昔ながらの刃物や毛糸を扱う店と、おしゃれなビストロやアミューズメント施設が軒を並べる。

MAP 付録P.9 D-3

☎022-223-2366 ㊇仙台市青葉区一番町4
㊈店舗により異なる ㊋JR仙台駅から徒歩16分／地下鉄・広瀬通駅から徒歩5分 Ｐあり

脇道にはディープなこだわり店

ぶらんど〜む一番町

ぶらんど〜むいちばんちょう

広瀬通に至るブランドショップの並ぶ商店街。脇に入るとアパレル・雑貨のセレクトショップが数多くある。

MAP 付録P.10 B-1

☎022-265-5146(一番町一番街商店街) ㊇仙台市青葉区一番町3 ㊈店舗により異なる ㊋JR仙台駅から徒歩14分／地下鉄・青葉通一番町駅からすぐ Ｐあり

昭和レトロと流行の先端が同居

サンモール一番町商店街

サンモールいちばんちょうしょうてんがい

南北に長い一番町商店街の南側。伊達政宗公縁の野中神社は商売繁盛・縁結びのご利益があると伝えられる。

MAP 付録P.10 B-3

☎022-227-4851 ㊇仙台市青葉区一番町2 ㊈店舗により異なる ㊋JR仙台駅から徒歩4分／地下鉄・青葉通一番町駅からすぐ Ｐなし

街歩きのポイント

仙台駅に近いエリアなので、徒歩でまわれる。

指定の宿まで手荷物を運んでくれるサービスがあるので、手ぶらで街歩きを楽しみたいなら活用しよう。

仙台三越 P.37
一番町四丁目商店街
広瀬通り
広瀬通駅
SC 仙台フォーラス P.37
ぶらんど〜む一番町
マーブルロード
おおまち商店街
藤崎 P.37
中央通り
青葉通一番町駅
仙台文化横丁 P.66
壱弐参横丁 P.67
サンモール
一番町商店街

頭上に降り注ぐオルガンの音色

マーブルロードおおまち商店街
マーブルロードおおまちしょうてんがい

東二番丁通以西の商店街。有名ブランドが並び高級感が漂う。アーケードの高所にステージが設けられており月2回オルガンの生演奏を実施。

MAP 付録P.10 B-1
☎022-225-0227 所仙台市青葉区一番町3
営休店舗により異なる 交JR仙台駅から徒歩11分／地下鉄・青葉通一番町駅から徒歩3分 Pなし

photo by townphoto.net

福の神「仙臺四郎」に会える

クリスロード商店街
クリスロードしょうてんがい

東五番丁から東二番丁までの商店街。生活用品の取り扱い店が多く終日買い物客で賑わう。中ほどにある三瀧山不動院(P.46)の独特な異空間が興味深い。

MAP 付録P.10 C-1
☎022-223-2894 所仙台市青葉区中央2
営休店舗により異なる 交JR仙台駅から徒歩6分／JRあおば通駅から徒歩3分 Pあり

仙台駅前すぐの展望スポット「AER展望テラス」
アエルてんぼう

駅隣接の高層ビルAERの31階にある無料テラス。市街が一望でき好天なら蔵王連峰や仙台湾が望める。夜景もおすすめ。

MAP 付録P.11 E-1
☎022-724-1111 所仙台市青葉区中央1-3-1 AER31F
時10:00〜20:00 休無休 料無料
交JR仙台駅から徒歩3分 Pあり(有料)

↑ガラス張りのテラスは待ち合わせにも便利

アーケード街巡りの入口

ハピナ名掛丁商店街
ハピナなかけちょうしょうてんがい

駅西口からT字に延びるアーケード街の入口商店街。「名掛丁」は伊達藩の城下防衛に就いた侍集団の名懸組に由来。地元の味と娯楽が楽しめる。

MAP 付録P.11 D-1
☎022-222-2075 所仙台市青葉区中央2 営休店舗により異なる
交JR仙台駅から徒歩3分／JRあおば通駅からすぐ Pなし

仙台駅西口周辺の
ショッピングビル
最先端ファッションからおみやげまでセンスの良さと便利さで高い支持。

S-PAL仙台 ➡P.79
エス-パルせんだい

MAP 付録P.11 E-2
仙台駅に直結し食事や買い物に便利。地階のエキチカおみやげ通りは充実の品揃えを誇る。

藤崎
ふじさき

MAP 付録P.10 B-2
アーケード街の中心付近にある老舗百貨店。ファッションからコスメ、名産品も充実。

仙台三越
せんだいみつこし

MAP 付録P.9 D-3
勾当台公園に面し定禅寺通沿いに位置。地元の逸品が揃うフードガーデンは要チェック。

仙台パルコ
せんだいパルコ

MAP 付録P.11 E-1
駅隣接の本館とペデストリアンデッキでつながるパルコ2。高感度なショップが並ぶ。

仙台フォーラス
せんだいフォーラス

MAP 付録P.10 B-1
メンズ、レディス、アクセ、雑貨など約70店。個性派ブランド揃いの情報発信基地。

スタジアムも桜の名所も。楽しみいろいろ

仙台駅東口
せんだいえきひがしぐち

街歩きのポイント
大型スポットが点在するエリアなので、目的地に応じてJRなどの交通機関を利用してアクセス。

歴史探訪もいいが、東口にはプロスポーツのホームスタジアム、人気アニメミュージアム、青空市など心に残る体験が満載。

◎楽天モバイルパーク宮城「2023年撮影」
©Rakuten Eagles

◎レフト側後方には、子どもからお年寄りまで楽しめる公園・スマイルグリコパークがある「2022年撮影」

楽天モバイルパーク宮城
らくてんモバイルパークみやぎ

MAP 付録P.5 E-3

進化するボールパークでホームゲームの熱狂を体験

東北楽天ゴールデンイーグルスの本拠地。野球観戦はもちろん、豊富なスタジアムグルメやグッズショップでのショッピングも楽しみの一つ。スマイルグリコパークでは観覧車やメリーゴーラウンド、アスレチックで遊べるのも魅力。天然芝のグランドで、五感を刺激するとっておきのエンターテインメントを体感したい。

☎非公開 🏠仙台市宮城野区宮城野2-11-6 🚃JR宮城野原駅から徒歩5分 ※試合開催日のみJR仙台駅よりシャトルバス運行 🅿あり（試合日は前売制、試合日以外はコインパーキング制）URL https://www.rakuteneagles.jp/【ボールパークツアー】🕐10:00～17:00（所要約1時間）※事前予約制 🈺球団WEBサイトにて要確認【スマイルグリコパーク】🈺休🈺球団WEBサイトにて要確認 ※スタジアムは完全キャッシュレス。決済方法は事前要HP確認

⊗東六番丁小

P.37
★AER展望テラス

SC 仙台パルコP.37

★仙台アンパンマンこどもミュージアム&モール

⊗榴岡小

★榴岡天満宮

★仙台市歴史民俗資料館

仙塩街道

45

宮城野原駅

SC BiVi

仙石線

榴ヶ岡駅

★榴岡公園

宮城野原公園

仙台駅

S ヨドバシカメラ

S-PAL仙台
P.37/P.79

宮城野通駅

H 仙台サンプラザ

新寺小路

★楽天モバイルパーク宮城

★新寺こみち市 P.39

⊗東華中

地下鉄東西線

東北本線

東北新幹線

聖和学園高

連坊駅

P.39 お薬師さんの手づくり市 ★
P.102 陸奥国分寺薬師堂 卍

仙台●歩く・観る

↑日本の都市公園100選に入り市民の憩いの場

榴岡公園
つつじがおかこうえん

MAP 付録P.5 E-3

東北の春を告げる園内約350本の桜

仙台藩4代目藩主・綱村が生母・三沢初子を偲び、釈迦堂の建立としだれ桜1000本を植樹したのが発祥。昭和の再植樹を経て現在、仙台の桜の名所として知られる。

↑満開のしだれ桜。広い園内も桜の時季は花見客で埋め尽くされる

☎022-299-2361(榴岡公園お花見協賛会) 所仙台市宮城野区五輪1-301-3外 開休料入園自由 交JR榴ヶ岡駅から徒歩3分 Pあり(花見期間中は閉鎖)

仙台アンパンマンこどもミュージアム&モール
せんだいアンパンマンこどもミュージアム&モール

MAP 付録P.7 F-2

アンパンマンワールドを体験 子どもが安心して遊べる配慮も

人気アニメ『それいけ!アンパンマン』の世界を再現したミュージアム。入場無料のショッピングモールには種類豊富なグッズやフードが並ぶ。

→バイキンひみつ基地

→エントランスを入ればアンパンマンの世界が広がる

☎022-298-8855 所仙台市宮城野区小田原山本丁101-14 開ミュージアム10:00〜17:00(入館は〜16:00)、ショッピングモール10:00〜17:00 休無休(不定休あり) 料ミュージアム入館料2000円〜、ショッピングモール入館無料 交JR仙台駅から徒歩9分/地下鉄・宮城野通駅から徒歩7分 Pあり

©やなせたかし/フレーベル館・TMS・NTV

仙台市歴史民俗資料館
せんだいしれきしみんぞくしりょうかん

MAP 付録P.5 E-3

仙台の暮らしと文化を今に伝える

榴岡公園内にある白い瀟洒な洋風建築が目印。明治以降の庶民の衣食住や祭礼、文化などの民俗資料と軍隊や平和に関する戦時関連資料など約2000点を紹介・展示。

→県内最古の洋風木造建築で旧陸軍兵舎だった建物を改装した資料館

→民俗資料の紹介・展示のほかに玩具遊びの体験コーナーも

☎022-295-3956 所仙台市宮城野区五輪1-3-7 開9:00〜16:45(入館は〜16:15) 休月曜(祝日の場合は開館)、休日の翌日(土・日曜の場合は開館)、第4木曜 料240円 交JR榴ヶ岡駅から徒歩5分 Pあり

榴岡天満宮
つつじがおかてんまんぐう

MAP 付録P.7 F-3

松尾芭蕉も訪れた 仙台天神信仰の中心地

もとは仙台東照宮の地にあった天神社を4代藩主・綱村が榴ヶ岡に遷座した。学問の神・菅原道真公を御祭神とし、境内には「書の三聖」と称された道真公にちなむ「筆塚」や撫でると吉事を招く「撫で牛」がある。

↑丹塗りの唐門の東側には合格祈願の絵馬が賑やかに並ぶ

☎022-256-3878 所仙台市宮城野区榴ヶ岡105-3 開休料参拝自由 交JR榴ヶ岡駅から徒歩3分 Pあり

新寺こみち市
しんでらこみちいち

MAP 付録P.7 F-3

寺町の緑道に小さなお店が集合

毎月28日、緑豊かな新寺小路緑道に小さな店が並ぶ。野菜や手作りパン、焼き菓子、木工品など。4〜12月(予定)は、ヤギにエサやりができる「ヤギさんふれあい広場」を開催。

☎非公開 所仙台市若林区新寺2 開毎月28日10:00〜15:00 休荒天時早期終了あり 交JR仙台駅から徒歩10分 Pなし URL www.komichiichi.com

→寺町の間を抜ける緑道は散策にもおすすめ

お薬師さんの手づくり市
おやくしさんのてづくりいち

MAP 付録P.5 E-4

由緒ある寺院の境内で市を開催

国指定重要文化財・陸奥国分寺薬師堂(P.102)の境内で、縁日大護摩祈祷が行われる毎月8日に開催。手作りの食品や雑貨などの150ほどの店が出店。

☎非公開 所仙台市若林区木ノ下3-8-1 開毎月8日10:00〜15:00 休荒天時早期終了あり 交地下鉄・薬師堂駅から徒歩3分 Pなしになる可能性あり URL www.oyakushisan.com

→遠方から訪れる人も多く、境内は大賑わい

華麗に花が咲き誇る寺町

北山さんぽ
きたやま

寺院が多く点在する北山丘陵は
仙台城下町を守る北の防衛線。
伊達家ゆかりの北山五山を訪れて
悠久の歴史に思いを馳せる。

資福寺山門

伊達家ゆかりの古刹古社が立ち並ぶ

伊達政宗の仙台開府に伴って建立された5つの寺と、伊達
政宗を祀る青葉神社を訪れる。JR北仙台駅のレトロな雰囲
気の駅舎から、青葉神社通に出て西へ。苔むした石段を上
り下りしながら寺社を巡り伊達家の繁栄の思いを馳せる。

1 盛衰の歴史を経て
再興した名園

輪王寺
りんのうじ
MAP 付録P.4 C-2

伊達氏9代・政宗公の夫人の
菩提寺。伊達の庇護の下
で曹洞宗の一大叢林として
名を馳せたが、明治9年
(1876)の火事で焼失。長く
荒廃していたが大正4年
(1915)に再興された。境内
には白虎隊唯一の生存者、
飯沼貞吉の墓も。

⬆東北有数の禅庭園。四季折々の
自然が美しい

⬅一般参加の可能な写経や坐禅会
がある

☎022-234-5327 所仙台市青葉
区北山1-14-1 開8:00〜17:00
休無休 料300円 交JR仙台駅か
らバス・北山廻り子平町行きなど
で20分、輪王寺前下車すぐ／地下
鉄・北仙台駅から徒歩20分 Pあり

2 境内を埋め尽くすアジサイが見事

資福寺
しふくじ
MAP 付録P.4 C-2

もとは山形県高畠に建長寺の末寺と
して開山され、伊達氏の仙台移封
に伴い、伊達政宗公の学問の師・虎
哉宗乙を中興開山として現在の地
に移転した。別名あじさい寺と呼ば
れ6月下旬から7月の開花時期は花
見客で賑わう。

⬆墓所には自由民権運動家
の千葉卓三郎の墓もある

⬆境内には種類の異なるア
ジサイが約1000株咲き誇る

☎022-234-5730 所仙台市青葉区北山
1-13-1 開休料参拝自由
交JR仙台駅から市バス・北山廻り子平町行
きなどで20分、輪王寺前下車、徒歩5分／地
下鉄・北仙台駅から徒歩15分 Pあり

さんぽの目安◆約40分

さんぽコース

北仙台駅 → 徒歩20分 → **1** 輪王寺 → 徒歩5分 → **2** 資福寺 → 徒歩2分 → **3** 覚範寺 → 徒歩2分 → **4** 青葉神社 → 徒歩3分 → **5** 東昌寺 → 徒歩3分 → **6** 光明寺 → 徒歩5分 → 北仙台駅

3 政宗公の父の御霊を祀り、母が眠る寺

覚範寺
かくはんじ
MAP 付録P.4 C-2

天正13年(1585)に非業の死を遂げた政宗公の父・伊達輝宗公の菩提寺。本堂の裏には政宗公の生母・保春院の墓と三男で黒川城主の宗清公の供養塔がある。

☎022-234-0829 所仙台市青葉区北山1-12-7 開休料参拝自由 交JR仙台駅から市バス・北山廻り平町行きなどで20分、輪王寺前下車、徒歩10分/地下鉄・北仙台駅から徒歩13分 Pあり

↑長い参道と仁王が護る八脚門を通り本堂へ

4 春の例大祭の「青葉まつり」

青葉神社
あおばじんじゃ
MAP 付録P.4 C-2

明治7年(1874)、伊達政宗公を祀る神社として創建、境内には家臣を祀る祖霊社もある。政宗公の命日5月24日は春の例大祭が催され市内一円大賑わいに。

☎022-234-4964 所仙台市青葉区青葉町7-1 開休料参拝自由 交地下鉄・北仙台駅から徒歩11分 Pあり

↑本殿には政宗公夫人の愛姫が合祀されている

5 藩政にも関与した五山の筆頭格

東昌寺
とうしょうじ
MAP 付録P.4 C-2

伊達氏4代・政依公の菩提寺で五山の筆頭格。本堂の東北側にある政宗公が鬼門除けに植えたというマルミガヤの巨木やアカマツの参道、仙台藩2代・忠宗公の長男・虎千代丸の墓などが見どころ。

☎022-234-9066 所仙台市青葉町8-1 開休料参拝自由 交地下鉄・北仙台駅から徒歩8分 Pあり

↑宝物庫では伊達家の貴重な資料の展示も

↑樹齢500年のマルミガヤの巨木は壮観

6 千手観音を祀る五山の最東端寺

光明寺
こうみょうじ
MAP 付録P.4 C-2

東昌寺と墓所で隣接する、伊達氏初代・朝宗公の夫人の菩提寺。境内には慶長遣欧使節として欧州に派遣された支倉常長の墓、使節団の案内役を務めた宣教師ルイス・ソテロの碑がある。

☎022-234-6660 所仙台市青葉区青葉町3-1 開休料参拝自由 交地下鉄・北仙台駅から徒歩5分 Pあり

↑もとは福島県伊達郡に創建され、仙台に移された

北山さんぽ

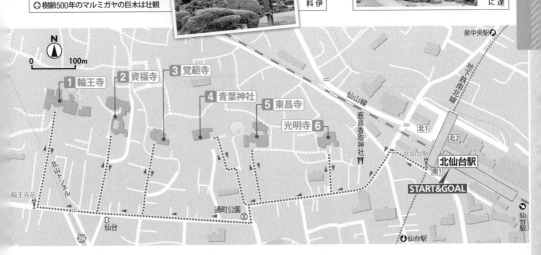

N
0 100m

1 輪王寺
2 資福寺
3 覚範寺
4 青葉神社
5 東昌寺
光明寺 6
仙山線
鹿島香取神社
地下鉄南北線
泉中央駅
北1
北2
北仙台駅
南1
北仙台駅
START&GOAL
北山トンネル
輪王寺前
仙台
通町公園
264
仙台
↑仙台駅
仙台駅

心浮き立つ夏祭り

仙台七夕まつり

「東北三大祭り」のひとつに数えられ、毎年200万人を超す見物客が訪れる一大イベント。豪華絢爛な笹飾りが市街を埋め尽くし、色鮮やかに彩られる。 **8月6〜8日**

期間中はお祭りムード一色！さまざまな願いを込めた巨大飾り

　仙台で七夕行事が盛んになったきっかけは、伊達政宗公が子女の技芸上達を願い、奨励したからという説があり、すでに江戸時代には仙台城下で盛んに飾りつけがなされていたといわれる。

　現在の仙台七夕まつりは8月に開催されているが、もともとは旧暦7月に行われていた。昭和3年（1928）から中暦（旧暦の1カ月遅れ）で開催されるようになり、「飾りつけコンクール」もその年から始まっている。

　市内の商店街が豪華な笹飾りで埋め尽くされる風景は圧巻。

仙台駅西口 **MAP** 付録P.10 B-2
☎022-265-8185（仙台七夕まつり協賛会）
URL www.sendaitanabata.com

七つ飾りとは？

仙台七夕を美しく彩る「七つ飾り」。そこには深い願いが込められている。

巾着 きんちゃく
商売繁盛や富貴の願いと、節約や貯蓄の心を養う飾り。

投網 とあみ
豊漁や農作物の豊作を祈願。幸運を寄せ集めるとも。

屑籠 くずかご
飾り物を作る際に出る紙クズを入れて飾に。清潔と倹約の心を育む。

吹き流し ふきながし
織姫の織糸を表す吹き流しは技芸上達の願いが込められている

折鶴 おりづる
延命長寿の願いを込め、家族の最年長者の歳の数だけ折られる。

紙衣 かみごろも
無病息災を願うための身代わりの衣。裁縫上達の意味もある。

短冊 たんざく
もともとは学問上達を願った。今は願い事全般が書かれるように。

◆アーケード街にぎっしりと飾られた笹飾り
写真提供：仙台七夕まつり協賛会

⤴七夕飾りの目玉のひとつとなっているくす玉は、もとはダリアの花がモチーフともいわれている　写真提供：仙台七夕まつり協賛会

イベントスケジュール
※2024年1月時点の情報です

8月5日
仙台七夕花火祭 せんだいたなばたはなびまつり
七夕まつりの前夜祭として、川内萩ホール敷地内で、約1万6000発が打ち上げられる。観覧は仙台西公園周辺一帯から見ることができる。
☎022-222-9788（仙台青年会議所）　所仙台西公園周辺

写真提供：仙台七夕まつり協賛会

仙台・季節のイベント

12月上旬〜

画像提供：SENDAI光のページェント実行委員会

SENDAI光のページェント
センダイひかりのページェント
⤴温かみのある光が美しい並木通り

数十万球のLEDが灯る光の祭典
定禅寺通で毎年12月上旬から行われる仙台の冬の風物詩。冬空に光輝く美しいイルミネーションは必見。
定禅寺通　MAP 付録P.8 B-3
☎022-261-6515（SENDAI光のページェント実行委員会）
所仙台市青葉区 定禅寺通

定禅寺ストリートジャズフェスティバル
じょうぜんじストリートジャズフェスティバル

9月上旬

毎年大盛況の市民音楽祭
9月の第2日曜とその前日に、市街のいたる所がステージとなる。
定禅寺通　MAP 付録P.8 B-3
⤴音楽はオールジャンル
☎022-722-7382（(公社)定禅寺ストリートジャズフェスティバル協会）
所仙台市青葉区 定禅寺通

みちのくYOSAKOIまつり
みちのくヨサコイまつり

10月12・13日

迫力ある踊りに感動！
毎年秋に、市内中心部の数カ所の会場で行われる人気の祭り。
MAP 付録P.8 C-2、市内各所
⤴北海道から四国まで参加
☎022-268-2656（みちのくYOSAKOIまつり実行委員会）
所仙台市市内各地（勾当台公園市民広場、ほか）

仙台・青葉まつり
せんだい・あおばまつり

5月18・19日

仙台の街の歴史祭り
山鉾や神輿、武者行列などが練り歩く伝統祭。毎年5月に開催。
MAP 付録P.8 C-2、市内中心部
⤴市内中心部で行われる
☎022-223-8441（仙台・青葉まつり協賛会）
所仙台市中心部（勾当台公園市民広場、ほか）

杜の都のアートと物語

多彩な画家や文人が活躍した仙台はアートと詩情の杜。偉人たちの創造の場を巡る。
ここでしか体験できない貴重な出会いがあるかもしれない。

仙台●歩く・観る

宮城県美術館

みやぎけんびじゅつかん
青葉区郊外 MAP 付録P.6A-2

東北ゆかりの作品を収蔵

昭和56年(1981)に本館、平成2年(1990)に佐藤忠良記念館が開館。日本の近代以降の作品、東北地方ゆかりの作品、またカンディンスキーやクレーなど海外作家の作品を収蔵している。誰でも利用することができる創作室もある。

☎022-221-2111 仙台市青葉区川内元支倉34-1 9:30～17:00(発券は～16:30) 月曜(祝日の場合は翌日) 300円 地下鉄・国際センター駅から徒歩7分 あり
※リニューアル工事のため休館中。2025年度に開館予定

↑本館と記念館の間には、『不思議の国のアリス』に見立てた「アリスの庭」があり、彫刻作品を展示

↑本館の入口近くにはヘンリー・ムーアの彫刻『スピンドル・ピース』が展示されている

↑宮城県を中心とする東北にゆかりのある芸術家の作品を多数所蔵する

カメイ美術館

カメイびじゅつかん
仙台駅西口 MAP 付録P.11 E-4

蝶の標本、近代日本の絵画、こけしの展示が充実

仙台の企業・カメイの創業90年を記念して1994年に開館。世界各地の蝶の標本約1万4000頭をはじめ、浅井忠や中川一政、モーリス・ド・ヴラマンクらの絵画、東北の民芸品こけしを展示する。

☎022-264-6543 仙台市青葉区五橋1-1-23 11:00～16:00(入館は～15:30) 月曜(祝日の場合は開館) 300円(65歳以上、高校生以下無料) 地下鉄・五橋駅から徒歩3分 なし

↑世界的に珍しい蝶も所蔵

↓絵画とこけしは定期的に入れ替えて、企画展で紹介

中本誠司現代美術館

なかもとせいしげんだいびじゅつかん
青葉区郊外 MAP 付録P.4 C-1

スペイン風の白亜の館で現代アートと出会う

世界を放浪した現代美術家・中本誠司氏(1939～2000)が、帰国後、仙台に移住して開館した個人美術館。中本誠司の作品は1月の1カ月間と4月上旬の2週間見られる。1・2階のギャラリーでは企画展やイベントを開催。

☎022-272-7100 仙台市青葉区東勝山2-20-15 11:00～18:00 火曜 無料 JR仙台駅から宮城交通バス・宮城大学行きなどで30分、東勝山中央下車、徒歩5分 6台

↑中本氏の作品約1000点を所蔵

↓美術館のスペイン風の建物自体も氏の作品だ

晩翠草堂

ばんすいそうどう

仙台駅西口 **MAP** 付録P.10 A-2

仙台出身の詩人・英文学者、晩翠の晩年の居宅

第二高等学校（現・東北大学）の教授を長年務めた土井晩翠（1871～1952）は、仙台空襲で自宅と蔵書を焼失。市民や教え子たちが昭和24年（1949）にこの家を建て、晩翠はここで晩年を過ごし、80歳で没した。

☎022-224-3548 　 仙台市青葉区大町1-2-2 　 9:00～17:00 　 月曜（祝日の場合は翌日）　 無料 　 地下鉄・青葉通一番町駅から徒歩5分／仙台駅前から市バス・八木山動物公園行き／るーぷる仙台で7分、晩翠草堂前下車すぐ 　 なし

↑ 歌曲『荒城の月』の作詞者としても有名。庭園にはブロンズ像も

↑ 設計は東北大学工学部教授の小倉強氏 写真提供／佐々木隆二

↑ 入口には晩翠の詩集『天地有情』の文字を刻んだ石碑がある

仙台文学館

せんだいぶんがくかん

青葉区郊外 **MAP** 付録P.5 D-1

郷土の文学資料を収蔵する

仙台にゆかりがある近代以降の作家に関する資料と文学作品を展示。1999年に開館し、初代館長は井上ひさしが務めた。土井晩翠、島崎藤村から現代作家まで、所蔵品は約14万点にものぼる。

☎022-271-3020 　 仙台市青葉区北根2-7-1 　 9:00～17:00（展示室入室は～16:30）　 月曜、祝日の翌日、1～11月の第4木曜（祝日の場合は開館）　 460円 　 仙台駅前から宮城交通バス・宮城大学行きなどで25分、北根二丁目・文学館前下車、徒歩5分 　 あり

↑ 日本を代表する小説家・劇作家の井上ひさしに関する展示も充実

↑ 仙台に関わりのある作家や作品と、その情報が紹介されている

↑ 青葉区北根に広がる台原森林公園の入口に建ち、深い緑に抱かれる。敷地内の散策も楽しみ

東北大学史料館 魯迅記念展示室

とうほくだいがくしりょうかん ろじんきねんてんじしつ

青葉区郊外 **MAP** 付録P.7 D-4

中国の文豪・魯迅の仙台留学時代を知る

東北大学・片平キャンパスは、前身である仙台医学専門学校時代に、のちに「近代中国の父」と称されることになる魯迅が留学し学んでいた場所。館内では、彼の学生生活の関係資料が展示されている。

☎022-217-5040 　 仙台市青葉区片平2-1-1 東北大学片平キャンパス内 　 10:00～17:00 　 土・日曜、祝日、夏季休業日、年末年始 　 無料 　 地下鉄・青葉通一番町駅から徒歩10分 　 なし

↑ 登録有形文化財の建物も見どころ。東北大学の歴史に関する資料も公開中

↑ 日露戦争の幻灯写真のガラス板。授業での幻灯の上映をきっかけに、魯迅は文学への転身を決意

↑ 明治37年（1904）秋に入学した魯迅は、祖国のため医学の道を志していた

仙台ゆかりの作家や文学作品など

土井晩翠（1871～1952）　仙台市出身。漢詩風の詩、校歌等の作詞、英文学の名翻訳で活躍。
代表作『荒城の月』（作詞）、『天地有情』、『英雄論』【翻訳】

島崎藤村（1872～1943）　明治29年（1896）に東北学院の教師として仙台で暮らし、詩集を出版。
代表作『若菜集』（仙台で執筆）、『夜明け前』

魯迅（1881～1936）　近代中国を代表する作家。20代に留学生として仙台で暮らした。
代表作『狂人日記』『阿Q正伝』

井上ひさし（1934～2010）　劇作家・小説家。山形県で生まれ、子ども時代を仙台で過ごした。
代表作『ひょっこりひょうたん島』『吉里吉里人』

伊坂幸太郎（1971～）　推理作家。千葉県生まれだが、東北大学入学を機に仙台に移住。
代表作『重力ピエロ』『魔王』『ゴールデンスランバー』

そのほか仙台を舞台にした作品
漫画『ジョジョの奇妙な冒険』（作・荒木飛呂彦）
第4部『ダイヤモンドは砕けない』の舞台S市は仙台がモデル。
小説『書店ガール』シリーズ3作目『託された一冊』（著・碧野圭）
震災後、仙台の書店のリニューアルに奔走する女性を描く。
小説『鉄塔家族』『還れぬево』（著・佐伯一麦）
仙台出身・在住の作家による私小説。家族の日常と再生を描く。

仙台の見どころ | 郊外の水族館・動物園やショッピングモール

もっと仙台を知る

杜の都の郊外は、手つかずの自然やかわいい動物とふれあえるスポットが多い。
アミューズメント感あふれるアウトレットパークも見逃せない。

縦書き：仙台●歩く・観る

仙台うみの杜水族館

せんだいうみのもりすいぞくかん
仙台港周辺 MAP 付録P.14 B-4

海と人、水と人との「つながり」をうみだす

2015年、仙台港に近い中野地区にオープン。海と人、水と人の「つながり」をうみだす水族館をコンセプトに、約100基もの水槽群で海の豊さを表現。イルカ、アシカ、バードのパフォーマンスも楽しめる。

☎022-355-2222 住仙台市宮城野区中野4-6 時10:00～17:00（季節により変動あり、入場は各30分前まで）休無休 料2400円 交JR中野栄駅から徒歩15分（中野栄駅から路線バス運行）Pあり

↑世界三大漁場である三陸の海を幅14m、水深7.5mの大水槽で表現

↑開放的なスタジアムでは、イルカやアシカがパフォーマンスを披露

↑白い外壁が目印。約9900㎡もの延床面積に充実の展示が多数

八木山動物公園フジサキの杜

やぎやまどうぶつこうえんフジサキのもり
太白区 MAP 付録P.4 B-4

猛獣も目の前で観察

117種580点の動物を飼育展示する東北最大級の動物園。ふれあい・えさやり体験は毎日開催。ホッキョクグマも間近に。

☎022-229-0631 住仙台市太白区八木山本町1-43 時9:00～16:45（入園は～16:00）11～2月9:00～16:00（入園は～15:00）休水曜（祝日の場合は木曜）料480円 交地下鉄・八木山動物公園駅から徒歩2分 Pあり

↑地下鉄駅から徒歩2分の西門入口

↑人気スポットの「アフリカ園」

仙台東照宮

せんだいとうしょうぐう
青葉区郊外 MAP 付録P.5 D-2

杜の都にも家康の神社が

仙台藩2代藩主・伊達忠宗が、東照大権現（徳川家康）を伊達家の守護神として祀るため、承応3年（1654）に創建。金箔押し彫刻などの装飾が見事。

☎022-234-3247 住仙台市青葉区東照宮1-6-1 時休料参拝自由 交JR東照宮駅から徒歩3分 Pあり

↑唐門は国指定の重要文化財

↑花崗岩造りの美しい石鳥居

東北大学植物園

とうほくだいがくしょくぶつえん
青葉区郊外 MAP 付録P.6 A-3

モミの美林と自然に憩う

昭和33年（1958）、東北大学が自然植生の研究のため、手つかずの林が残る仙台城跡の後背地に設立。一帯が国指定天然記念物「青葉山」となっている。

☎022-795-6760 住仙台市青葉区川内12-2 時10:00～16:00（入園は～15:00）休月曜（祝日の場合は翌日）、12月1日～春分の日の前日 料230円 交地下鉄・国際センター駅／川内駅から徒歩12分 Pあり ※詳細はHP要確認

↑約52万㎡の広大な敷地が広がる

↑春分の日から11月末まで開園

三瀧山不動院

みたきさんふどういん
仙台駅西口 MAP 付録P.10 C-1

商店街に鎮座する寺院

慶応元年（1865）開山の縁起が残る真言宗智山派の寺。クリスロード商店街にあり、商売繁盛と家内安全を願う加持祈祷の寺として信仰を集める。

☎022-221-3056 住仙台市青葉区中央2-5-7 時休料参拝自由 交JR仙台駅から徒歩8分／JRあおば通駅から徒歩5分 Pなし

↑眼病治癒のご利益でも知られる

46

仙台市天文台

青葉区郊外 MAP 付録P.2 B-3

仙台市民の"宇宙の広場"

「宇宙を身近に」を施設のミッションに、日常のなかで宇宙を感じる体験と情報を提供。プラネタリウム、展示室、望遠鏡など多彩な設備が揃う。

↑2023年にリニューアルしたプラネタリウム

☎022-391-1300 所仙台市青葉区錦ケ丘9-29-32 営9:00～17:00（土曜は展示室を除き～21:30、入館は各30分前まで） 休水曜、第3火曜（祝日の場合は翌日、学校長期休業期間中は開館） 料展示室610円、プラネタリウム610円（1回）、セット券1000円 交仙台駅前から秋保・川崎 仙台西部ライナーで22分、仙台市天文台下車すぐ Ｐあり

↑展示室の様子

↑世界的にも貴重な遺跡

地底の森ミュージアム

太白区 MAP 付録P.2 C-3

2万年前の遺跡を保存展示

昭和63年（1988）の調査により、富沢遺跡で発掘された旧石器時代の焚き火跡や森林跡をそのままの状態で展示。地下約5mに2万年前の世界が広がる。

↑野外は旧石器時代の風景を復元

☎022-246-9153 所仙台市太白区長町南4-3-1 営9:00～16:45（入場は～16:15） 休月曜、1～11月の第4木曜（祝日の場合は開館）、祝日の翌日（土・日曜、祝日の場合は開館） 料460円 交地下鉄・長町南駅から徒歩5分 Ｐあり

仙台市野草園

太白区 MAP 付録P.2 C-3

東北の野生植物に親しむ

どんぐり山、高山、薬草などに分かれた10以上のゾーンに、東北地方の多種多様な野草を植栽展示。植物に関する多彩な展示を行う野草館も人気。

↑緑に包まれる萩のトンネル

☎022-222-2324 所仙台市太白区茂ケ崎2-1-1 営9:00～16:45 休12月1日～3月19日（野草館は通年開館） 料240円 交仙台駅前から市営バス・野草園前行きで16分、野草園前下車すぐ Ｐあり

↑芝生広場では大ケヤキが見事

仙台泉プレミアム・アウトレット

泉区 MAP 付録P.2 C-2

国内外のブランドが集結

泉パークタウン内の人気のアウトレット。ファッション、スポーツ、生活雑貨など、約80の有名ブランドが集う。

↑アメリカ東北部の街並みをイメージした優雅な雰囲気

☎022-342-5310 所仙台市泉区寺岡6-1-1 営10:00～20:00（季節により変動あり） 休2月第3木曜 交東北自動車道・泉PAから車で5分（ETC専用）／泉ICから車で10分 Ｐあり

↑ゆったりと買い物を楽しめる

仙台場外市場杜の市場

若林区 MAP 付録P.3 D-3

活気あふれる東北マルシェ

中央卸売市場近くの場外市場。鮮魚・青果・物産品など個性的な店が集い、海鮮などを味わえる飲食店も豊富。

↑美味なる東北の食材が一堂に

☎022-762-5701 所仙台市若林区卸町5-2-6 営9:00～19:00（店舗により異なる） 休無休（店舗により異なる） 交地下鉄・卸町駅から徒歩15分 Ｐあり

↑地中海の市場、マルシェが原型

三井アウトレットパーク 仙台港

仙台港周辺 MAP 付録P.14 B-4

観覧車もある人気スポット

約120もの国内外の人気ブランド店が並ぶ東北最大級のアウトレット。東北のご当地グルメが楽しめる飲食店や観覧車も人気。

↑高さ約50mの観覧車が目印

☎022-355-8800 所仙台市宮城野区中野3-7-2 営ショップ10:00～20:00、レストラン10:30～20:00（LO19:30）※2月は～19:00までの短縮営業 休年1回不定休 交JR中野栄駅から徒歩8分／仙台駅前から宮城交通バス・仙台港フェリー行きで40分、アウトレット仙台港下車すぐ Ｐあり

↑フードコートやカフェも充実

47

青葉山から見はるかす400年の時の流れ

政宗が駆け抜けた地を巡る

仙台城が建つ青葉山の麓、今に続く城下町をつくり上げたのが、仙台藩藩祖・伊達政宗だ。
彼の生涯を追うとともに、仙台を舞台にして起きたさまざまなドラマを知り、旅をより味わい深いものへ。

安土桃山時代

戦国最後の時に勇名を馳せる

奥州の覇者へ

幼少時に右目の視力を失うが
伊達家当主になり、争乱の東北を制す

　仙台の街を開いた伊達政宗は、永禄10年(1567)、伊達家16代当主・輝宗の長男として出羽国(山形県)米沢城に生まれた。のちの世に独眼竜と謳われる由縁である隻眼は、幼少時に天然痘で右目の視力を失ったためとされる。

　政宗が家督を継いだのは天正12年(1584)10月、18歳のときのこと。中央では羽柴秀吉が前年に大坂城を築城し天下人への道を着々と歩んでいたが、東国では最上氏、蘆名氏、相馬氏、佐竹氏など諸大名が勢力争いを続けていた。当主交替の混乱に乗じて伊達氏の勢力低下を狙う諸氏連合軍の前に、当主就任後、一時劣勢に立たされるが、蘆名・相馬連合軍を破った天正16年(1588)の郡山合戦の勝利をきっかけに一転攻勢へ。翌年の摺上原の戦いでは蘆名氏を滅ぼし、現在の福島県の大部分と宮城県、山形県の南部を含む広大な領地を支配下に置き、23歳にして奥州最大の版図を手にした。

⬆仙台城跡の政宗像。政宗は病気のためとはいえ目を失ったのは親不孝と考えていたため、像や肖像画は両目で作られることが多い

政宗以前の伊達氏 鎌倉時代から続く名門

　源 頼朝の奥州征伐に従い戦功を挙げた常陸入道念西が、現在の福島県伊達郡に領地を得て伊達氏を名乗ったのが始まり。中興の祖とされる室町時代の9代当主・政宗(戦国時代の17代・政宗はこの人物にあやかって名付けられた)以来、山形県南部を拠点にしていた。なお、伊達の字はもとは「いだて」「いだち」などと読んでいたらしく、政宗がヨーロッパへ送った書状でも「Idate」との署名が見られる。

秀吉の大軍勢の前に天下への夢は断念
決死の覚悟の白装束で命をつなぎとめる

　またたく間に奥州の覇者へと駆け上った政宗のもとに、天正18年(1590)、九州平定を終え、残る関東・東北の併合を目論む秀吉から、北条氏の小田原城攻めに参戦するよう要請が届く。要請の拒否は、秀吉と対決することを意味する。北条氏とは同盟関係にあったため家中の意見は分裂したが、ここまで天正15年(1587)の惣無事令(秀吉が発した大名同士の私闘を禁止する命令)を無視して戦いを続けていた政宗も、秀吉率いる大軍の接近には対抗の余地なく恭順を決める。しかし小田原城へたどり着いたのは戦いも終わりに近づいた頃。遅参を糾弾されるものの、死に装束の白い着物で現れ、派手好きの秀吉の歓心を買い許される。

伊達政宗領地の変遷

天正19年(1591)
※秀吉による配置換え

天正15年(1587)
※家督を継いだ際の領地

天正18年(1590)
※蘆名氏を滅ぼし最大版図へ

最上

上杉

蘆名

相馬

真田

佐竹

徳川　　北条

秘めた野心のゆくえ

秀吉と家康のもとで

秀吉により大幅に領地を削られ
家康に協力し虎視眈々と失地回復を狙う

　北条氏降伏後の奥州仕置で、蘆名氏から得た領地は惣無事令違反として没収に。さらに天正18年(1590)の葛西大崎一揆では、一揆を扇動した疑いをかけられる。弁明のため京の秀吉のもとへ赴くと、政宗は白装束に金の十字架をかつぎ人々の注目を集め、証拠とされた密書は「本物には花押に穴が開いているはず」と偽物であることを主張したという。なんとか許された政宗だが、徳川家康らとともに一揆を鎮圧したのち、米沢城から岩手沢城(このとき、岩出山城に改名)へと配置換えに、領地も大幅に縮小された。

　実際に一揆は政宗の陰謀によるという説も強く、表向きは秀吉に従いながらも領土回復の企図は捨てていなかったようだ。秀吉もその野心を見抜き警戒していたという。慶長3年(1598)の秀吉の死に伴い接近したのは、同じく秀吉に警戒され江戸に移されていた家康だった。長女・五郎八姫を嫁がせ関係を深め、上杉氏のものとなっていた旧領回復の約定を得る(仙台市博物館に「百万石の御墨付」の書が残る)。慶長5年(1600)の関ヶ原の戦いで家康の東軍に味方し西軍の上杉勢と戦うが、白石城を攻略するにとどまった。

　慶長6年(1601)、政宗は仙台城の建設を始める。天然の要害の地に山城を築き、さらなる戦乱に備えていたことが察せられるが、慶長20年(1615)、大坂の陣終結で泰平の世が訪れる。その後は領国経営に力を注ぎ、寛永13年(1636)、享年70で死去するまで江戸幕府に重臣として仕えた。

岩出山城址
いわでやまじょうあと

大崎 **MAP** 本書P.3 D-2

豊臣秀吉の奥州再仕置により本拠を米沢から岩出山に移してから仙台城開府まで、政宗が拠点とした城。政宗が仙台へ移動したのちも、明治維新まで岩出山伊達家の居所だった。現在、城跡の公園には政宗の立像が置かれている。

⊗JR岩出山駅／有備館駅から徒歩15分　Ｐあり

伊達の名を世に知らしめた甲冑姿

おしゃれの代名詞となった「伊達」

　文禄2年(1593)の朝鮮出兵の際、政宗は家臣たちに豪華な衣装の揃いを与えた。そのきらびやかな姿に、ほかの軍勢には黙って眺めていた京の人々も驚き、一斉に歓声を上げたという。もともと派手な振る舞いをする者を「だて」と呼んでいたこともあったそうだが、以降は「伊達者」の漢字をあてるようになった。

東北の中心都市の始まりをひもとく

仙台の街づくり

**小規模な城があったとはいえ、政宗の仙台開府はほぼ一からの街づくりとなった。
この地が選ばれた理由は何だったのか。政宗の意図を推測してみよう。**

奥州の中心となるべく選ばれた地

　仙台へと移った理由は、交通の便もあるが、伊達氏旧領を取り戻したのち広大な百万石の領地の中心とする狙いがあったのではないかといわれる。続く戦乱に備え、城も当時は政治経済のための平城が主流だった時代にもかかわらず、東を広瀬川、ほかの三方を山林が囲む山上の要害に築かれた。また、仙台城の本丸御殿にはほかの城では見られない、天皇を迎えるための「上々段の間」が設けられており、これも政宗の野望を示すといわれる。

政宗自ら碁盤状の城下町をつくる

　山上の城とともに、政宗自ら心血を注いで築いた城下町。過去、津波や洪水の被害を受けていた平野部を避け、広瀬川の河岸段丘を造成し、広瀬川上流から四ツ谷用水が引かれた。町割りは碁盤状に区切られ、仙台城大手門から延びる東西の大町通と南北の国分町通の交差点・札の辻(のちに芭蕉の辻と呼ばれる)が中心となった。町人地は「町」、侍屋敷地区を「丁」とした区別は、ハビナ名掛丁や国分町など現在の地名にも残っている。

2つの大海を越えて、ヨーロッパへたどり着いた

慶長遣欧使節
けいちょうけんおうしせつ

キリスト教の布教が禁じられ、盛大に南蛮貿易が行われた時代の終わりが近づいていた頃。
政宗の書状を携えた使節団が、ヨーロッパへ向けて出発した。

日本初のヨーロッパへの外交団

伊達政宗は慶長18年(1613)、スペイン・ローマへ向けて仙台藩家臣・支倉常長とスペイン人宣教師ルイス・ソテロら外交使節団を派遣した。これはヨーロッパまで訪れての外交交渉としては日本初のもので、これ以降は明治維新での開国後まで待つことになる。

スペイン王やローマ法王に送った書状で、政宗は奥州王を名乗り、仙台藩内でのキリスト教布教のために宣教師を送ることと、スペイン本国やスペイン領メキシコとの交易の認可を求めている。出発前年の慶長17年(1612)にはキリスト教布教の禁止令が江戸幕府から出されており、キリスト教は口実で本来の意図は交易にあったというのが通説だが、キリスト教と交易どちらも必要だった、自らの野望のために東北にキリスト教王国をつくろうとしていた、など歴史家の間でも諸説ある。

使節団が持ち帰った肖像画やローマ市民証は、仙台市博物館に展示されており、歴史資料としては珍しく国宝に指定されている。また、使節団はスペインにも足跡を残しており、使節団のうち現地にとどまった者の子孫と伝えられるハポン姓を持つ人々がいる。

遣欧使節の行程

長い航海を遂げるも交渉は実らず

慶長18年(1613)8月、使節一行を乗せ牡鹿半島・月ノ浦を出港したサン・ファン・バウティスタ号は、比較的順調な航海で3カ月でメキシコのアカプルコ港へ到着した。陸路で大西洋側へ移動したのち、大西洋を渡りスペインのセビーリャに到着し歓待を受ける。慶長20年(1615)1月、首都マドリードでスペイン国王に謁見した。

スペイン国王のもとには、幕府の禁教令が出ていること、政宗と幕府の力関係など詳細な報告が届いており、芳しい答えは出されなかった。続いてローマを訪れ、支倉常長は貴族に叙され市民権を与えられるなど歓迎されたが、法王の助力も実効性に乏しかった。1年余り交渉を続けるが、不信感を募らせたスペイン国王に半ば追い出されるように、元和3年(1617)、失意の帰途に着く。

一行はアカプルコ港からフィリピンのマニラを経由し、2年ほどのちの元和6年(1620)8月に帰国。7年の航海のうちに、大坂の陣、家康の死、キリスト教弾圧の強化と、国内の世情は大きく変わっており、使節は歓迎されることもなく、その後の記録もあまり残っていない。

仙台市博物館(P.33)

支倉常長 ▶ ローマの貴族となった日本人
はせくらつねなが

政宗によって遣欧使節の正使に選ばれた。マドリードで洗礼を受けキリスト教徒に、ローマでは貴族に叙せられるとともに市民権を得た。日本帰国後、失意のなか2年後に死去した。

↩ 『支倉常長像』〈仙台市博物館蔵〉

光明寺 ▶P.41
こうみょうじ

北山 **MAP** 付録P.4 C-2

北山五山のひとつ光明寺に、支倉常長の墓と、ともに航海した宣教師ルイス・ソテロの記念碑が残っている。常長の墓所はほかにも宮城県内に2カ所ある。
🚇地下鉄・北仙台駅から徒歩5分
🅿あり

仙台藩を揺るがした大事件
最大の危機・伊達騒動

早すぎる藩主交替が引き起こした軋轢
仙台藩奉行が突然の刃傷沙汰を起こす

　寛文11年(1671)2月、幕府大老・酒井忠清宅で行われた裁きにおいて、不利な決着を受けた仙台藩奉行・原田甲斐(宗輔)が逆上し仙台藩の重臣・伊達安芸(宗重)を斬殺した。仙台藩に最大の危機をもたらしたこの事件は、のちに伊達騒動や寛文事件と呼ばれるようになった。

　事件の発端は万治3年(1660)に素行不良を理由に幕府より命じられた3代藩主・綱宗の隠居だった。綱宗は酒色に溺れ、江戸中でその悪行が噂にのぼるほどで、仙台藩家臣と親族大名連判で隠居願が幕府に出されていた。世継ぎには2歳にすぎない綱宗の息子・亀千代が指名された。

　幼少の藩主の後見にあたったのが、綱宗の叔父、初代・政宗の10男である伊達兵部。権力を握った兵部のもとでは、奉行の原田甲斐ら側近による専制が行われるようになり、やがて死罪や追放処分が濫発される恐怖政治の様相を呈する。兵部への反発を強めていた伊達安芸は不満を爆発、幕府へ酷政を訴え、先の事件につながった。

　大老宅での刃傷沙汰は大問題となり、誰もが仙台藩の行く末を案じたが、兵部は監督不行き届きを咎められ所領没収、その場で酒井家家臣に斬殺された原田甲斐はお家断絶となったものの、事件はあくまで私闘であり幼少の藩主は関わりなしとして咎められず、仙台藩は存続を許された。

さまざまに語られる事件の真相
本当の忠臣はどちらだったのか?

　世を騒がせた事件は、人々の興味を引き事件直後からさまざまな憶測が飛び交った。ほとぼりが冷めた頃、歌舞伎の題材にされるようになり、そのなかでも特に評判を呼んだ『伽羅先代萩』では、原田甲斐は伊達兵部とともにお家乗っ取りを企む悪役、伊達安芸はそれを食い止めながらも殺された忠臣として描かれ、その図式が長らく一般的なものとなっていた。昭和に入ってから、大河ドラマにもなった山本周五郎『樅ノ木は残った』では、原田甲斐は一転、お家断絶を目論む幕府の陰謀を阻止するために、その身ひとつに罪を被った忠臣として描かれている。

　どちらが本当の忠臣だったのか、真相は闇の中だが、当時、仙台藩では小領主が強い力を持つ乱世の態勢が残っており、中央集権を図る革新派とそれに抵抗する保守派の対立による事件だったと考えられている。

➡事件のすべてを記載した文書が入っていると伝えられていた『伊達の黒箱』〈仙台市博物館蔵〉

船岡城址公園
ふなおかじょうしこうえん
柴田町船岡
MAP 本書P.2 C-4

原田甲斐の居城だった場所。小説『樅ノ木は残った』のタイトルのヒントとなったモミの木が植えられている。春には約27万人が訪れる桜の名所でもあり、展望デッキからは白石川堤一目千本桜と蔵王連峰が一望できる。
🚋JR船岡駅から徒歩15分
Pあり

東陽寺
とうようじ
登米市東和町
MAP 本書P.3 E-2

もとは船岡にあり、事件後密かに家臣たちが原田甲斐を埋葬したという。米谷に移転するにあたり、首塚が作られた。
🚗三陸自動車道・登米東和ICから車ですぐ
Pあり

林子平 ◀ 全国を旅して得た知識と先見の明
はやししへい

　元文3年(1738)、幕臣の子として江戸で生まれたが、仙台藩士となった兄の屋敷に移る。北海道から長崎まで全国を旅して世界の情勢を知り、外国の脅威と海防の必要性を説いた『三国通覧図説』と『海国兵談』を出版した。これらの書はみだりに世を乱したとされ出版禁止となり、本人も仙台に蟄居を命じられた。外国船の到来を予見したとして、のちに高く評価された。

林子平墓
はやししへいはか
北山 **MAP** 付録P.4 B-2

青葉区にある龍雲院に子平の墓がある。周辺はそれにちなみ子平町という町名になっている。
🚋JR東北福祉大前駅から徒歩13分 Pあり

明治時代

降伏から北海道開拓への移住へ
戊辰戦争と仙台藩

奥羽越列藩同盟で新政府軍に対抗して
東北戦争を戦うが、圧倒的な兵力と軍勢に降る

慶応3年(1867)の大政奉還により260年余にわたる徳川幕府は終止符を打つが、翌年1月、新政府軍と旧幕府軍との武力衝突が起こり(鳥羽・伏見の戦い)、やがて両軍による内戦は全国に広がっていく。東北では新政府軍の北上に対して31藩からなる、仙台藩を盟主とする「奥羽越列藩同盟」を結成して対抗した。しかし兵器の質も量も圧倒的に劣る同盟側は次々に退却。会津の敗北で東北戦争は終了し、明治2年(1869)の箱館戦争で旧幕府軍が無条件降伏により戊辰戦争は終わりを告げる。

戊辰戦争で敗退した仙台藩の知行は半分以下に
家臣団の救済のために北海道へ移住し、開拓へ

降伏した仙台藩は新政府によって減封されることになり、領主たちは家臣らを救済すべく北海道開拓を決め、移住を始める。江戸期に蝦夷地の警備や所領など、北海道との関わりが深かった仙台藩の移住は成功を収めた。明治3年(1870)に最初の集団移住が始まり、内浦湾に面する北海道伊達市は、伊達家の分家・亘理家が指導した集団移住者らによって開拓されたので、この名がある。

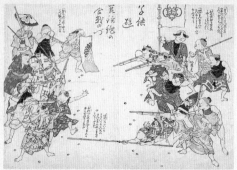

⬆戊辰戦争を風刺した『子供遊豆鉄砲の合戦のづ』〈仙台市博物館蔵〉。右上にいる竹柄の着物で豆を持った子どもが仙台藩

白石城 ⊕P.88
しろいしじょう
白石 **MAP** 付録P.14 B-2

かつて白石市にあった平山城で、伊達氏の支城。戊辰戦争では奥羽越列藩同盟への伏線となる白石会議がなされた。明治の廃城令で破却、現在は三階櫓(天守閣)などが史料に忠実に木造で復元され、公園になっている。
🚃JR白石駅から徒歩15分
🅿あり

昔からよく知られてきた東北エリアの巨大地震と津波
宮城を襲った幾度もの震災

容赦なくあらゆるものを破壊する揺れと津波。歴史的に宮城はこの想像を絶する天災に
幾度も襲われて壊滅、しかしその廃墟から再生・復興をたくましく果たしてきた。

天災は忘れた頃にやってくるのか

「1000年に一度の大地震」といわれる東日本大震災。その由来は平安時代の貞観11年(869)7月13日に襲った三陸沖を震源とする、推定M8.3の「貞観地震」にある。六国史のひとつ『日本三代実録』には、多数の家屋の倒壊と圧死者、さらに多賀城下にまで津波が到達、溺死者は1000人とその甚大な被害が記されている。この地震の5年前には富士山の貞観大噴火があった。

政宗が仙台に入って間もない慶長16年(1611)、津波による大きな被害が出ており、慶長遣欧使節も復興事業だったともいわれる。江戸中期の寛政5年(1793)には仙台沖でM8.0～8.4の大地震が発生、津波も襲来して仙台藩内では1060棟以上が倒壊している。そして2011年3月11日の東日本大震災。M9.0の観測史上最大の地震で、宮城県では9541人が犠牲になった。

せんだい3.11メモリアル交流館
せんだい さんいちいち メモリアルこうりゅうかん
若林区 **MAP** 付録P.3 D-3

東日本大震災を知り学び、震災と地域の記憶を未来へ、世界へ伝えていくための拠点。展示室や交流スペースを備え、ワークショップやイベントも開催される。
🚃地下鉄・荒井駅舎内
🅿あり(周辺有料駐車場)

せんだいメディアテーク ⊕P.35
定禅寺通 **MAP** 付録P.8 B-3

東日本大震災の復興を市民協働で記録、発信する活動「3がつ11にちをわすれないためにセンター」(通称「わすれん!」)の拠点。さまざまな企画を実施し館内で成果を一部展示。

仙台 歴史年表

西暦	元号	事項
724	神亀 元	陸奥鎮守将軍・大野東人（おおののあずまひと）が多賀城を築く
741	天平 13	聖武天皇による国分寺建立の詔。陸奥国では陸奥国分寺が築かれる（**陸奥国分寺薬師堂** P.102）
762	天平宝字 6	多賀城修築、**多賀城碑** P.128建立
780	宝亀 11	蝦夷の反乱で多賀城が一時焼失（のちに再建）
802	延暦 21	征夷大将軍・坂上田村麿が胆沢城を築く
869	貞観 11	**貞観地震** P.52
1189	文治 5	源頼朝の奥州征伐。従軍した常陸入道念西が陸奥国・伊達郡を与えられ、伊達氏初代・朝宗となる
1385	至徳 2 元中 2	9代・伊達政宗、出羽国の長井氏を滅ぼして出羽国置賜郡に伊達氏の本拠地を移す
1536	天文 5	14代・伊達稙宗が国内最大の分国法である『塵芥集』を制定
1542	11	伊達稙宗と嫡男・晴宗が対立（天文の乱）
1548	17	天文の乱に勝利した晴宗が本拠を米沢城に移す
1567	永禄 10	16代・伊達輝宗と最上氏の娘・義姫の間に男子（のちの17代・政宗）が生まれる
1584	天正 12	伊達政宗が家督を継ぐ
1585	13	人取橋の戦い。佐竹氏率いる南奥州諸侯連合軍の前に政宗敗走
1587	15	豊臣秀吉、関東・奥州に惣無事令を出す
1588	16	大崎合戦。政宗は大崎・最上連合軍に敗れるも和睦。続く郡山合戦では蘆名氏・相馬氏を破る
1589	17	摺上原の戦いで政宗が蘆名氏を滅ぼす
1590	18	政宗が秀吉の要請に応じて小田原へ参陣。戦後の奥州仕置で政宗は減封。改易となった葛西氏・大崎氏の旧臣が反乱を起こす（葛西大崎一揆）
1591	19	一揆扇動の疑いを晴らすために政宗上京。一揆平定後の奥州再仕置で岩出山城に移される（**岩出山城址** P.49）
1592	文禄 元	朝鮮出兵のため、政宗が肥前名護屋へ赴く
1600	慶長 5	関ヶ原の戦いに先んじる上杉討伐に従い、政宗は**白石城** P.88を奪還。旧領の回復を徳川家康に書状で約束される（百万石の御墨付）
1601	6	政宗、岩出山から仙台に移り仙台城の築城を開始（**仙台城跡** P.31、1610年にほぼ完成）
1604	9	政宗、松島にて**瑞巌寺** P.101、**五大堂** P.101を再興
1611	16	スペイン大使ビスカイノ、宣教師ソテロが仙台を訪れる。慶長三陸地震
1613	18	支倉常長、ソテロら**慶長遣欧使節** P.50が出発

西暦	元号	事項
1614	慶長 19	政宗、大坂冬の陣に東軍として参加。支倉常長、メキシコ、ハバナを経由しスペインに到着
1615	慶長 20 元和 元	大坂夏の陣に参加。支倉常長、スペイン国王とローマ法王に謁見
1620	6	常長、ソテロをマニラに残し帰国。仙台藩領内でキリスト教禁止令。ソテロは翌年（または翌々年）密入国を図り失敗、長崎の大村藩に投獄される
1636	寛永 13	政宗が死没し、翌年、**瑞鳳殿** P.32に葬られる。藩主は2代・忠宗が継ぐ
1638	15	仙台城二の丸が築かれる
1660	万治 3	3代藩主・綱宗、幕命で隠居
1671	寛文 11	江戸で原田甲斐、伊達安芸らが取り調べを受け、刃傷沙汰に発展（**伊達騒動** P.51）
1689	元禄 2	松尾芭蕉が仙台や松島を旅する。のちに『**おくのほそ道**』 P.102として紀行文にまとめる
1703	16	4代藩主・綱村が隠居
1792	寛政 4	林子平の『海国兵談』が出版禁止となる
1793	5	寛政地震
1808	文化 5	幕命で仙台藩が北海道の国後・択捉・箱館を警備
1855	安政 2	幕命で仙台藩が蝦夷地を警備
1868	慶応 4 明治 元	**戊辰戦争** P.52始まる。仙台藩は東北・越後の諸藩と奥羽越列藩同盟を結成して新政府に対抗するが敗北。仙台藩は大幅な減封を受ける
1870	3	伊達家臣団の北海道移住が始まる
1871	4	廃藩置県で仙台県（翌年、宮城県に改称）、一関県（同年、水沢県に、のちに磐井県に改称）設置
1876	9	磐井県が宮城県と岩手県に分けられ、現在の宮城県域となる
1887	20	日本鉄道東北線、塩竃まで延伸
1896	29	明治三陸地震
1904	37	仙台医学専門学校（のちの東北帝国大学医学専門部）設置
1907	40	東北帝国大学（のちの東北大学）創立
1926	大正 15	仙台市営電車が操業開始（〜1976）
1945	昭和 20	太平洋戦争で仙台中心部が大規模な空襲を受ける
1982	57	東北新幹線、盛岡〜大宮間が開通
1987	62	仙台市営地下鉄・南北線開業
1989	平成 元	仙台市が政令指定都市になる
1999	11	ベガルタ仙台、Jリーグに参入
2004	16	東北楽天ゴールデンイーグルス、プロ野球に参入
2011	23	**東日本大震災** P.52
2015	27	仙台市営地下鉄・東西線開業

※南北朝の元号は、上が南朝、下が北朝

仙台●食べる

山海の幸を伝統の技術で仕上げる

精緻なる美味 日本料理

仙台には四季折々、東北中の食材が集まる。
巧みに素材の持ち味を生かす日本料理で
豊かな地の恵みを堪能したい。

あえて裏路地に店を構えた和の名店
東北の食材を使ってもてなしの一品に

日本料理 e.
にほんりょうり イーピリオド

予約	要
予算	Ⓛ6050円〜
	Ⓓ1万2650円〜

サービス料別途10%

仙台城跡周辺 MAP 付録P.6 C-3

仙台地方裁判所近くの閑静な場所に、ひっそ
りとたたずむ。店主は東京の名店「分とく山」
などで修業した料理人。旬の素材をふんだん
に使い、日本料理の伝統に時折新風を吹き込
みながら、感嘆の一品を生み出す。料理は昼、
夜ともにおまかせのみで、いずれも予約制だ。

☎022-797-7668
所仙台市青葉区片平1-1-18
営12:00〜15:00(LO13:00)
18:00〜22:00(LO19:30)
休火・水曜 交地下鉄・大町
西公園駅から徒歩5分 P
なし

おまかせコース
6050円〜(ランチ)
1万2650円〜(ディナー)
コースの終盤を飾る炊き込み
ご飯。旬の食材を使うため、
具材は季節によって異なる。
それがまた楽しみ。※写真は
銀だらの炊き込みご飯

↻ゆったりと椅子を配置したカ
ウンター席。当日予約は営業開
始の2時間前までに

↻簡素ながらも落ち着いた造り。
割烹らしさが漂うテーブル席も
ある

↻ 場所は少しわかりにくい。
茶室「緑水庵」の向かい

揚げたて天ぷらや会席料理が評判
仙台を代表する割烹料理店

割烹 天ぷら 三太郎
かっぽう てんぷら さんたろう

国分町 **MAP** 付録P.8 B-4

揚げたてを食べられる天ぷら店として人
気。食材の味を引き立てる衣の薄さが特
徴だ。天ぷらだけでなく、会席料理の巧
みさも仙台屈指のレベル。A5ランク仙台
牛など一級品の素材を使い、贅にあふれ
る料理に仕立てる。

☎022-224-1671
所仙台市青葉区立町
1-20 営11:30〜
14:00（LO13:30）
17:00〜22:00
（LO21:00）
休月曜、月1回火または
日曜 交地下鉄・広瀬通
駅から徒歩7分
Pあり（提携駐車場）

予約 望ましい
予算
Ⓛ1500円〜
Ⓓ1万2000円〜

↑目の前で天ぷらを揚げてくれるカウンター席

↑会合や会食などに利用できる広々とした和室もある

←→右は仙台牛のしゃ
ぶしゃぶ。上は下関直送
とらふぐのてっさ

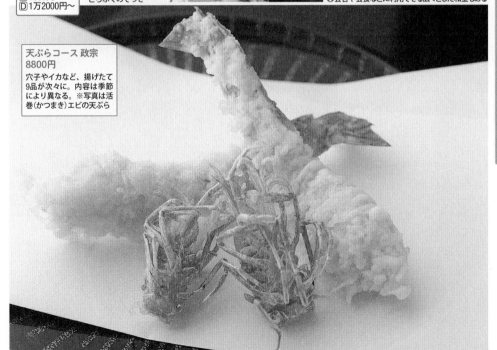

天ぷらコース 政宗
8800円

穴子やイカなど、揚げたて
9品が次々に。内容は季節
により異なる。※写真は活
巻（かつまき）エビの天ぷら

ワイングラスで日本酒を傾ける
評判の隠れ家的和食店

歡の季
かんのき

定禅寺通 **MAP** 付録P.8 C-2

小さな割烹料理店で、夜はおまかせの3コースが中心。
酒の種類によって料理の味付けを変えるなど日本酒
と料理の調和を目指す人気店だ。シェイクしたりス
テアしたり、日本酒の出し方にもひと工夫している。

☎022-215-0363
⚑仙台市青葉区国分
町3-2-10
🕐18:00～22:00
🈺日曜、祝日
🚇地下鉄・勾当台公
園駅から徒歩5分
🅿なし

➡ 店は細い路地を
入った奥にある。昼は
特に予約がおすすめ

⬆店内はカウンターにテーブル2卓のみ

| 予約 | 望ましい | 予算 | Ⓓ4400円～ |

がぜうにプリン 1650円～
ウニ入りのプリンをジュレで覆って
いる。5000円（税抜）以上のコース
料理には、がぜうにプリンが付く

仙台●食べる

中新田産はやせ鮎
の塩焼き（2尾）
2000円（夏季限定）
じっくり焼き上げた若
鮎は骨まで食べられる

厳選した地元の食材
季節の料理と地酒を楽しめる

うまいものあり
おおみ矢 仙台駅前店
うまいものあり おおみや せんだいえきまえてん

仙台駅西口 MAP 付録P.11 D-1

宮城の食材を中心に、季節の「うまいも
の」を吟味した手仕事の料理を堪能する
ことができる。東北・宮城の各種地酒とと
もに、季節ならではの一品料理も楽しめ
る。コース料理は8000円～で要予約。

☎022-393-5212
所仙台市青葉区中央2-2-38 フォーシーズンビル5F
営17:00～23:00 休日曜、祝日
交JR仙台駅から徒歩5分 Pなし

↑➡少人数で利用できる
個室を完備。テーブル、
掘りごたつの2種がある

⬅閖上産赤貝と旬野菜の
酢の物1500円（季節限定）

予約 望ましい
（コースは要）
予算 D1万円～

精緻なる美味 日本料理

57

一心 本店
いっしん ほんてん

定禅寺通 **MAP** 付録P.8 C-3

予約 望ましい
予算 Ⓓ7000円～

地酒が40銘柄以上
東北の魚介を日本酒で

日本酒好きの間で知られた店で、宮城を中心とした東北の地酒が40種類ほど揃う。肴は刺身3点盛りや焼き魚など魚介類が中心。米で醸された日本酒には、やはり魚がよく合う。あらためて、そんなことを感じさせてくれる名店だ。

☎022-261-9888
所仙台市青葉区国分町3-3-1 定禅寺ヒルズB1
休日曜、連休最終日(電話にて要確認)
営17:00～24:00(LO23:30)
交地下鉄・勾当台公園駅から徒歩3分
Ｐなし

↑本マグロ、ボタンエビ、ホタテが並ぶ、つきだしお刺身3点盛り1500円

↑小上がり席が並ぶ本店。「一心加減燗」「一心光庵」の3店舗ある

仙台●食べる

おいしい地酒を揃える店へ

そっと美酒を酌み交わす夜

国内有数の酒どころの宮城。数ある酒のなかからおすすめを聞きつつ、うまい料理とともに味わいたい。

酒の穴 鳥心
さけのあな とりしん

定禅寺通 **MAP** 付録P.9 F-2

炭火焼鳥と純米酒で
みちのくの味を楽しむ

30年以上継ぎ足している秘伝のタレを使った焼き鳥と、酒屋直営店ならではの選び抜かれた東北を中心とした地酒(純米酒)が自慢の店。人気は焼き鳥盛り合わせ(5串)980円と宮城をはじめ常時20種以上揃う旬の地酒。ガラス戸1枚でつながっている隣の酒屋からの持ち込み可。
↑四銘柄利き比べ(約1.5合)1100円。東北の地酒を選ぼう

☎022-222-6919
所仙台市青葉区錦町1-2-18
定禅寺HILL1F
営17:00～23:00(LO22:00)
休日曜、祝日
交地下鉄・勾当台公園駅から徒歩6分
Ｐなし

↑バロック音楽が流れるシックな店内

予約 可
予算 Ⓓ3500円～

日本酒bar 旅籠
にほんしゅバー はたご

定禅寺通 **MAP** 付録P.8 C-3

光のページェント期間は予約必須
全国の銘酒が飲める和風バー

カウンター越しに定禅寺通のケヤキ並木を見渡せるスタイリッシュな和風バー。名酒の呼び声高い日本酒を全国から取り寄せ、その数は60前後にもおよぶ。個室風の席もある。仙台牛や本マグロをはじめ旬の食材を使用したメニューも用意、極上の日本酒とともに味わいたい。

☎022-797-4490
所仙台市青葉区一番町4-10-11 FRKビル3F
営17:00～24:00(金・土曜は～翌1:00)
休日曜(祝日の場合は翌日)
交地下鉄・勾当台公園駅から徒歩5分
Ｐなし

↑眺めがいいカウンター席で過ごすのもすすめ

↓宮城県村田町産の野菜を使った無農薬野菜のサラダ825円と乾坤一純米吟醸酒 冬華

予約 望ましい
予算 Ⓓ3500円～

全国的に有名な銘酒も、知る人ぞ知る幻の酒も

宮城の地酒を知る

いまや全国区の一ノ蔵や浦霞などの銘柄のほか、多くの酒蔵がこだわりある酒造りを行っている。
限定販売の銘柄もあり、自分で楽しむのも良し、おみやげにも喜ばれること請け合い。

酒店さんおすすめの地酒を教えてもらいました。

仙台藩祖・伊達政宗自ら酒蔵を作るなど、古くから酒造りが盛んに行われた宮城県一帯。江戸時代後期に隣の岩手県を発祥地とする南部杜氏の技術が導入され、酒造量、質ともに大幅に上昇し、有数の酒どころとなった。

南部杜氏伝統の寒造り、手作りや地産の原料など、それぞれのこだわりにより造られる酒は個性豊か。また、近年は若手の杜氏による新しい試みも注目される。

純米吟醸 於茂多加 男山
（おもたか おとこやま）
宮城県の酒米「まなむすめ」を使用した辛口な純米吟醸。
阿部勘酒造店●
720㎖、1540円

一ノ蔵 ササニシキ 純米大吟醸
ササニシキを酒米に使用した日本唯一の純米大吟醸。ほんのり甘く、上品な味わい
一ノ蔵●720㎖、2640円

壽栄
（じゅえい）
販売店を限定している少し辛口の特別純米酒。海産物にとても合い、キレのある後味が特徴的。
角星●720㎖、1650円

大吟醸 虎哉
（こさい）
伊達政宗の家庭教師をしていた虎哉禅師より銘を付けた藤原屋を代表する大吟醸。甘く、フルーティながらも後味スッキリでクセになる。
内ヶ崎酒造店●720㎖、2453円

水鳥記 山田錦 純米吟醸
（みずとりき）
後味スッキリで甘く香る、食事に合わせやすいバランスのとれた純米吟醸。
角星●720㎖、1870円

門傳
（もんでん）
本来なら宮城県栗原市でしか手に入らない希少な純米酒。お米の風味を感じやすく、食中酒にもピッタリな味わい。
門傳醸造●720㎖、1553円

特別純米酒 おくのかぜ
宮城県最古の蔵で造り、藤原屋オリジナルの旨口で飲みやすい特別純米酒。
内ヶ崎酒造店
●720㎖、1375円

浦霞 No.12 純米吟醸
（うらかすみ）
令和に復活させた浦霞から生まれた酵母「きょうかい12号酵母」を使用した、ほどよい酸味の純米吟醸。
佐浦●720㎖、1848円

仙台駅で地酒を手に入れるならこちらへ

東北6県150種類の地酒

藤原屋 みちのく酒紀行
（ふじわらや みちのくさけきこう）

仙台駅 **MAP** 付録P.11 F-2

S-PAL仙台東館2階にある酒店で、日本酒をはじめ、ワイン、焼酎など東北6県の酒が手に入る。店頭の自動販売機では1杯100円～で試飲も可能、納得のお酒選びができるだろう。

☎022-357-0209 　所仙台市青葉区中央1-1-1 S-PAL仙台東館2F 営10:00～21:00 休S-PAL仙台に準ずる 交JR仙台駅直結 Pあり（S-PAL仙台駐車場）

59

宮城を中心に全国の市場直送の
魚介料理と旬の野菜料理

和食堂さぶら
わしょくどうさぶら

仙台駅西口 MAP 付録P.10 C-2

サンマやサバに夏カキなど石巻市
雄勝町の漁港から直送される新鮮
な魚介を中心に使った料理が食べ
られる。季節の刺身とともに旬の
野菜料理もおすすめ。日本酒や焼
酎、ワインなど酒類も豊富に揃い、
気軽に楽しめる。

☎022-265-7147
🏠仙台市青葉区中央3-10-22 第6菊水ビル
1-2F 🕐17:00～24:00(LO23:30) 🈳日曜
🚃JR仙台駅から徒歩5分
🅿なし

当日コース4180円
旬の魚介にひと手間加えたお造りが名物。
その日の仕入れによってメニューが決ま
る当日コースがおすすめ(写真はイメージ)

予約	望ましい
予算	Ⓓ5000円～

➡ 立ち飲みカウンター
のほか、個室風のテーブ
ル席もある

寿司や炭火焼で新鮮な海産物を

旬の魚介で知る
みちのくの季節

三陸海岸沖は暖流と寒流がぶつかる世界的な良漁場として知られる。
そのうまさを体験すれば、季節を変えてまた訪れたくなる。

きんきの炭火焼
(半身5500円、写真は1尾)
県産食材を使う料理が多い
が、キンキは脂ののった北海
道産が中心。きんき・牛タン
コース8800円～

キンキの炭火焼で人気店に
一品料理で地元食材も堪能

炭火焼・山塞料理
地雷也
すみびやき・さんさいりょうりじらいや

国分町 MAP 付録P.8 C-4

炭火で焼いたキンキのうまさが話
題になり人気店に上りつめた。食
べ終わったキンキで作る潮汁がま
たうまい。クジラベーコンや仙台
牛、秋の金華サバなど、県産食材
を使った一品料理も多数。いずれ
も満足できること請け合いだ。

☎022-261-2164
🏠仙台市青葉区国分町2-1-15 B1
🕐17:30～22:30(LOフード21:30
ドリンク22:00) 🈳日曜(連休中の場合は
営業、最終日休) 🚃地下鉄・勾当台公園
駅から徒歩7分 🅿なし

➡ 国分町のビルの地下1階にある。
入口の赤い提灯が目印

➡ 扉を開けるとすぐのカウンター
席のほか、座卓が並ぶ畳席もある

予約	望ましい
予算	Ⓓ8000円～

本日の親方おまかせ
にぎり 5500円
仕込みの巧みさを感じさ
せる穴子、新鮮な赤貝や濃
厚なマグロなど季節のに
ぎり10貫とだし巻き玉子
が並ぶ（写真はイメージ）

王道の握り寿司から
県産食材の変わり寿司まで

お寿司と旬彩料理
たちばな
おすしとしゅんさいりょうりたちばな

仙台駅西口 **MAP** 付録P.10 B-2

ネタの新鮮さを感じる握り寿司か
ら和食まで上質な味を楽しめる。
昼はハーフサイズの丼や寿司など
を選んでセットにできるセレクト
ランチ1320円が人気。仙台牛ロー
ストビーフの握りを考案するなど
寿司に新風を吹き込んでいる。

予約	可
予算	L 1320円〜
	D 5000円〜

☎022-223-3706
所仙台市青葉区一番町3-3-25 たちばなビル5F
営11:30〜14:00(LO) 17:00〜22:00(LO21:
00、日曜、祝日LO20:30) 休月曜、不定休あり
交地下鉄・青葉通一番町駅からすぐ Pなし

⬆ モダンでスタイリッシュな
店内。テーブル席もある
⬅ 2〜18人まで対応できる個
室も用意されている

➡ 近年人気のご当地丼、仙台
づけ丼1980円

旬の魚介で知るみちのくの季節

旬に訪れたならぜひ食べたい名物魚介
宮城魚介図鑑

種類豊富な宮城の魚介のなかでも、特に良質でブランド化
されているものや、宮城ならではのものをご紹介。メニュー
のなかに見つけたらぜひとも注文しよう。

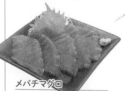
メバチマグロ
塩釜漁港は日本有数の生マグ
ロ水揚げ量を誇る。厳選された
マグロのみに与えられるブラン
ド「ひがしもの」を筆頭に、良質
な魚が揚がる（旬:9〜12月）

サバ
金華山沖で獲れる「金華
サバ」が有名。脂がのった
身と臭みの少ないのが特徴
（旬:9〜11月）

カキ
三陸のリアス海岸は国内有数
のカキ養殖地。小ぶりでしまっ
た身が特徴（旬:10〜5月）

ウニ
三陸はエサとなる昆布などの海藻
が多く、ウニの素潜り漁が盛ん。
主に獲れるのは上品な味わいの
キタムラサキウニ（旬:6〜8月）

ホヤ
東北地方の夏の味覚。新鮮
なものは臭みもなく、独特の
旨みと甘みがくせになる
（旬:5〜8月）

61

↑店内はモダンでスタイリッシュ

↑仙台合同庁舎近くのビル内にある
←ホウレン草や小松菜を使ったクレープ風の料理「Rosas」

和と洋を融合させて
精緻かつ繊細に味を極める

創作料理

ゆきむら

定禅寺通 **MAP** 付録P.9 D-2

スペインの3ツ星レストラン「エル・ブリ」で料理人を務めたシェフの店が、2016年にオープン。和を基本にスペインのエッセンスを加えた新感覚のイノベーティブ料理を提供する。切り方や調理温度などを緻密に計算し、食材の持ち味を引き出す。

☎022-796-7505
所仙台市青葉区本町3-2-1 ハーフムーンビル2F 営17:00～21:30 土曜12:00～14:00 17:00～21:30 休月～金曜のランチ、日曜 交地下鉄・勾当台公園駅からすぐ Pなし
→ランチタイムは土曜のみ営業する

予約	要(前日までに完全予約制)
予算	Ⓛ4600円～ Ⓓ1万円～ ※税・サービス料別

仙台●食べる

上質な洋の食卓

お皿にのせる
杜の都の洗練

東北の中心都市である仙台は、フレンチやイタリアンも高レベル。
伝統の調理法と地の素材を巧みに組み合わせた一皿を。

宮城の旬の食材を取り入れた
現代版の本格フレンチを提供

フランス料理

レストラン ロジェ ドール

仙台駅西口 **MAP** 付録P.11 D-3

仙台国際ホテルの伝統とフレンチの技法を軸に、現代の新しく自由な発想をエッセンスに作り上げたフレンチを提供する。女性に人気のランチコースはデザートのワゴンサービスが好評。ディナーでは宮城の良質な食材にこだわったコースが楽しめる。

☎022-268-1101
所仙台市青葉区中央4-6-1 仙台国際ホテル5F 営11:30～15:30(LO14:30) 17:00～21:00 (コースLO19:30) 休月曜 交JR仙台駅から徒歩5分 Pあり

→ディナーコースは「シェリ」8000円、「シャルム」1万2000円、「レーヴ」1万6000円のほか、予約限定のコースも用意されている(写真はイメージ)

予約	望ましい
予算	Ⓛ3700円～ Ⓓ8000円～

→柳町通りに面したロケーション(上)。ランチコース「平日ウィークデーコース」3700円にはワゴンサービスのスイーツが付く(下)

新鮮な魚介を使ったフランス料理
ときにはアジアのエッセンスも

`フランス料理`

フレンチレストラン・
プレジール

仙台城跡周辺 `MAP` 付録P.6 C-3

シンガポールの日本大使館で料理人を務めていたオーナーシェフは塩竈市出身。フレンチを基本に塩竈市場の新鮮な魚介を使ったり、アジアのエッセンスを取り入れたり、一皿一皿に個性を注ぐ。ディナーは数品から選べるプリフィクススタイル。

☎022-224-7307
所仙台市青葉区大町2-3-23 駒井ビル1F
営12:00～14:30(LO12:45) 18:00～22:00(LO20:00)
休日曜、月1回月曜
交地下鉄・大町西公園駅からすぐ Ｐなし

↑木調の店内は落ち着いた雰囲気。気取らず食べられる

↑店舗は青葉通沿い。西公園の近くにある

予約	望ましい
予算	Ⓛ4500円～ Ⓓ7000円～

↑奥松島産真牡蠣と豚足・耳・舌にパン粉をまぶして揚げたパネ。爽やかな香りのソースがかかる

シェフの技と独創性が冴える
食材を生かした繊細フレンチ

`フランス料理`

nacrée
ナクレ

仙台駅西口 `MAP` 付録P.10 C-2

☎022-748-7115
所仙台市青葉区一番町3-1-1 藤崎ファーストタワー館4F
営12:00～12:30 18:00～18:30(各最終入店)
休水曜、不定休
交JR仙台駅から徒歩10分／地下鉄青葉通一番町駅から徒歩3分 Ｐなし(提携駐車場利用)

パリの「アストランス」などの有名店で腕を磨いたシェフが営むフレンチレストラン。メニューは当日のシェフのおまかせコースのみ。その日仕入れた新鮮な食材を、シンプルながら繊細な調理でオリジナリティあふれる料理に仕上げる。

予約	要
予算	Ⓛ1万2650円～ Ⓓ2万1560円～

↑空間が人と料理を引き立てる光の劇場

↑食材の中に潜むおいしさを引き出すていねいな火入れがシェフのこだわり

↑岩手県花巻の「ホロホロ鳥」。ナスと味噌のソースのグラデーションが鮮やか

肩肘張らずに味わえる
自家製シャルキュトリー

`フランス料理`

Au Bélier
オーベリエ

仙台駅西口 `MAP` 付録P.10 C-3

☎022-706-7914
所仙台市青葉区一番町1-6-11 YJ一番町Ⅲ
営11:30～15:00 18:00～22:00(日曜、祝日は～21:00) LOは各1時間前
休月曜、第3日曜(祝日の場合は翌日)
交地下鉄・青葉通一番町駅から徒歩5分 Ｐなし

パテやテリーヌ、ハムやソーセージなどの豚肉加工品をフランス語でシャルキュトリーという。この店では、県産食材を中心に使った自家製シャルキュトリーを提供。フランスの伝統の味をワインとともに、カジュアルな雰囲気のなかで楽しもう。

予約	要(ディナー)
予算	Ⓛ1800円～ Ⓓ6000円～

↑南町通から東北大学方面に向かう途中にある

↑本場フランスで技術を身につけたシェフが営む

↓定番の品が並ぶ自家製シャルキュトリー6種2850円

お皿にのせる杜の都の洗練

↑昭和の面影を残す店内。カウンター席のほか座敷席や個室もある（おでん三吉）

東北最大の繁華街の夜の賑わい

国分町 その喧騒を楽しむ
こくぶんちょう

↑ネオンが灯ると、多くの酒客が集まってくる

南北に延びる国分町通を中心に、多くのレストランや居酒屋が集まるグルメエリアとなっている。夜の街で大人の時間を過ごしたい。

だしの旨みが染み込んだ
多彩なおでんを堪能

おでん三吉
おでんさんきち

定禅寺通 **MAP** 付録P.8 C-3

イワシの焼き干しでていねいにだしをとった、やさしい味わいのおでんを楽しめる。具は全部で27種。定番の大根や卵はもちろん、サンマのすり身やニラ玉などの変わりダネも評判だ。おでん鍋盛り合わせは2人前3080円～。

↑創業70年余。現在は3代目が営む

☎022-222-3830
所仙台市青葉区一番町4-10-8
営1～4・10～12月18:00～23:00 5～9月18:00～22:00（金・土曜は～23:00）
休日曜、祝日
交地下鉄・勾当台公園駅から徒歩3分
Pあり（提携駐車場）

↑おでんは1品165円～。一番人気はニラ玉330円（手前右）

予約 可
予算 D 3000円～

P.58 一心 本店 R

P.34 ガネッシュティールーム C

P.35 カフェ・ド ギャルソン C

定禅寺通のわしょく 無垢とうや R

東京エレクトロン・ P.65
ホール宮城

春日町

定禅寺通

日本酒bar 旅籠 P.58 R

定禅寺通
市役所前 R

スーパーホテル H

P.64 おでん三吉 R

P.70 中国美点菜 彩華 R

P.68 旨味太助

牛正 仙台店 P.69

P.75
バール アルカンシェル R

P.65 郷土酒亭 元祖 炉ばた R

P.75 LE BAR KAWAGOE R

稲荷小路

一番町四丁目商店街 P.36

P.72 富貴寿司 R

国分町通

虎屋横丁

P.60 炭火焼・
山塞料理 地雷也 R

晩翠通

東北公済病院・
戦災復興記念館前

東北公済病院

東北公済病院・
戦災復興記念館前

広瀬通

N
0   50m

⬆店内はカウンター17席と
お座敷15席

⬆東北の郷土料理や焼き
魚をメインとしたお膳3品
1320円

半世紀以上にわたって続く
国分町の老舗居酒店

郷土酒亭 元祖 炉ばた
きょうどしゅていがんそ ろばた

国分町 MAP 付録P.8 C-3

炉の端で料理や酒を楽しむことから「炉
ばた」と呼ばれるようになり、その名
はいつの間にか居酒店の代名詞のよう
になり、全国に広まった。料理は鍋や
焼き物などが多彩に揃う。方言が飛び
交う店内の雰囲気も楽しい。

⬆日本酒は天賞のみ。
人気は本醸造のお燗、
正1合640円

予約 可
予算 D 3000円〜

☎022-266-0897
所仙台市青葉区国分町2-10-28 YSビックビル1F 営17:00〜23:00(日曜、祝
日は〜22:00)LO各1時間前 休不定休 交地下鉄・勾当台公園駅から徒歩3
分 Pなし

コースも一品料理も楽しめる
スタイリッシュな和食居酒屋

定禅寺通のわしょく 無垢とうや
じょうぜんじどおりのわしょく むくとうや

定禅寺通 MAP 付録P.8 C-3

旬の魚のわら炙り刺身950円〜(内容・値段
は季節により異なる)や天ぷらなど、素材を
生かした料理が揃う。種類豊富な国産ワイ
ンや日本酒とともに味わおう。定禅寺通に
面したビルの中にあり、ガラス越しにケヤ
キ並木を眺められるのも魅力。

☎022-263-6069
所仙台市青葉区国分町3-3-5
リスズビル2F
営17:00〜24:00 休月曜
交地下鉄・勾当台公園駅から
徒歩5分 Pなし

予約
可

予算
D 5000円〜

⬆一番人気の仙台牛あぶり寿司6貫1010円

⬆〆サバのわら炙
り刺身(左)。ウニの天
ぷら1580円(下)

⬆スタイリッシュでモダンな店内。個室もある

昭和の名残のなかで過ごす夜

昔の面影を残す

2つの横丁は隠れたグルメスポット

一番町の商店街にある2つの横丁は、
大正・戦後から続く懐かしい雰囲気が漂うディープスポット。
老舗、名店が数多く揃い、ぶらぶらと散策すれば気になる店が見つかるはず。

小箱の良店が集まる
通称「ブンヨコ」

仙台文化横丁
せんだいぶんかよこちょう

活動写真館「文化キネマ」がその名の由来。大正時代からの歴史を持ち、居並ぶ飲食店は粒揃い。

昭和25年開業の
愛され続ける日本酒居酒店

源氏
げんじ

MAP 付録P.10 B-2

女将が切り盛りするカウンターのみの店。日本酒は4銘柄あり、酔いすぎないように1人4杯までとルールを決めている。1杯頼むと1品の酒肴が付いてくるシステムだ。粋な飲み方を楽しもう。

☎022-222-8485
⑰仙台市青葉区一番町2-4-8 ⑯16:30〜22:00 ⑭日・月曜、祝日 ⑳地下鉄・青葉通一番町駅から徒歩2分 Ⓟなし

🕐 席数は19前後。昭和25年(1950)にこの地で店を構えた

お通し
ビールか日本酒を注文すると付いてくる。基本は刺身など4品。一品料理もある

🕐1階にはカウンター席と小上がり席、2階には座敷がある

戦後まもなくから続く
餃子が評判の人気店

餃子元祖 八仙
ぎょうざがんそ はっせん

MAP 付録P.10 B-2

昭和の雰囲気を色濃く残す、横丁の名店。メニューは酒と一緒に楽しむ中華料理が中心で、なかでも評判なのが、一口サイズの焼き餃子だ。ツルリと喉ごしがいい水餃子8個650円も人気がある。

☎022-262-5291
⑰仙台市青葉区一番町2-4-13 ⑯17:00〜21:00(LO) ⑭日曜、祝日 ⑳地下鉄・青葉通一番町駅から徒歩2分 Ⓟなし

焼き餃子
にんにく控えめでジューシーな焼き餃子8個580円(写真は2人分)。一番人気だ

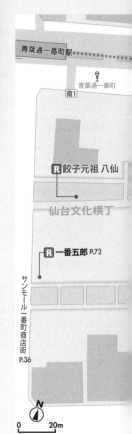

青葉通一番町駅
青葉通一番町
南1
Ⓡ餃子元祖 八仙
仙台文化横丁
Ⓡ一番五郎 P.72
サンモール一番町商店街 P.36

N
0 20m

仙台●食べる

2本の通路には
多くの発見が

壱弐参横丁
いろはよこちょう

並行して延びる通路に100近くの店舗が並ぶ。ランチ営業のあるカフェや雑貨店などもあり、明るいうちに訪れても楽しい。

木造田舎家風の店内で
全国の銘酒を飲み比べ

すけぞう

`MAP` 付録P.10 B-2

カウンターにテーブル3卓のこぢんまりとした店だが、全国から選りすぐって集めた日本酒は70銘柄以上におよぶ。料理は工夫を凝らした創作和食スタイル。焼酎も多数揃え、酒好きの心をつかむ。

☎022-227-5177
所仙台市青葉区一番町2-3-28 営17:30～23:00 休日曜、祝日、3月1日、ほか臨時休あり 交地下鉄・青葉通一番町駅から徒歩3分 Pなし

**すけぞう
おまかせコース**
刺身や山形芋煮風里芋の仙台牛巻きなど5品。内容は時季により異なる。
2750円

↑全体に昭和のたたずまい。古びた感じが心地よい

↑テーブルやタンスは古道具店で見つけてきたという

店名そのままの気軽な雰囲気
横丁に揃う世界のワイン

葡萄酒小屋
ぶどうしゅごや

`MAP` 付録P.10 B-2

気軽に立ち寄れるワインバー。ボトルワインはイタリア、スペイン、チリ産など60種類にもおよぶ。料理はワインと相性が良い肉やチーズなど各種。肩肘張らずに過ごせる雰囲気がうれしい。

☎022-224-4022
所仙台市青葉区一番町2-3-28 営17:00～24:00（フードL023:00、ドリンクL023:30）、日曜のみ15:00～22:00 休不定休 交地下鉄・青葉通一番町駅から徒歩3分 Pなし

↑1階はカウンター席。背後にはワインラックがある

**おまかせ前菜
盛り合わせ**
写真手前、内容は日替わり。左奥は極旨スープの煮込み おまかせ5種盛り

↑店舗は3階建て。2階はテーブル席

左側の地図

地下鉄東西線
青葉通
仙台駅
R源氏
南光院丁通
壱弐参横丁
Rすけぞう
葡萄酒小屋
P.74 kazunori ikeda individuel C
町通

仙台発祥。こだわりの肉が麦めしとベストマッチ
庶民のごちそう牛たん

仙台らしさを手軽に味わうには、まずはこれから始める。
寝かせてやわらかくした肉を焼き、麦めしとテールスープを添えるのが仙台流。

「牛たん」のこと

戦後まもなく、焼鳥屋を営んでいた佐野啓四郎氏が洋食のタンシチューのおいしさを知り、日本人の舌に合うようにアレンジしたところ、人気を博したのが始まり。

牛たん定食A 2200円
大ぶりな牛たんが4枚のり、食べ応えがある。絶妙な塩加減と、サクッとした歯切れのよさが特徴

芯たん定食 3200円
牛たんのなかでも特にやわらかい「芯たん」部分を厚切りにし、ジューシーに焼き上げた。数量限定

牛たん『極』定食 3267円
希少な牛たんの根元を贅沢にカットし、ミディアムに焼き上げる。写真は3枚6切れ

初代の味を今に伝える
大ぶり&やわらかな牛たんを堪能

自慢の「芯たん」定食をはじめ
多彩な牛たんメニューが揃う

脂がのった極厚の牛たんは
サクッと噛み切れるやわらかさ!

旨味太助
うまみたすけ

国分町 MAP 付録P.8 C-3

牛たん定食のスタイルを築き上げた初代「太助」の味を今も受け継ぐ有名店。塩・こしょうのみで味付けし炭火で香ばしく焼いた牛たんは、やわらかくジューシー。あっさり味のテールスープも好評。

☎022-262-2539
所仙台市青葉区国分町2-11-11 営11:30~20:00（牛たんが売り切れ次第終了）休月曜（祝日の場合は翌日）交地下鉄・勾当台公園駅から徒歩3分 Pなし

予約
平日のみ可
予算
LD 2200円~

◆カウンター席では牛たんを焼く様子を目の前で見られる

◆昭和の風情漂うたたずまい。昼どきには行列ができることも多い

伊達の牛たん本舗 本店
だてのぎゅうたんほんぽ ほんてん

仙台駅西口 MAP 付録P.7 E-2

牛たん焼きのほか、シチューやカレー、アラカルトなど、幅広い牛たん料理を用意。定食は人気の芯たん定食のほか、塩・味噌・ミックス・柚子胡椒から味が選べる牛たん定食2360円もある。

☎022-722-2535
所仙台市青葉区本町1-1-1 アジュール仙台B1 営11:00~14:30(LO14:00)、16:30~21:30(LO20:30)、土・日曜、祝日11:00~21:30(LO20:30)休無休交JR仙台駅から徒歩3分 Pなし

予約 可
予算
L 1880円~
D 2360円~

◆牛たんみやげを豊富に扱う売店も併設している

◆清潔感のある明るい店内。地酒も取り揃える

利久 西口本店
りきゅう にしぐちほんてん

仙台駅西口 MAP 付録P.11 E-1

県内外に多くの店を構える有名店。厳選した上質な牛たんを味わえる。具だくさんのテールスープも評判。海鮮丼定食1529円~（ランチのみ）など多彩な定食が揃う。

☎022-266-5077
所仙台市青葉区中央1-6-1 Herb仙台ビル5F 営11:30~15:00 17:00~22:30 土・日曜、祝日11:00~22:30 LOは各30分前 休無休交JR仙台駅から徒歩5分 Pなし

予約
可
予算
LD 1727円~

◆スタイリッシュな飲食ビルにある。海鮮料理や地酒も楽しめる

◆カウンター席のほか、テーブル席や座敷もある。シックな雰囲気

仙台●食べる

まさに選ばれし食材。最高級ブランド
極上の味わい仙台牛

「仙台牛」は肉質が最高級の5に格付けされて初めて名乗ることが許される。
上質な肉と脂の旨みはシンプルな味付けでいただきたい。

仙台牛特選盛り合わせ
1万2100円
ヒレ、角切りサーロイン、霜降り上ロー
ス、上カルビが並ぶ。わさび醤油で味わ
うのがおすすめ

繊細なコース料理が評判
仙台牛の醍醐味をここで

仙台牛焼肉花牛
せんだいぎゅうやきにくはなぎゅう

仙台駅西口 MAP 付録P.10 C-3

美しいサシが入った最高級の仙台牛を、
贅にあふれた料理に仕立てる。焼肉店
の枠を超えた質の高いコース料理が評
判だ。厳選された国産の牛たんやハラ
ミもおすすめ。

☎022-266-7716
🏠仙台市青葉区一番町1-9-1 仙台トラストタワ
ー2F ⏰11:30〜14:30(LO14:00)
17:00〜22:00(LO21:00) 休火・水曜
🚃JR仙台駅から徒歩10分 Pあり

予約	望ましい
予算	Ⓛ4000円〜 Ⓓ1万円〜

↑部屋は8室のみ。
予約がおすすめ

◎1万4300円のコース

↑仙台トラスト
タワー2階にある。
店内はすべて個室

鉄板焼すていき極上仙台牛
ロース150g1万5945円
A5ランクの仙台牛のなかでも特
に旨みが濃厚な、上質な肉を使用。
とろける食感を堪能できる

目の前で焼き上げる仙台牛の
鉄板焼ステーキが味わえる

鉄板焼 すていき小次郎
てっぱんやきすていきこじろう

国分町 MAP 付録P.8 B-4

厳選した食材を客席の目の前に設けら
れた鉄板で調理。仙台牛の旨みを存分
に楽しむなら極上仙台牛コース1万
8988円がおすすめだ。内容は月替わり
で、メインはロースかヒレかを選べる。

☎022-265-9449
🏠仙台市青葉区立町15-3 ⏰11:30〜15:00
17:00〜22:00(LO各1時間前) 休無休
🚃地下鉄・勾当台公園駅から徒歩10分 Pなし

♨調理人の鮮や
かな手さばきに
も注目

予約	可
予算	Ⓓ1万5000円〜

→料理は18席ある
1階のカウンターと
2階の鉄板付きの個
室席でいただける

8000円コース
コースは5500円〜で、内容は料金
により異なる。予算のリクエスト
に応じた打ち合わせコースも好評

仙台牛をワインとともに
個室で楽しむ炭火焼肉

牛正 仙台店
ぎゅうまさせんだいてん

国分町 MAP 付録P.8 C-3

仙台牛を市場から、まるごと一頭仕入
れて提供。ワインとともに楽しむのが、
この店のスタイルだ。メニューはコー
スのほか焼きしゃぶなど多数。ワイン
の銘柄も多彩で選ぶのに迷うほど。

☎022-393-4129
🏠仙台市青葉区一番町4-9-1 かき徳ビル3F
⏰17:00〜23:30(LO23:00) 休日曜、第1月曜
🚃地下鉄・勾当台公園駅から徒歩2分 Pなし

↑店内は個室の
みで、数寄屋風
の造り

予約	可
予算	Ⓓ5000円〜

↑仙台店の営業
は17時〜。本店
は石巻市にある

牛たん／仙台牛

69

さっぱりつるりの夏の麺は、実は仙台生まれ
冷やし中華 元祖の味

七夕祭りの時期に売り上げが落ちる中国料理店が、打開策として考案。
すっかり夏の風物詩となったが、発祥の地では冬でも楽しめる。

「冷やし中華」のこと

始まりはまだ冷房設備が整っていなかった昭和の初め。暑いなかでも食欲が出るよう酸味を加え、夏バテ防止のために野菜たっぷりのメニューが考案されたという。

クラゲ入り五目冷し中華 1540円
クラゲやカニなど豪華な具材がたっぷり盛られ麺が見えないほど。醤油ダレかごまダレを選べる

タレは醤油かごまを選べる
豪華具材の一皿

中国美点菜 彩華
ちゅうごくびてんさい さいか

定禅寺通 MAP 付録P.8 C-3

大正14年(1925)の創業で冷やし中華誕生の一翼を担った老舗中国料理店。最近は麻婆焼きそばなど仙台の新名物も加わった。現在の冷やし中華は誕生当時とは異なり、豪華な盛り付け。

☎022-222-8300
所仙台市青葉区国分町2-15-1 2-3F　⏰11:30〜15:00 17:00〜22:00(LO21:00)　休月曜
交地下鉄・勾当台公園駅から徒歩4分　Pなし

予約	可
予算	L1000円〜
	D2500円〜

→テーブル席のほか、多人数での会食に使える円卓もある

→仙台の新名物、麻婆焼きそば1100円も食べられる

涼拌麺 1540円
りゃんばんめん
冷やし中華誕生当時の名を冠す。クラゲや蒸し鶏などの具材は別皿に盛り付けられ、麺とは別に出される

仙台発祥冷やし中華の名を高めた
昭和6年(1931)創業の中華店

中国料理 龍亭
ちゅうごくりょうり りゅうてい

定禅寺通 MAP 付録P.9 F-2

昭和12年(1937)頃、当時の「中華組合」の組合長だった創業者が中心となって、組合員とともに冷たい麺料理を開発した。それが涼拌麺。昭和後半から進化し、現在のスタイルになった。

☎022-221-6377
所仙台市青葉区錦町1-2-10　⏰11:30〜14:30(LO) 夜は5名以上コース料理のみ営業、土・日曜、祝日11:30〜14:30(LO) 17:30〜20:30(LO)　休水曜
交地下鉄・勾当台公園駅から徒歩7分　Pなし

→休日には涼拌麺を求める人で行列ができることも

予約	宴会のみ可
予算	L990円〜
	D1000円〜

冷やし中華 1150円
具材は蒸し鶏や錦糸玉子、トマトなどがのる。自家製のごまダレをたっぷり絡めて味わおう

台湾風本格中国料理店の
ごまダレ冷やし中華

台湾中国料理 燕来香
たいわんちゅうごくりょうり エンライシャン

仙台駅西口 MAP 付録P.7 E-2

台湾出身の料理長が腕をふるう中国料理店。台湾料理ではごまをよく使うため、冷やし中華もオリジナルのごまダレで仕上げた。中華のフルコースも人気。テーブルや座敷の個室もある。

☎022-262-7147
所仙台市青葉区花京院1-1-30 ニューライフマンション花京院B1　⏰11:30〜23:00(LO22:00)　休無休
交JR仙台駅から徒歩8分　Pなし

予約	望ましい
予算	L900円〜
	D1000円〜

→店舗入口は国道45号線沿い

→最大で50人まで収容できる規模。各種個室も用意されている

涼を呼ぶ豆の香りが鼻腔を通り抜ける

ずんだ の爽やかな甘さ

夏の限られた時季にのみ手に入る枝豆を、すりつぶした「ずんだ」。
仙台名物のスイーツだが、そのおいしさで全国的にファン増加中。

枝豆の風味を生かした
なめらかな餡がたっぷり

村上屋餅店
むらかみやもちてん

仙台駅西口 **MAP** 付録P.10 C-4

餅には宮城県産もち米・みやこがね
を使用。名物「づんだ餅」は枝豆の薄皮を
ていねいにむいて作った餡がたっぷり
とのる。「づんだ餅」「ごま餅」「くるみ餅」
を味わえる三色餅737円もおすすめ。

☎022-222-6687
所仙台市青葉区北目町2-38　営9:00～18:00
休不定休　交JR仙台駅から徒歩12分　Pなし

→イートイン
スペースがあ
り、コーヒー
302円なども
楽しめる

づんだ餅
693円
毎日手作りする
餡は甘さ控えめ
で、つぶつぶと
した豆の食感が
絶妙。持ち帰り
用648円もある

予約 不可
予算 700円～

路地裏の和カフェで味わう
やさしい甘さのずんだあんみつ

甘味処 彦いち
かんみどころ ひこいち

国分町 **MAP** 付録P.9 D-3

店内で手作りした甘味を楽しめる。ず
んだメニューは定番のずんだ餅770円
のほか、特製ずんだ餡がのった白玉ク
リームあんみつも人気。ずんだ餡と白
餡を練り合わせてあり、やさしい甘さ。

☎022-223-3618
所仙台市青葉区一番町4-5-41　営11:00～18:00
(LO17:30) ※イベント期間中は変動の場合あり
休月曜（祝日の場合は翌日）　交地下鉄・勾当台
公園駅から徒歩5分　Pあり（提携駐車場）

→甘味のほ
か、ラーメン
セット990円
などの軽食を
食べに訪れる
人も多い

予約 不可
予算 700円～

白玉クリームあんみつ 693円
ずんだ餡はもちろん寒天や白玉も自
家製。蜜は白蜜か黒蜜を選べ、餡
はつぶ餡、こし餡にもできる

冷やし中華 ずんだ

仙台名物 ヌーヴェルヴァーグ

新顔が続々登場中！
個性派のグルメを体験

密かに知られた裏メニューや、地産の素材を使ったもの。
牛たんや笹かまぼこに続く新たな仙台名物の座を狙う
新しい料理にチャレンジしたい。

麻婆焼きそば
1320円
麺は一度蒸してから焼くので、
外はパリッ、中はもっちりとし
ている。ランチは1090円。夜
は土鍋で提供される
（中国料理 口福吉祥 囍龍）

仙台づけ丼 1760円
特製醤油ダレはやや甘めの味付け。白身魚
の繊細な味を損なわないよう注文を受けて
からネタをタレにくぐらせるのがポイント
（富貴寿司）

「伊達美味」のこと
仙台市が行っている仙台のおい
しいものをアピールするキャン
ペーン。右に紹介した3品のほ
か、定番の牛たんやずんだ、
伝統料理のせり鍋や芋煮などが
選ばれている。

仙台あおば餃子 429円（5個）
伝統野菜の仙台雪菜を練り込んだ緑色の皮
が特徴。モチモチとした食感で冷めても固
くなりにくい。具にも雪菜がたっぷり入る
（一番五郎）

仙台●食べる

中国料理 口福吉祥 囍龍

ちゅうごくりょうり こうふくきっしょう シーロン

仙台駅西口 **MAP** 付録P.11 E-1

しびれる辛さの麻婆が決め手！
近年話題の新仙台名物・麻婆焼きそば。
作り方は店により異なり、この店では2
種類の豆板醤が入った四川風麻婆豆腐
を使用する。刺激的な辛さで、小麦の
甘みが強い麺とバランスがいい。

☎022-212-4606
🏠仙台市青葉区中央1-2-3 マークワンビル1F
🕐11:30～15:00（L014:30）17:30～22:30
（L022:00、日曜、祝日021:30）🈂無休
🚃JR仙台駅から徒歩2分 Ｐなし

予約	可
予算	Ⓛ1000円～ Ⓓ3200円～

⬆⬆ モダンな店内。
紹興酒やワインなど
アルコールも豊富

富貴寿司

ふうきずし

国分町 **MAP** 付録P.8 C-4

地元で獲れた白身魚をづけ丼で
石巻など近海産の旬の魚を中心に使っ
た寿司や海鮮丼、一品料理を食べられ
る。仙台づけ丼は、ヒラメなどの白身
魚がメインのご当地海鮮丼。ネタは7～
8種類で、内容は日によって異なる。

☎022-222-6157
🏠仙台市青葉区一番町4-4-6 🕐11:30～14:00
17:00～23:00（L022:30）🈂日曜、祝日
🚃地下鉄・勾当台公園駅から徒歩5分 Ｐなし

予約	可
予算	Ⓛ880円～ Ⓓ5000円～

⬆昭和23年（1948）から続く老舗寿司店

一番五郎

いちばんごろう

仙台駅西口 **MAP** 付録P.10 B-2

インパクト大の緑色の餃子が人気
野菜たっぷり味噌ラーメン715円など、
地元農家の野菜をたっぷり使ったメ
ニューが揃う。昼はラーメン、夜は餃子
が中心。仙台あおば餃子は昼も夜も食
べられるが、夜は辛味噌ダレ付き。

☎022-222-8808
🏠仙台市青葉区一番町2-3-30
🕐11:00～15:00 17:00～24:00（L023:30）
🈂日曜のディナー 🚃地下鉄・青葉通一番町駅
から徒歩3分 Ｐなし

予約	望ましい
予算	Ⓛ800円～ Ⓓ1000円～

⬆壱弐参横丁
の、アーケー
ド商店街側入
口に建つ

仙台の台所を支える商店街

仙台朝市で名産探し

仙台駅からほど近く、街の中心部にある商店街は、
地元産の魚介や野菜が豊富な宝の山。

旬のご当地食材がずらりと並ぶ仙台駅前の市民市場

戦後に誕生した市民市場が始まり。鮮魚店や青果店など60店が立ち並んでおり、市民の台所として親しまれている。「朝市」という名だが夕方まで営業している。

仙台駅西口 **MAP** 付録P.11 D-2

☎022-262-7173（仙台朝市商店街振興組合） 🏠仙台市青葉区中央3-8-5 ⏰8:00～17:00（店舗により異なる） 🈺日曜、祝日（一部店舗は営業）、12月31日は営業、1月1～4日 🚉JR仙台駅から徒歩5分 🅿あり（提携駐車場、サービスは店舗により異なる）

宮城のご当地食材も手に入る

野菜や肉、魚、惣菜など多彩な商品が並ぶ

その時期のおすすめ食材を店員さんに聞いてみよう

A 殻付きカキ 1個350円（時価）
三陸産のカキは味が濃厚でクリーミー。9～2月に販売

D 石巻矢本産ととちおとめ 時価
甘みが強く、味が濃いのが特徴。12～3月まで販売

A 本マグロのほっぺ 1パック1000～1500円（時価）
9～1月に販売。刺身やステーキ、フライにするのがおすすめ

B じゃがじゃが コロッケ1個90円
甘くホクホクとしたコロッケ。北海道産ジャガイモを使用

C ずんだだんご1本150円
もっちりとした団子に上品な甘さのずんだ餡がたっぷり

C おこわ（ミックス）1パック510円
山菜のり、山菜いなり、赤飯の3種のおこわがセットに

A 金華山
きんかさん
三陸産をはじめとした鮮魚がリーズナブルな価格で手に入る。希少部位や手作りの惣菜もある。
☎022-266-5260
⏰9:00～17:00
🈺日曜、祝日

B 齋藤惣菜店
さいとうそうざいてん
名物のじゃがじゃがコロッケをはじめ、揚げ物が豊富に並ぶ。
☎022-267-1569
⏰9:00～18:00
🈺日曜、祝日

C 花笠だんご本舗 朝市店
はながさだんごほんぽ あさいちてん
団子とおこわはその日の朝に作ったもの。うるち米ともち米は、県産品を使用。
☎022-261-7803
⏰9:00～15:00（売り切れ次第終了）🈺日曜、祝日、ほか不定休

D いたがき 朝市店
いたがき あさいちてん
仙台朝市の西側入口に建つ青果店で、果物の品揃えが充実。契約農家が育てた贈答用果物もある。
☎022-263-4567
⏰8:00～17:30（祝日は～14:30）🈺日曜

新鮮食材でBBQ&芋煮会！

仙台朝市内の東四市場は、屋上がビアガーデンとなっている。市場直結ならではの新鮮な食材が味わえると評判。ビアガーデンは5月～、9・10月は芋煮ガーデンとなる。営業はHPで要確認。

●東四ビアガーデン／東四芋煮ガーデン
☎022-398-5153 🏠仙台市青葉区中央4-3-1 東四市場ビル3F ⏰17:00～23:00（曜日により異なる）🈺要確認 🚉JR仙台駅から徒歩5分 🍴芋煮セット＋焼肉BBQ食べ放題＋飲み放題（120分）4500円 🅿なし

※商品の価格は2024年1月現在のものです。販売時期は目安です。気候などにより変動する場合があります。

おしゃれな街のひと休みには、甘いデザートを添えて
小粋なカフェの評判スイーツ

瀟洒な街並みを歩けば、センスの良いカフェがたくさん見つかる。
せっかくならばコーヒーや紅茶においしいスイーツをプラスして、幸せなティータイムを過ごそう。

テラス席もあるくつろぎカフェ
café Mozart Atelier
カフェ モーツァルト アトリエ
仙台城跡周辺 **MAP** 付録P.10 A-4

クラシック音楽が流れる落ち着いた雰囲気の
カフェ。広瀬川を望むテラス席もある。濃厚
な味わいのショコラ・デ・モーツァルトなど、
奇をてらわないシンプルなケーキが好評。

☎022-266-5333
所仙台市青葉区川内1-1-13 高田ビルB1 営11:00〜
20:00 休無休 交仙台駅前から市バス・八木山動物公
園駅行きで8分、片平丁小学校前
下車すぐ Pあり

↑ケーキセット750円〜。
ケーキは7種類から選べる

↑オーナーが集めたアンティー
ク家具が配された店内。ライ
ブを開催することもある

↓市街地の喧騒から離れた
エリアに建つ(左)。テラス
席は初夏の晴れた日が特に
人気(右)

予約	可
予算	850円

洗練されたケーキが並ぶ
kazunori ikeda
individuel
カズノリ イケダ アンディヴィデュエル
仙台駅西口 **MAP** 付録P.10 B-3

パリの有名パティスリーで腕を
磨いたパティシエが手がけた、
華やかなケーキを販売。定番商
品のほか、ケーキに花やマカロ
ンを飾り付けるアントルメ2750
円〜も人気。

☎022-748-7411
所仙台市青葉区一番町2-3-8
営11:00(土・日曜10:00)〜20:00
(日曜は〜19:00)休不定休
交JR仙台駅から徒歩12分 Pなし

予約	望ましい
予算	1000円〜

↑カフェスペースは満席になる
ことが多いので予約がおすすめ

↑甘みが強く、
かつ繊細な味わ
いのケーキには
ファンも多い

↓定番人気の祇園。イタ
リアトリノ産の栗を使っ
た抹茶ケーキ

夜は落ち着いた本格バーで静かに過ごす
オーセンティック・バーでしっとり

宮城はもともと酒好きの土地柄のうえにニッカの蒸溜所もあり、消費量国内2位と洋酒が好まれている。
そんな街だからこそ、本物を知るバーテンダーに出会えるはず。

予約	不可
予算	3000円～

↑店内にはジャズが流れる。メニューにフード類はなく、アフターディナーのひとときを

年代物の洋酒を豊富に揃える
LE BAR KAWAGOE
ル バール カワゴエ

国分町 **MAP** 付録P.8 C-3

洋酒好きにはたまらないバー。70年代流通の
ジョニーウォーカーブラックラベルなど、オ
ールドボトルのウイスキーの品揃えが充実。
じっくりとグラスを傾けたいときに訪れたい。

☎022-213-2425
所仙台市青葉区国分町2-10-28 FOX-Bビル2F
営20:00～翌2:00 休無休 交地下鉄・勾当台公園駅
から徒歩5分 Pなし

↑静かな時間が流れる洗
練された雰囲気のバー
←ジャックローズ(左)な
ど季節のフルーツを使っ
たカクテルも人気

予約	不可
予算	3000円～

居心地のいい隠れ家バー
BAR Andante
バー アンダンテ

仙台駅西口 **MAP** 付録P.11 D-1

品格のある雰囲気ながら、気さ
くなマスターが迎えてくれるた
め初めてでもくつろげる。自家
製しょうがシロップで作るモス
コミュール1500円など、細部ま
で手の込んだカクテルが評判。

☎022-265-6117
所仙台市青葉区中央2-11-13 ユーメン
トビル3F 営16:00～24:00(入店は～
23:00) 日曜15:00～23:00(入店は～
22:00) 休月曜 交地下鉄・広瀬通駅
から徒歩2分 Pなし

↑静かな時間を過ごしてもらう
ため、入店は1組3名まで

←マスターの
水戸誠士さん。
誠実で温和な
彼の人柄も店
の魅力
↑トマトのピク
ルス(左)と、定
番人気のモスコ
ミュール(右)

↑味や香りを損ねな
いよう禁煙なのもマ
スターのこだわりだ

シングルモルトが多彩に
バール アルカンシェル

国分町 **MAP** 付録P.8 C-3

カウンターバックにはシングル
モルトやブレンディッドなどの
ウイスキーがずらりと並ぶ。旬
の果物を使ったフルーツカクテ
ルも人気。リラックスして過ご
せる大人のバーだ。

☎022-712-6285
所仙台市青葉区国分町2-10-21 邦栄ビ
ルB1 営19:00～24:00
休日曜 交地下鉄・勾当台公園駅から
徒歩5分 Pなし

↑ゴージャスで落ち着いた雰囲気

↑スプリング
フィールド(左)
と宮城県限定の
ニッカ伊達(右)

↓店内にはカウンター席のほか、テーブル席もある

予約	可
予算	3500円～

買う

ずらりと並ぶ宮城・東北の伝統工芸品・名産品

北国生まれの**銘品たち**

宮城各地で作られたそれぞれに違う表情を持つ伝統こけしをはじめ、
長い歴史を有する雄勝の硯や仙台の民窯などさまざまに揃う。
手仕事の文化が根付く地ならではのものを見つけたい。

A しまぬき 本店

しまぬき ほんてん

仙台駅西口 **MAP** 付録P.10 B-2

郷土色豊かな品を取り揃える

こけしなど宮城を中心とする東北各
地の民芸品・工芸品、和雑貨などを販
売。オリジナル商品も多く、みちの
くの風情にあふれている。店舗はマー
ブルロードおおまち商店街にある
ほか、オンラインでも販売している。

☎022-223-2370
所仙台市青葉区一番町
3-1-17
営10:30~19:00
休第2水曜(8月は無休)
交JR仙台駅から徒歩10分
P提携駐車場利用

B KANEIRI STANDARD STORE

カネイリ スタンダード ストア

仙台駅 **MAP** 付録P.11 F-2

東北のデザイン雑貨が人気

「東北」をモチーフにした手ぬぐいや
文具などのオリジナル商品や、デザ
イン雑貨、文具が揃うセレクトショッ
プ。店舗はS-PAL仙台東館のほか、
せんだいメディアテーク(P.35)、仙
台パルコ地下1階にもある。

☎022-353-5061
所仙台市青葉区中央
1-1-1 S-PAL仙台東館3F
営10:00~21:00
休不定休(S-PAL仙台に
準ずる)
交JR仙台駅直結
P S-PAL仙台駐車場利用

A こけし
1100円~
鳴子こけし(左)と弥治
郎こけし(右)。サイズ
もさまざま

A 松川だるま
1650円~
江戸時代から続く、青
色のだるま。縁起物と
して愛されている

A 仙台堆朱の茶筒
2750円~
表面に刻まれた彫刻が特徴
の、朱塗りの漆器

A こけし缶
2310円
小さなこけし入り。弥
治郎こけし(写真)など
14種類ある

A 仙臺の刻
(大)2万3100円~
(小)9900円~
ケヤキ材など仙台箪
笥と同様の素材を使
用。同店オリジナルの
仙台時計

B 東北STANDARD
オリジナルピンズ
各550円
宮城柄のほか、東北6県の
モチーフも展開するピンズ

E ナッツボウル
各7700円
つややかな発色が高
級感を漂わせる玉虫
塗のボウル、黒と金

C 石皿ラフカット台付
1万800円
雄勝硯で知られる雄勝産玄昌石を使った石皿。使い方は自由に

C 丸ラフカット **8640円**
雄勝産硯石を北欧風の丸皿に仕上げた。天然石ならではの美しさ

C オリジナル
仙台まち針
660円
ハンドメイドならではのさまざまなキャラクターがかわいい

C げすざる 小
6912円
竹と桜の樹皮で編み上げた。取っ手にはホウノキを使っている

D 玉虫塗複合ボールペン
赤 蒔絵 萩
6600円
持ち手部分には、手描きで宮城県の県花である萩の蒔絵があしらわれている

D 玉虫塗シリアルボウル
赤 ペア
5500円
波立つようなろくろ線(筋目)が独特の光の陰影を生み出したシリアルボウル

D 玉虫塗
ワインカップ ペア
1万1000円
模様は金箔をひとつひとつ手で貼り合わせたあと、萩の柄を黒漆で描いている

D 玉虫塗平文庫 萩
2万2000円
A4サイズの書類ケース。大きく描かれた萩の蒔絵が豪華。大事なものの整理箱に

E 仙台平 名刺入
女性用**3740円**
男性用**3520円**
最高級の袴生地で作られた名刺入れ。写真左が女性用

E 仙台平 八ツ橋織 風呂敷
9680円
仙台藩4代綱村公の時代に生まれた技法を用い風呂敷に仕立てた

E カップ&ソーサー
各**1万6500円**
シンプルなフォルムが美しいシルバーとゴールドのセット

※仙台平はすべて一点もののため、商品により色や柄が異なります。

C 三好堂
みよしどう
仙台駅西口 **MAP** 付録P.11 D-1

老舗人形店のオリジナル小物

明治時代から続く老舗の人形店で、雛人形などを扱う。七夕まつりやなどをモチーフにしたオリジナルの仙台まち針が人気。

☎022-261-2361
🏠仙台市青葉区中央2-2-29
🕐10:30〜17:30
休不定休
🚃JR仙台駅から徒歩7分 Pなし

D 東北工芸製作所
上杉ショールーム
とうほくこうげいせいさくしょ かみすぎショールーム
青葉区郊外 **MAP** 付録P.9 E-1

玉虫塗の特産工芸品を販売

「玉虫塗」とはつややかに照り返す発色と光沢が特徴の、仙台生まれの漆芸。上杉ショールームではテーブルウェアやステーショナリーを販売。

☎022-222-5401
🏠仙台市青葉区上杉3-3-20
🕐10:00〜18:00
休土〜月曜、祝日
🚃地下鉄・勾当台公園駅から徒歩8分
P提携駐車場利用

E ウェスティンホテル仙台
せんだいスーベニア
ウェスティンホテルせんだい せんだいスーベニア
仙台駅西口 **MAP** 付録P.10 C-3

選び抜かれた伝統工芸品を

ウェスティンホテル仙台26階のセレクトショップ。仙台平の財布などの伝統工芸品やデザイナーズ・グッズなどが揃う。

☎022-722-1234(代表)
🏠仙台市青葉区一番町1-9-1 ウェスティンホテル仙台26F
🕐7:00〜20:00
休無休 🚃JR仙台駅から徒歩9分 Pあり

北国生まれの銘品たち

手軽におみやげを探すならば
大充実の仙台駅直結のS-PALで
駅からすぐ
銘菓・名物を探す

仙台駅のおみやげ事情はますます充実。
各地の名物も手に入るので、
旅の最後にまとめ買いでも大丈夫。

仙台 ● 買う

A B 萩の月
仙台銘菓の大定番。ふんわりとした
カステラ生地の中にカスタードクリー
ムがたっぷり。6個入り1500円〜
●菓匠三全 A／菓匠三全 TRAD B

A 風趣艸菴 みとわ
軽い口どけの淡雪をラングドシャ
で繊細に重ねた和菓子。思いがけ
ないほど軽い食感が、独特のおい
しさ。5枚入り900円〜
●菓匠三全

A たまごがふわり
ふんわりしっとりのスフレ
生地でまろやかなカスター
ドクリームとチーズクリー
ムを包み込んだ絶品スイー
ツ。5個入り1250円
●森の芽ぶきたまご舎

A ロワイヤルテラッセ
菓匠三全が展開する洋菓子
ブランドの代表作。さっく
りサブレで特製ダマンドポ
テトをサンド、ホワイト
チョコの隠し味。6個入り
1840円〜
●ロワイヤルテラッセ

A 蔵王のたまごぷりん
蔵王の自然に育まれた卵と牛
乳をたっぷり使ったこだわり
の一品。製法にもひと手間か
けてなめらかさを実現。6個
入り1863円
●森の芽ぶきたまご舎

A 黄金のたまごカステラ
蔵王生まれの良質の卵をふんだん
に使った王道のカステラ。個包装
1個237円
●森の芽ぶきたまご舎

A 黒砂糖まんじゅう
しっとりもちもち食感と黒砂糖の風味
を生かした上品な甘さ。1個115円、6
個入り830円〜。一口サイズのミニも
ある。黒砂糖工房では蒸したても提供
●杜の菓匠 玉澤総本店

A ミニずんだあんさぷれ
しっとりやわらかなクッキー生地
でずんだ餡を包んで焼き上げた新
しいお菓子。6個入り580円〜
●杜の菓匠 玉澤総本店

A プレミアムずんだ
仙台名物ずんだ餅を、最高
級の素材にこだわってグ
レードアップ。1人分ずつの
カップ入りで食べやすい。1
個450円、3個入り1425円〜
●杜の菓匠 玉澤総本店

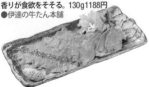

A 牛たんスモークスライス
桜のチップを燻煙に使い、芳しい
香りが食欲をそそる。130g1188円
●伊達の牛たん本舗

A 牛たんせんべい
牛たんのチップを生地に練り込み焼
き上げた、おやつにもおつまみにも
なるせんべい。2枚16袋入り1512円
●伊達の牛たん本舗

A 芯たん塩仕込み
素材の旨みを生かしたシンプルな
塩味牛たん。肉厚なのにやわらか
く、食べ応えのあるボリューム感
が人気。120g2包入り4644円
●伊達の牛たん本舗

C セミドライフルーツ彩りボックス
新鮮な果実を独自の熟成乾燥法で仕上げたセミドライフルーツ。リンゴ、桃、ネクタリン、和梨など全9種類各2袋入りのギフトボックス。3800円
●綾farm

C 果実のおてだま
完熟フルーツの凝縮した味わいがフワッと口に広がる、クセになるおいしさ。ひと口サイズの桃、梨など5種類各1袋入り。648円
●綾farm

A 生チョコトリュフ（抹茶）
お茶によく合う、大人のチョコレート。抹茶の生クリームを口どけのよい生チョコで包んだ。4個入り650円〜
●お茶の井ヶ田 喜久水庵

A B 喜久福（ずんだ生クリーム）
ずんだ餡と生クリームを餅で包んだ人気の大福で、ほかに抹茶クリーム＆こし餡など計4種ある。4個入り570円〜。アグリエの森では仙台ひとくちずんだ餅も販売
●お茶の井ヶ田 喜久水庵 A／
アグリエの森 mitte B

A マルタージュ（抹茶）
厳選した宇治抹茶を贅沢に使用した、老舗茶屋のこだわりが生きるオリジナル抹茶バウム。直径13.5cm、1200円
●お茶の井ヶ田 喜久水庵

A B 千日餅
もちもちとした独特な食感の生地で、つぶあん、ずんだ、黒胡麻の風味豊かな餡を包んだ。4個入り各600円〜
●お茶の井ヶ田 喜久水庵 A／
アグリエの森 mitte B

A 阿部の笹かまぼこ
仙台名産「笹かまぼこ」の名付け親。しなやかな弾力とぷりぷりとした食感の「魚の旨みが際立つ」看板商品。8枚âge1760円
●阿部蒲鉾店

さまざまなジャンルが勢揃い
駅直結ショッピングセンター

S-PAL仙台
エス・パルせんだい

仙台駅 MAP 付録P.11 E-2

JR仙台駅に直結し、ファッションや雑貨、食品におみやげ、レストランなど約330の店舗で買い物や食事が楽しめる。
☎022-267-2111 ㊑仙台市青葉区中央1-1-1
🕐10:00〜21:00、レストラン11:00〜23:00 ※一部店舗は異なる ㊡不定休
🚉JR仙台駅直結 🅿あり

A エキチカおみやげ通り
エキチカおみやげどおり
S-PAL仙台 本館B1

豊富な品揃えからおみやげ選び
仙台みやげを代表する商品を取り扱う約50店舗が集まり、名店の魅力を吟味できる。購入できる銘品・銘菓の充実度は県内随一。
🕐9:00〜21:00
㊡S-PAL仙台に準ずる

B 伊達のこみち
だてのこみち
S-PAL仙台 東館2F

駅でここにしかない商品が多数
定番の名店が、アレンジ商品や実演販売、テイクアウトなどの楽しみをプラスして出店。東北食材が集まるショップもある。
🕐10:00〜21:00
㊡S-PAL仙台に準ずる

C SWEETS GARDEN
スイーツ ガーデン
S-PAL仙台 東館2F

仙台で人気の和菓子・洋菓子を
仙台発の和菓子や洋菓子の人気のほか、東北初出店のスイーツブランドも。
🕐10:00〜21:00
㊡S-PAL仙台に準ずる

⬆本館エントランス

注目ポイント
めがね橋(旧小滝沢橋)
昭和14年(1939)に秋保産の石で建造された橋長20.8m、幅4.5mの通称めがね橋。通行不可だが春には桜に彩られる。
MAP 付録P.2 A-3

仙台●周辺の街とスポット

仙台からすぐ。渓流沿いに広がる温泉郷
秋保温泉
あきうおんせん

名取川沿いに約1500年前に開湯した由緒ある温泉地。
仙台市街から車で約30分というアクセスの良さと、
渓谷の大自然に恵まれた、仙台の奥座敷として人気が高い。

皇室や伊達政宗も癒やした
仙台の奥座敷

6世紀に皮膚病を患った欽明天皇が湯を都に運ばせて病を癒やしたと伝わり、皇室の御料温泉とされる「日本三御湯」のひとつ。弱塩泉の泉質と豊富な泉量を誇り、かつては伊達政宗の湯浴場として栄えた。名湯に浸かり、雄大な名勝地や個性的な工芸工房、ギャラリー巡りも楽しい。

P.80 めがね橋(旧小滝沢橋) ★
名取川
馬場

秋保大滝不動堂
★秋保大滝 P.80
深野
秋保大滝
R 二代目たまき庵 P.83

N
0   1km
山形
柴田郡

(交通information)

車 仙台市街から国道48号・県道132号経由で18km
バス 仙台駅前からタケヤ交通の高速バス・仙台西部ライナーで秋保・里センターまで30分

足湯を楽しみながら情報収集

観光案内所を併設する秋保・里センターでは、無料レンタサイクル(預かり金1000円、返却時返金)や足湯が楽しめる。
秋保・里センター MAP 付録P.12 B-2
☎022-304-9151 所仙台市太白区秋保町湯元寺田原40-7 ⦿9:00〜18:00(レンタサイクル・足湯は4〜11月のみ。雨天時は利用不可) ⦿無休 Pあり

⦿オープンデッキの足湯「寿右ェ門の湯」(土・日曜、祝日限定)は無料

秋保大滝
あきうおおたき
MAP 付録P.2 A-3

水流も滝音も迫力の名瀑

幅6m、落差55mの豪壮雄大な大瀑布。「日本の滝百選」のひとつに数えられ、一年を通して美しい景観を楽しむことができる。滝を見下ろせる滝見台や滝つぼまで下りられる遊歩道もあり、間近で眺められる。

⦿滝見台は山形の立石寺(山寺)の奥の院である秋保不動尊の境内にある
⦿雪解けの春頃が最も水量が多く、秋には紅葉に彩られる

☎022-398-2323(秋保温泉郷観光案内所) 所仙台市太白区秋保町馬場大滝 ⦿⦿見学自由 ⦿秋保・里センターから車で20分／仙台市営バスまたは宮城交通バスで25分、秋保大滝下車すぐ Pあり

↑タオル・石鹸・シャンプーは有料

秋保温泉共同浴場
あきうおんせんきょうどうよくじょう

MAP 付録P.12 A-1

地元の人に愛される共同浴場

秋保温泉唯一の共同浴場。こぢんまりとした浴室には3～4人入れば満員という湯船がひとつ。ナトリウム塩化物泉の湯は熱めで湯冷めしにくく、別名「あたたまりの湯」。

☎022-398-2774 ㊟仙台市太白区秋保町湯元薬師100 ㊐7:30～21:00 ㊡第4水曜 ㊐300円 ㊋秋保・里センターから宮城交通バスで秋保温泉湯元下車、徒歩2分 ㊂あり

仙台万華鏡美術館
せんだいまんげきょうびじゅつかん

MAP 付録P.12 C-2

神秘的な万華鏡の世界へ

19世紀のアンティークや現代作家の大型万華鏡、電気仕掛けの万華鏡など、さわれてのぞける体験型ミュージアム。好きなビーズを選んで作る手作り体験も好評。

↑陶芸家・辻輝子氏の作品など幅広く展示する

☎022-304-8080 ㊟仙台市太白区茂庭松場1-2 ㊐9:30～17:00（入館は～16:30) ㊡無休（冬季臨時休あり） ㊐900円 ㊋秋保・里センターから宮城交通バスで3分、松場下車すぐ ㊂あり

秋保工芸の里
あきうこうげいのさと

MAP 付録P.12 A-2

受け継がれた伝統の技を見る

こけし、仙台箪笥、埋もれ木細工など6種類の宮城の伝統工芸の職人たちの8つの工房が集まる。それぞれの工芸品を購入したり、体験できる工房もある。

↑職人技を間近で見学
↑頭頂部に「乙」字が描かれているのが特徴の秋保こけし。絵付け体験も

☎022-398-2673 ㊟仙台市太白区秋保町湯元上原54 ㊐9:00～17:00 ㊡不定休 ㊐入館無料、体験1000円～（内容により異なる、要予約） ㊋秋保・里センターから宮城交通バスで2分、秋保温泉湯元下車、徒歩20分 ㊂あり

愛子駅↑

秋保中学校前↑ 長袋 太白区

鴻の巣温泉 神ヶ根温泉

七森

鹿の杜 佐々木美術館&人形館

大倉山▲

P.81 仙台万華鏡美術館 ★

★秋保ワイナリー P.81

P.83 さいち S

P.82 伝承千年の宿 佐勘 H

秋保温泉湯元 湯向

★秋保・里センター P.80

のぞき橋

★磊々峡 P.81

秋保森林スポーツ公園

橋本

名取川

薬師

秋保・里センター

ニ口街道（秋保街道）

仙台市街

松場

秋保ヴィレッジアグリエの森 S

H ホテル瑞鳳 P.83

P.81 秋保温泉共同浴場 ♨

P.82 茶寮宗園 H

i 秋保工芸の里 P.81

磊々峡
らいらいきょう

MAP 付録P.12 B-2

連なる奇岩と清流の渓谷

奇岩怪石が折り重なる深さ20mに達する峡谷。覗橋から下流に約650mの遊歩道が整備され、秋保・里センター裏手の散策路「磊々峡もみじのこみち」からも四季折々の峡谷美を楽しむことができる。

↑覗橋からは、名取川の浸食によってつくられた両岸の奇観が見下ろせる

☎022-398-2323（秋保温泉郷観光案内所） ㊟仙台市太白区秋保町湯元枇杷原 ㊐見学自由 ㊋秋保・里センターから徒歩3分 ㊂あり（秋保・里センター駐車場利用可）

仙台初の地産ワインをリリース
秋保ワイナリー
あきうワイナリー

建物の前に2haのブドウ畑が広がる仙台唯一のワイナリー。ガラス越しに醸造の様子を見学でき、ショップやカフェスペースも併設。

↑2015年オープン。ワインの有料試飲もできる

MAP 付録P.12 B-1

☎022-226-7475 ㊟仙台市太白区秋保町湯元枇杷原36 ㊐9:30～17:00（LO16:30) ㊡火曜 ㊋秋保・里センターから徒歩6分 ㊂あり

伊達家ゆかりの宿で
歴史ある名湯を楽しむ

伝承千年の宿 佐勘

でんしょうせんねんのやどさかん

MAP 付録P.12 A-1

秋保の湯の湯守役を代々務めてきた宿。
伝統を守りながらもリニューアルを重
ねてきた。客室は「飛天館」をはじめ
3つの館から選択。広々とした空間と、
歴史の名湯めぐり、旬の食材を使った
会席料理を楽しみたい。

☎022-398-2233
🏠仙台市太白区秋保町湯元薬師28
🚌宮城交通バスで2分、秋保温泉湯元下車す
ぐ／JR仙台駅から無料送迎バスで40分（要予
約）　🅿あり
in15:00　out11:00　客173室
予算1泊2食付2万4350円～

1.専用のテラスが付いたHITEN ROOM 738　2.露天風呂付客室（333号室）
3.ビュッフェ形式で楽しめるプレミアムモーニング　4.復旧工事が完了した
大浴場は2種類のサウナも完備　5.名取川が目の前に迫る露天風呂「河原の湯」
6.ネルドリップコーヒーとレコードを楽しめる夜限定のカフェ「神は細部に宿る」

秋保温泉の湯宿

1500年の癒やしの伝統を体感

古くは「名取の湯」と呼ばれ、6世紀の欽明天皇以来、長きにわたって人々を癒やし続けている。
質の高い温泉旅館や大規模な施設が多く、仙台周辺では最も多くの宿泊者を迎え入れている。

庭園と建築美、秋保の名湯
美しい懐石を五感で堪能

茶寮宗園

さりょうそうえん

MAP 付録P.12 A-2

8000坪の敷地に広がる日本庭園に、
純和風数寄屋風造りの建物が建つ。
客室は本館と離れの2タイプ。離れの
客室のうち9室は露天風呂付きだ。庭
園の風や光を感じながら癒やしのひと
ときを過ごすことができる。

☎022-398-2311
🏠仙台市太白区秋保町湯元釜土東1
🚌秋保・里センターから徒歩5分／宮城交通
バスで1分、薬師下車すぐ／JR仙台駅から無
料送迎バスで40分（要予約）　🅿あり
in15:00　out11:00　客26室
予算1泊2食付3万8650円～

1.四季折々の表情を見せてくれる庭園を望む　2.二間続きで広々とした離れ。
かけ流しの温泉が好きなだけ楽しめる　3.彩り美しい懐石料理で旬の食材
がいただける　4.大浴場は男女ともに内風呂、露天風呂を用意

緑豊かな川のほとりで
趣向を凝らした露天風呂を満喫

ホテル瑞鳳
ホテルずいほう

MAP 付録P.12 B-2

名取川のほとり、秋保温泉の名所・磊々峡を望む立地。打たせ湯や立ち湯など全6種の露天風呂が楽しめるほか、豪華なビュッフェも評判。全室に露天風呂が付いている別館「櫻離宮」もおすすめだ。

☎0570-550-397
所仙台市太白区秋保町湯元除26-1
交宮城交通バス磊々峡下車、徒歩2分／JR仙台駅から無料送迎バスで40分（要予約）Pあり
IN15:00 OUT10:00 室117室
予約1泊2食付1万6000円〜
※立ち寄り湯 10:00〜15:00（受付は〜14:00）／1390円／不定休

1.四季の移ろいを見せる日本庭園の中にある露天風呂。写真は「潮滝の湯・大和」
2.食事は四季の食材がずらりと並ぶビュッフェ。ズワイガニや寿司なども食べ放題
3.広々とした造りのくつろげる和室のほか、モダンな洋室も用意
4.温水プールやバーなどの充実した設備でスパリゾートを満喫

秋保温泉の湯宿

秋保温泉の食事処&手みやげ

知る人ぞ知るそばの名店や、地元で評判のやさしいいっぱいの名物おはぎ。秋保ヴィレッジはおみやげ以外に、フードコートや庭園も楽しめる施設。

店主こだわりのそばが美味
二代目たまき庵
にだいめたまきあん

玄そばから仕入れ、自家製粉にこだわった手打ちそばが評判。昆布と2種類の鰹節をブレンドしたつゆも自慢だ。季節の食材を使用した料理とともに味わいたい。

MAP 付録P.2 A-3

☎022-399-2120 所仙台市太白区秋保町馬場大道8-1 営11:00〜15:00 休木曜、その他不定休あり 交秋保・里センターから車で20分／宮城交通バス・秋保大滝行き（土・日曜、祝日限定）で22分、終点下車すぐ Pあり

↑店内は田舎家風。テーブル席と座敷がある

←天婦羅ざるそば1760円

自家製おはぎで有名に
さいち

温泉街で働く人たちのための食品スーパーとして開業したが、いつの間にか自家製おはぎが大ブレイク。遠くから買いに訪れる人で店も温泉街も賑わっている。近年は惣菜なども人気。

↑温泉街の中心部にあるスーパーマーケット。惣菜や弁当も評判

MAP 付録P.12 A-1

☎022-398-2101 所仙台市太白区秋保町湯元薬師23 営9:00〜19:00 休第2・4水曜（祝日の場合は営業）交秋保・里センターから宮城交通バスで2分、秋保温泉元下車すぐ Pあり

↑↑↑おはぎは大きめサイズ。あずき、ごま、きな粉があり、2個280円

秋保みやげが盛りだくさん
秋保ヴィレッジ アグリエの森
あきうヴィレッジ アグリエのもり

物産館では、秋保産を中心とした農産物や、県内の農産加工品や特産品を販売。施設内で販売する新鮮野菜を使った料理や、牛たんなどの名物グルメを食べられるフードコートもある。

←建物の裏にはお茶の湯に浸かれる足湯もある

MAP 付録P.12 C-2

☎022-302-6081 所仙台市太白区茂庭中谷地南32-1 営9:00〜18:00（12〜2月末は〜17:00）休無休 交秋保・里センターから宮城交通バスで4分、中谷地下車すぐ Pあり

↑秋保の蜂蜜カステラ680円はおみやげに人気

↑季節の野菜を使った秋保の野菜ピザ648円

→アグリエの森オリジナルのお茶、秋保美人886円

↑天女が滝の音を笙の音と間違え天上から舞い降りたという伝説の地

鳳鳴四十八滝

ほうめいしじゅうはちたき

MAP 付録P.12 B-4

美しい水音を奏でる無数の滝

伝説の鳥・鳳凰の鳴き声のような水音を奏でながら、大小さまざまな滝が階段状に流れ落ちる広瀬川上流の名瀑。滝の落差25m、幅10m。四季折々に異なる景色と音色が響く癒やしのスポット。

☎070-1143-6633(作並・定義地区観光案内所) ㊟仙台市青葉区作並棒目木 ㊟見学自由 ㊟作並駅前から市バス・S840系統で3分、鳳鳴四十八滝入口下車すぐ ㊅あり

🏨 ゆづくしSalon一の坊 P.86

🏨 鷹泉閣 岩松旅館 P.86

⛩ 湯神社 P.85

🏨 湯の原ホテル P.87

🏨 La楽リゾート グリーングリーン

作並街道

奥新川駅

山寺駅

つつみ屋 作並店 🅂 P.87

山形との県境近くに広がる山あいの別天地

作並温泉

さくなみおんせん

↑正岡子規が愛した豊かな自然が息づく

広瀬川渓谷沿いの閑雅な名湯。古くから秋保温泉と並ぶ仙台の奥座敷として名高い。

趣向に富む湯めぐりで美女づくりの湯を堪能

奈良時代に発見され、源 頼朝が奥州征伐の途中に立ち寄ったとも伝わる古湯。伊達藩により寛政8年(1796)に開湯された。肌にやさしい泉質が特徴で「美女づくりの湯」ともいわれ、各旅館では渓谷を望む野趣あふれる露天風呂や岩風呂、立ち湯などの多彩な名物風呂が楽しめる旅館もある。

(交通information)

車 仙台市街から国道48号経由で28km
鉄道 JR仙台駅から仙山線でJR作並駅まで40分
バス 仙台駅前から市バス・840系統(作並温泉方面行き)で作並駅前まで1時間10分

峡谷を流れる清流の恵みが生きるウイスキー

見て学んで味わう蒸溜所見学

ニッカウヰスキー 仙台工場 宮城峡蒸溜所

ニッカウヰスキー せんだいこうじょう みやぎきょうじょうりゅうしょ

広瀬川と新川の清流と森に囲まれた宮城峡の地に蒸溜棟、貯蔵庫などが点在。ガイドが案内してくれる工場見学が人気で、ゲストホールで無料試飲や買い物もできる。

↑緑に映える赤レンガ造りの蒸溜棟やキルン棟

↑見学所要時間は試飲も含めて約1時間

MAP 付録P.12 B-4

☎022-395-2865 ㊟仙台市青葉区ニッカ1 ㊟工場見学9:00〜11:30 12:30〜15:00(10名以上は要予約) ㊡1・8・12月不定休 ㊋見学無料 ㊟作並駅前から市バス・S840系統で1分、ニッカ橋下車、徒歩15分(金〜日曜、祝日のみJR作並駅から無料シャトルバスあり) ㊅あり

極楽山西方寺
ごくらくざんさいほうじ

MAP 付録P.12 B-3

平家落人の里の縁結びの寺

平　重盛の家臣・平貞能が落人となって隠れ住み、定義と改名して平家一門の冥福を祈った寺。「定義如来」の名で親しまれ、縁結び、子宝、安産にご利益があるとされる。

☎022-393-2011　㊟仙台市青葉区大倉上下1
🕐7:00〜16:30　㊡無休　㊣無料　🚉作並駅前から市バス・S840系統で7分、熊ケ根橋から845系統で18分、定義下車、徒歩3分
🅿あり

⬆極楽山西方寺山門へ続く門前には、三角定義あぶらあげ、焼きめしなど名物グルメの店が並ぶ

⬅高さ29m、青森ヒバ造りの宮城県初の五重塔は昭和61年(1986)落成。四季折々に美しい浄土庭園も見どころ

極楽山西方寺卍 定義
P.85

定義とうふ店 S
P.87

滝の上

仙台市

栗生上

0　　　　　　2km
N

大倉湖

★鎌倉山(ゴリラ山)P.85

ニッカ橋

仙山線

仙山線

大倉ダム
大倉湖畔公園
青松寺卍

下倉

小原上

鳳鳴四十八滝入口

作並街道

熊ケ根駅

熊ケ根橋

P.84
★鳳鳴四十八滝

★ニッカウヰスキー
仙台工場 宮城峡蒸溜所
P.84

戸神山

P Pizzeria vegetariana L'Albero
P.87

広瀬川

陸前白沢駅

仙台駅

457

48

作並温泉

湯神神社
ゆがみじんじゃ

MAP 付録P.12 A-3

湯の神&縁結びの神

「鷹泉閣 岩松旅館(P.86)」が祀るお湯の神様。境内のお湯かけ地蔵に「恋のお湯かけ小瓶」の湯をかけると恋愛にご利益があるという。

☎022-395-2211(鷹泉閣 岩松旅館)　㊟仙台市青葉区作並元木16　🕐㊡境内自由
🚉作並駅前から市バス・S840系統で5分、作並温泉元湯下車すぐ　🅿あり

⬆縁結びにご利益があるパワースポット

おくのほそ道をたどって、山寺へ

芭蕉が名句を残した古刹の石段を上って絶景を楽しむ

松尾芭蕉がおくのほそ道の旅(P.102)で「閑かさや 岩にしみ入る 蝉の声」と詠み、山寺の通称で知られる宝珠山立石寺。山腹の杉木立を縫って1015段の石段が続く境内からの眺望は格別だ。アクセスは車より電車が便利。

宝珠山立石寺(山寺)

MAP 本書P.2 B-3

☎023-695-2843　㊟山形県山形市山寺4456-1　🕐8:00〜16:00(季節により変更あり)　㊡無休　㊣300円
🚉JR山寺駅から徒歩7分　🅿なし(周辺有料駐車場利用)

⬇眼下に絶景が広がる百丈岩の上に建つ開山堂

注目ポイント

鎌倉山(ゴリラ山)

作並街道(国道48号)沿いにそびえる標高520mの鎌倉山。ゴリラの横顔に似ていることからゴリラ山とも呼ばれる。

MAP 付録P.12 B-4

清流を眺めながら山と呼吸を
あわせる里山リトリート

ゆづくしSalon一の坊

ゆづくしサロンいちのぼう

MAP 付録P.12 A-3

サロンやレストランでの飲食やアクティ
ビティを追加料金なしで楽しめる「オ
ールインクルーシブ」スタイルで、スト
レスフリーに過ごせる。清流そばの露
天風呂や秘湯を思わせる自家源泉かけ
流しの湯めぐりも楽しみたい。

☎0570-05-3973
所仙台市青葉区作並長原3
交作並駅前から市バス・S840系統で5分、作並
温泉元湯下車、徒歩5分(JR作並駅から無料送
迎あり) Pあり
in15:00 out11:00 客86室
予約オールインクルーシブ1泊2万8000円～

1.2023年春にリニューアルした「サウナスイート」 2.料理人が目の前で作るできたて料理が堪能できるライブビュッフェ 3.絶景の広瀬川源流露天風呂。
4つの湯船とよもぎのハーブミストサウナが楽しめる 4.朝のサイフォンコーヒーは格別のおいしさ 5.テラスから里山の四季折々に美しい自然を望む

作並温泉の湯宿

多くの文人に愛された宿

かつては限られた人のみにしか知られていなかった名湯だが、江戸中期に開かれて以来、
正岡子規や土井晩翠、白洲次郎など多くの著名人が、豊かな自然に囲まれた湯を楽しんだという。

作並温泉発祥の地と称される
自然湧出かけ流しの岩風呂

鷹泉閣 岩松旅館

ようせんかく いわまつりょかん

MAP 付録P.12 A-3

寛政8年(1796)創業の老舗旅館。88
段の階段を下りた先には4つの天然岩
風呂がある。大浴場の不二の湯は一
度入れば3年寿命が延びる「延寿の
湯」と呼ばれる名湯だ。部屋や風呂か
ら見る山峡の風景も素晴らしい。

☎022-395-2211
所仙台市青葉区作並元木16 交作並駅前か
ら市バス・S840系統で5分、作並温泉元湯下
車すぐ Pあり
in15:00 out11:00 客91室
予約1泊2食付1万8700円～
※立ち寄り湯 営11:00～14:00(最終受付
13:00) 料2500円(タオル付) 休平日 ※営
業は土・日曜、祝日のみ

1.仙台の奥座敷として多くの文化人にも愛された宿 2.青葉館の和室。広々
としており快適だ 3.開湯当時の面影を残している天然岩風呂。普段は混浴
だが女性専用時間帯もある 4.宿のすぐそばを流れる広瀬川のせせらぎ

静かな山里にたたずむ
レトロモダンな癒やし宿

湯の原ホテル
ゆのはらホテル

MAP 付録P.12 A-3

四季の移ろいが感じられる山里にある温泉宿。館内に配されたレトロ調の仙台箪笥や古農具が、懐かしいくつろぎと旅情を添える。客室は純和室で落ち着きのある空間。温泉は展望風呂など男女各3種類の風呂で堪能したい。

☎022-395-2241
所仙台市青葉区作並元木1
交JR作並駅から車で5分(作並駅から無料送迎あり、要予約) Pあり in15:00
out10:00 客32室
予算1泊2食付1万8850円～
※立ち寄り湯 営11:00～16:00 料800円(土・日曜、祝日1200円) 休水曜、不定休

1. 仙台の中心部から車で約50分とアクセスしやすいロケーション　2. 和モダンを基調とした特別室「桜花」は、格子戸や一枚板のテーブルなど贅沢なしつらえ　3. 県産木材を使用した木の香りあふれる「阿吽の湯」は源泉かけ流しの貸切風呂　4. 地元の食材を使った滋味豊かな料理に舌鼓　5. 昼は緑の山々、夜は星空が眺められる展望露天風呂

作並温泉の湯宿

秋保温泉の食事処&手みやげ

地産地消料理のレストラン

Pizzeria vegetariana L'Albero
ピッツェリア ヴェジタリアーナ アルベロ

契約農家から仕入れた有機無農薬野菜を使ったピッツァやパスタなどが食べられるレストラン。ランチセットは1760円～。ドレッシング702円や自家製チリオイル486円なども買える。

MAP 付録P.12 C-4

☎022-392-9570 所仙台市青葉区上愛子白沢23-1 営11:00～20:00LO(ランチLO15:30) 休水曜のディナー、木曜 交作並駅前から市バス・S840系統で8分、上愛子小学校前下車、徒歩5分 Pあり

→10種の季節野菜ピッツァ1980円(M)。L、Mの2サイズ

↑席数は全部で42。テラス席もある

ウイスキー工場があることからもわかるように、高品質で澄んだ作並の水。そのおいしい水で作った野菜や豆腐は格別の味わい。

みやげに人気の揚げまんじゅう

つつみ屋 作並店
つつみや さくなみてん

作並駅近くにある和菓子店。クルミの粒を入れたこし餡を生地で包み、油で揚げた「つつみ揚げ」が評判だ。ずんだ、クルミ、醤油、あんこ、胡麻など7種類ある串団子も人気がある。

←店内にはイートインスペースもある

MAP 付録P.12 B-4

☎022-395-2165 所仙台市青葉区作並相の沢32-7 営8:30～17:00 休無休 交JR作並駅からすぐ Pなし

↑串団子は1串140円。化粧箱入り団子セット6串1150円～
→つつみ揚げ1個120円(個別包装)。化粧箱5個入り800円～

揚げたてあぶらあげがうまい

定義とうふ店
じょうぎとうふてん

定義如来の門前町にある豆腐店。厚みのある「三角定義あぶらあげ」が名物で醤油と七味唐辛子をかけて食べる。同店オリジナルののんにく入り七味が美味。みやげ用は5枚入り600円。

↑建物は新しいが、明治時代から続く老舗

MAP 付録P.12 B-3

☎022-393-2035 所仙台市青葉区大蔵下道1-2 営9:00～16:00 休火曜 交作並駅前から市バス・S840系統で7分、熊ヶ根橋から845系統で18分、定義下車、徒歩5分 Pなし

←店内のほか、軒先でも食べられる
→三角定義あぶらあげ1枚130円。生豆乳1杯100円などもある

伊達家の重臣、片倉氏を偲ぶ城下町

白石
しろいし

蔵王連峰の麓にたたずむ城下町・白石は、
片倉小十郎景綱の入城を機に栄えた古都。
歴史ロマンが漂う街並みの散策が楽しい。

復元を遂げた城や古刹を巡り
名物のうーめんで和む

17世紀初頭、片倉小十郎景綱が白石
城主となり、そのお膝元として繁栄。
白石は位置的重要性から、徳川幕
府による「一国一城令」の例外として
明治維新まで存続。その歴史が情緒
漂う城下町をつくり上げた。コシのあ
る白石うーめんのグルメも人気だ。

交通information

鉄道 JR仙台駅から東北本線で白石駅まで50分
車 仙台市街から白石市街まで東北自動車道経由で
45km

レンタサイクルで街を巡る

レンタサイクルを利用すれば、城下町巡り
の行動範囲を広げることができる。貸し出
し・返却はJR白石駅構内と新幹線・白石蔵
王駅構内の観光案内所、白石城歴史探訪
ミュージアムの3カ所で受け付けている。

☎0224-26-2042（白石市観光案内所）
働白石市沢目137 白石駅構内 働9:00〜17:00
働無休 働300円、保証料500円（自転車返却時
に返金） ※電動自転車は白石駅のみ受付、料金別途

武家屋敷
ぶけやしき

MAP 付録P.14 B-1

享保年間建造の中級武士の館

白石城の三の丸外堀であった沢端川
のほとりに残る、片倉氏家臣・小関
家の屋敷跡。享保年間（1716〜36）の
建築とされ、約290年前の中級武士
の簡素な暮らしぶりを今に伝える。

☎0224-24-3030（白石城）
働白石市西益岡町7-52 働9:00〜17:00（11〜
3月は〜16:00）働無休 働200円 働JR白石
駅から徒歩15分 働あり

⇨座敷や台所まわりなど、内部
の見学も可能

⇨1991年に小関
家が市に寄贈した

白石城
しろいしじょう

MAP 付録P.14 B-2

江戸期の名城の姿を忠実に復元

伊達家の支城として使われ、17〜
19世紀後半まで伊達家の重臣・片倉
氏の居城となった。1995年に江戸
時代の城郭建築を踏襲して、文政
年間（1818〜30）に焼失し再建され
た当時の姿を純木造で復元。三階
櫓（天守閣）や大手門など、往時の
たたずまいを偲べる。

☎0224-24-3030 働白石市益岡町1-16
働9:00〜17:00（11〜3月は〜16:00）働無休
働400円 働JR白石駅から徒歩15分 働あり

片倉家ゆかりの品を拝見

歴史探訪ミュージアム
れきしたんぼうミュージアム

白石城横にあり、2階に城の歴史資料や
模型など片倉氏にゆかりの品々を展示。
1階には売店や飲食店が。

⇨3階の3Dシア
ターでは、白石
城に関する歴史
作品3作を上映
（1作400円）

白石・人形の蔵
しろいし・にんぎょうのくら
MAP 付録P.14 B-1

市松人形やレトロな玩具

江戸時代から昭和期までの人形や玩具、生活雑貨を集めた私設展示館。所蔵品は約2万点もあり、市松人形、昭和の玩具が特に見どころ。

↑本館1階「なつかし駄菓子屋フロア」にはレトロなおもちゃが多数

☎0224-26-1475 ⌂白石市城北町4-18 ⏰10:00〜16:00
㊡水曜 ¥400円 🚋JR白石駅から徒歩15分
Ⓟあり

当信寺
とうしんじ
MAP 付録P.14 B-2

幸村の娘・阿梅の菩提寺
ゆきむら　おうめ

慶長2年(1597)開山の浄土宗寺院。本堂裏手には真田幸村の遺児・阿梅と大八の墓がある。阿梅は片倉氏2代・小十郎重長の後室でもある。

↑山門は白石城廃城時に大手門(東口門)を移築したもの

☎0224-26-3473 ⌂白石市本町62
⏰参拝自由 🚋JR白石駅から徒歩5分
Ⓟあり(中央公園内一角)

白石の食事処&手みやげ

名物のうーめん(温麺)は油を使わないで作る、素麺同様の細い麺。伝統の味を楽しみたい。

白石うーめんの代表店
白石うーめん やまぶき亭
しろいしうーめん やまぶきてい

コシのある麺をゴマ、醤油、クルミの3種のつけダレで楽しめる「うーめん三昧」などが人気。奥州白石温麺協同組合の直営店だけに、麺の茹で方も食べ方も、最高の状態で提供してくれる。

MAP 付録P.14 B-1

☎0224-25-2322 ⌂白石市城北町6-13
⏰11:00〜14:00 ㊡水曜(月に1、2回不定休あり) 🚋JR白石駅から車で5分 Ⓟあり

↑うーめん三昧1350円。店内は明治後期の商家を再現

江戸時代から続く白石銘菓
仙加苑
白石バイパス本店
せんかえん しろいしバイパスほんてん

伊達藩足軽まんじゅうなどを販売する老舗和菓子店。足軽まんじゅうは江戸時代に生まれ、食べると足が軽くなったことから足軽と名付けられた。現在も製法などはほぼ当時のままという。

↑本店は国道4号沿いにある

MAP 付録P.14 A-2

☎0224-25-4735
⌂白石市福岡蔵本西町22
⏰9:00〜18:30 ㊡無休
🚋JR白石駅から車で7分 Ⓟあり

➡伊達藩足軽まんじゅう1個120円(上)と南蔵王の樹氷もち1個160円(下)

伊達政宗の片腕として仕えた智将
片倉小十郎景綱とは?
かたくら こじゅうろうかげつな

伊達家の繁栄を支えた重臣

江戸時代、白石城主であった片倉氏は、代々の当主が「小十郎」を襲名した仙台藩の重臣。智勇に長けた初代の景綱(1557〜1615)は、伊達政宗の近臣として仕え始め、特に外交・内政面で伊達家を支え、政宗から白石城を賜った。

➡伊達政宗に仕えた片倉小十郎景綱〈仙台市博物館蔵〉

傑山寺
けっさんじ
MAP 付録P.14 B-2

景綱が慶長13年(1608)に創建し、片倉家の菩提寺となる。景綱公埋葬場所には墓標の代わりに一本杉がそびえている。

☎0224-25-9258
⌂白石市南町2-7-20 ⏰㊡¥参拝自由
🚋JR白石駅から徒歩20分 Ⓟあり

片倉家御廟所
かたくらけごびょうしょ
MAP 付録P.14 A-2

片倉家の歴代当主の墓。3代小十郎が、延宝8年(1680)に初代と2代の墓を移築。墓標の阿弥陀如来像が座す。

☎0224-22-1343(白石市教育委員会)
⌂白石市福岡蔵本愛宕山 ⏰㊡¥見学自由
🚋JR白石駅から車で10分／市民バス・小原線で10分、滝不動下車すぐ(平日のみ) Ⓟあり

89

注目ポイント
蔵王エコーライン
宮城、山形県境の蔵王連峰を横断する全長26kmの山岳ドライブルート。春は雪の壁、夏は新緑、秋は紅葉が見事。
MAP 本書P.2 C-4

雄大な蔵王山麓の懐に抱かれ時を刻んできた湯治場の旅情

宮城県と山形県の境、蔵王連峰は温泉地帯でもある。宮城県側の山麓、標高330mの高原にある遠刈田温泉は、開湯400年余の古くから湯治場として栄えた地。国内有数のスキー場に隣接した蔵王温泉は、日本武尊の従臣が発見したという伝説が残る古湯だ。

交通information

車 仙台市街から遠刈田温泉まで東北自動車道・県道12号経由で47km。遠刈田温泉から蔵王温泉まで蔵王エコーライン(冬季は閉鎖)・県道53号経由で42km
バス 仙台駅前からミヤコーバスの高速バスで遠刈田温泉まで1時間
白石蔵王駅または白石駅からミヤコーバス・アクティブリゾーツ行きで遠刈田温泉まで50分
山形駅前から山形交通バス・蔵王温泉行きで蔵王温泉バスターミナルまで37分

自然、観光、温泉が揃うリゾート地
遠刈田・蔵王温泉
とおがった・ざおうおんせん

蔵王連峰の東麓、蔵王を象徴する御釜に駒草平や滝など、ダイナミックな風景に出会える蔵王エコーライン。その入口にあたる遠刈田温泉は、湯けむりが上がる昔ながらの湯治場の雰囲気が漂う。

滝見台
たきみだい
MAP 本書P.2 C-4

伝説の2滝を望む紅葉の名所

標高約700mの蔵王エコーライン途中にある滝見台から、遠刈田温泉の効能を生み出したと伝わるカニとウナギの滝つぼ争い伝説が残る三階滝、不動滝の2滝が見える。

☎0224-34-2725(蔵王町観光案内所) 所蔵王町遠刈田温泉倉石岳国有林内 開休料見学自由(冬季は積雪のため見学不可) 交遠刈田温泉から車で10分 Pあり

↗ 滝見台からは正面に伝説のカニが棲んだ三階滝、右にウナギが棲んだ不動滝が望める

↘ 錦秋の木立の間の岩壁を流れ落ちる、落差181mの三階滝。日本の滝百選にも選ばれた

御釜
おかま
MAP 本書P.2 B-4

エメラルドグリーンの神秘的な火口湖

蔵王エコーラインから蔵王ハイラインを上った終点にある円形の火口湖。天候や陽光の差し方で湖水の色が刻々と変わるため「五色湖」とも呼ばれる絶景スポット。

☎0224-34-2725(蔵王町観光案内所) 所蔵王国定公園内 開休料見学自由(蔵王ハイライン開通期間7:30〜17:00。11月初旬〜4月下旬は冬季閉鎖。冬季閉鎖前後は夜間通行止め規制あり) 交遠刈田温泉から車で40分 Pあり

↙ 周囲約1km、直径約330m、水深約25m。強酸性の水質のため生物は生息できない

駒草平
こまくさだいら

MAP 本書P.2 C-4

高山植物と大パノラマの眺望

標高約1380mに位置する、高山植物コマクサの生息地。断崖上の展望台からは、西に「不帰の滝」や「振子の滝」、東に奥羽山脈の山並みを越え太平洋まで遠望できる。

☎0224-34-2725(蔵王町観光案内所) 🏠蔵王町遠刈田温泉倉石岳国有林内 🕐見学自由(11月初旬〜4月下旬は冬季閉鎖) 🚗遠刈田温泉から車で30分 🅿あり

⬆展望台まで続く遊歩道の脇の赤茶色した大地にコマクサが咲く

⬆ピンクの花が美しい高山植物の女王・コマクサ。6月中旬〜7月が見頃

蔵王町伝統産業会館 みやぎ蔵王こけし館
ざおうまちでんとうさんぎょうかいかん みやぎざおうこけしかん

MAP 付録P.13 E-2

こけし絵付け体験が楽しめる

頭が胴より大きく赤い放射状の頭飾りが特徴の遠刈田こけしの名品から、東北各地の伝統こけしまで約5500点を展示。実演の見学やこけし絵付け体験も人気。おみやげ販売もあり。

☎0224-34-2385 🏠蔵王町遠刈田温泉新地西裏山36-135 🕐9:00〜17:00(入館は〜16:30) 🗓無休 💴350円(絵付け体験1本1000円、所要30〜40分、要予約) 🚗遠刈田温泉バス停から徒歩10分 🅿あり

⬆伝統こけしを次代に伝えるモダンな館

⬆こけしコレクターより寄贈された蒐集品を展示

【注目ポイント】

蔵王ロープウェイ

山形市蔵王温泉の蔵王山麓駅から山麓線・山頂線を乗り継いで蔵王山頂駅まで空中散歩が楽しめる。蔵王は冬季の樹氷が有名だが新緑、紅葉も雄大。遠くに朝日連峰も望める。

MAP 付録P.13 E-4

☎023-694-9518(蔵王山麓駅) 🕐8:30〜17:00(季節により変動あり) 🗓無休(天候、点検による運休あり) 💴蔵王山麓駅〜樹氷高原駅〜地蔵山頂駅往復3800円 🚗遠刈田温泉から車で1時間 🅿あり

⬆頂上から紅葉のグラデーションが広がる蔵王の秋

⬆スノーモンスターと呼ばれる樹氷。夜はライトアップも実施

蔵王発祥のジンギスカンといったグルメのほか、体験教室も楽しめる焼物の窯や名物団子など。

陶芸や絵付け体験ができる
元窯
げんよう

遠刈田温泉街にある陶芸工房で、オリジナルの陶器やアクセサリーなどを販売する。陶芸体験2750円〜のほか、絵付け体験2500円〜なども楽しめる。

遠刈田温泉 **MAP** 付録P.13 D-1

☎0224-26-9530 🏠蔵王町遠刈田温泉逆川9-3 🕐10:00〜17:00 🗓木曜 🚗遠刈田温泉から車で5分 🅿あり

➡小皿や茶碗、陶器アクセサリーなどを販売

➡陶芸・絵付け体験(いずれも約1時間)ができる

食事も日帰り入浴も宿泊も
お食事処・お泊り処・お湯処 ろばた
おしょくじどころ・おとまりどころ・おゆどころ ろばた

蔵王温泉の名物グルメ・ジンギスカンや、地元食材を使った料理を味わえる食事処。1日3室限定の宿としても営業。店舗入口そばには無料の足湯がある。

蔵王温泉 **MAP** 付録P.13 E-3

☎023-694-9565 🏠山形県山形市蔵王温泉川原42-5 🕐11:00〜15:00(LO14:30) 17:00〜21:00(LO20:30)(要公式SNS確認) 🗓木曜、第1・3水曜 🚗蔵王温泉バスターミナルから徒歩5分 🅿10台

⬆極厚のラム肉を楽しめるジンギスカン定食2310円

蔵王温泉みやげに稲花餅を
白樺商店
しらかばしょうてん

やわらかな餅を笹にのせた稲花餅は蔵王温泉の名物。餅に稲の花に見立てたもち米を添えている。笹1枚につき餅3個がのる。「稲花餅の里」5枚800円。

蔵王温泉 **MAP** 付録P.13 E-3

☎023-694-9528 🏠山形県山形市蔵王温泉710 🕐9:00〜17:30 🗓不定休 🚗蔵王温泉バスターミナルからすぐ 🅿あり

⬇蔵王の笹を使う。甘さ控えめのこし餡入り

蔵王テラス

蔵王ロープウェイの樹氷高原駅から徒歩数分、百万人ゲレンデ上部に設置された「百万人テラス」には2人がけのソファとビーチベッド、地蔵山頂駅の「山頂テラス」にはビーチベッドとパラソル席が設置されている。爽やかな空気のなかで絶景が楽しめるスポットとして注目されている。

⬆➡百万人テラスからは朝日・飯豊連峰、月山などを望める

⬇雲がなければ太平洋まで見渡せる山頂テラスは標高1661m

蔵王・遠刈田温泉

91

雄大な自然に包まれた湯

蔵王連峰の山形県側に位置し、冬にはスキー客も集う山岳リゾートである蔵王温泉。
宮城県側の遠刈田温泉は小規模な宿が点在する。どちらも蔵王の自然が特別な癒やしを与えてくれる。

自然豊かな高台にたたずむ
純和風の老舗旅館

深山荘 高見屋
みやまそうたかみや

蔵王温泉 **MAP** 付録P.13 E-3

　享保元年(1716)創業。蔵王温泉で最も歴史のある温泉旅館だ。伝統的な蔵を改装した離れの客室は人気の一部屋。自家源泉のかけ流しのお風呂は全部で9種類。「美肌の湯」として有名な温泉をたっぷり楽しめる。

☎023-694-9333
所山形県山形市蔵王温泉54 交蔵王温泉バスターミナルから徒歩5分(無料送迎あり)
Pあり in15:00 out10:00 室19室
予約1泊2食付2万670円〜

1. 古い湯治場の雰囲気を残す、長寿の湯
2. 「蔵王牛」のすきしゃぶ鍋は1日4組限定
3. 世界的デザイナー奥山清行氏が手がけたスイート棟

四季折々の景色のなかで
地の食材と温泉を堪能する

オーベルジュ 別邸 山風木
オーベルジュ べってい やまぶき

遠刈田温泉 **MAP** 本書P.2 C-4

　静かな森の中にたたずむ、「2食1泊」がコンセプトの料理自慢の宿。愛犬と泊まれる別棟もあり、チェックインから夕食までドリンクが楽しめる。

☎0224-34-2711
所蔵王町遠刈田温泉小妻坂21-70 交宮城交通バス・仙台蔵王町線で小妻坂下車、徒歩7分
Pあり in15:00 out11:00 室13室
予約1泊2食付2万7650円〜

1. 肌がすべすべになるかけ流しの温泉
2. 地場の旬食材で作る会席料理
3. 季節ごとに変わる料理や四季の景色を楽しむリピーターが多い宿

蔵王山麓の懐に抱かれて
大自然からのパワーをもらう

温泉山荘 だいこんの花

おんせんさんそう だいこんのはな

遠刈田温泉 **MAP** 付録P.13 E-2

1万坪もの自然林のなかにたたずむ宿。
雄大な自然のなかに18室の離れと源
泉かけ流しの4つの露天風呂が点在す
る。自家栽培と地元の野菜を主役にし
たこだわりの料理は野菜のおいしさを
存分に味わえると評判だ。

☎0570-04-1155
所蔵王町遠刈田温泉北山21-7
交遠刈田温泉湯の町バス停から徒歩15分／
JR白石駅から車で40分 Pあり
in15:00 out11:00 室18室
予約1泊2食付4万1000円〜

1.杉木立に囲まれた貸切露天風呂「通り雨」
2.テラスに立てば小鳥のさえずりが聞こえ
てくる　3.野菜の味を実感できる「嬉し、里
山料理」　4.森林アロマエステは「どんぐり
コテージ」で

個室食事処と
貸切風呂が楽しめる宿

かっぱの宿 旅館三治郎

かっぱのやど りょかんさんじろう

遠刈田温泉 **MAP** 付録P.13 F-2

雄大な蔵王連峰が230度の広さで望める
貴重な宿。全席個室の食事処「かまど」
では気兼ねすることなく食事と会話が楽
しめるのも魅力だ。4つのかけ流し貸切
風呂「桧の森」を含む全12種類の湯船
に浸かれば、心も体も癒やされる。

☎0224-34-2216
所蔵王町遠刈田温泉本町3　交遠刈田温泉バス
停から徒歩3分 Pあり in15:00
out10:00 室22室 予約1泊2食付1万6650円〜
※立ち寄り湯 営10:00〜20:00 料1000円 休第
2・4水曜

1.露天風呂「滝見の湯」から
の眺めも最高だ
2.東館のカジュアル和室は、
落ち着いた眺めの良い部屋
3.米や野菜など地場産にこだ
わった素材を使用する会席

遠刈田・蔵王温泉の湯宿

93

硫黄の香りと真っ白な湯に体も心も解きほぐされる

蔵王国際ホテル
ざおうこくさいホテル

蔵王温泉 **MAP** 付録P.13 E-4

乳白色の硫黄泉で100%かけ流し天然温泉「八右衛門の湯」が自慢。内湯、石造りの露天風呂、足湯、貸切風呂とそれぞれに温泉を満喫できる。山形の旬の味を楽しめる夕食には、オリジナルの冷酒もおすすめだ。

☎023-694-2111
所山形県山形市蔵王温泉933 交蔵王温泉バスターミナルから徒歩10分(無料送迎あり)
Pあり in14:00 out10:00 客51室
予約1泊2食付2万5900円〜
※立ち寄り湯 営12:00〜15:00 料1320円

1.間接照明で幻想的な雰囲気が漂う内湯
2.山形牛など山形の名物を使用する会席料理
3.広々とした南館の和室は眺望も抜群だ

畳敷きの風情ある空間で静かなひとときを楽しむ

旬菜湯宿 大忠
しゅんさいゆやどだいちゅう

遠刈田温泉 **MAP** 付録P.13 F-2

1.落ち着いた色調で統一された全10室の客室
2.色ガラスからの光が美しいしっとりした風呂
3.蔵王の旨みを詰め込んだ会席料理をどうぞ

静寂の空間にい草の香りが広がる純和風の小さな宿。加水・加温がまったくない100%源泉かけ流しの温泉は檜を使った大浴場など全5カ所。夕食は個性的な会席料理、夕食時のドリンクは無料といううれしいサービスも。

☎0224-34-2306
所蔵王町遠刈田温泉旭町1 交遠刈田温泉湯の町バス停からすぐ Pあり
in15:00 out11:00 客10室
予約1泊2食付2万1150円〜
※立ち寄り湯 営11:00〜最終受付13:00(貸切風呂11:00〜、12:10〜、13:20〜)
料800円(貸切風呂50分3000円、要約 ※当日でも利用可) 休無休

蔵王の自然と四季に囲まれて開放感に浸る贅沢を

蔵王四季のホテル
ざおうしきのホテル

蔵王温泉 **MAP** 付録P.13 D-4

蔵王連峰の麓に建ち、美しい自然と四季の移ろいを間近に感じられる高原のホテル。絶景を一望できる温泉棟や窓の外に山々のパノラマが広がる客室で、その魅力を存分に楽しみたい。食事は旬の山の幸をたっぷり提供。

☎023-693-1211
所山形県山形市蔵王温泉1272
交蔵王温泉バスターミナルから徒歩10分(無料送迎あり) Pあり
in14:00 out10:00 客41室
予約1泊2食付2万3250円〜

1.温泉棟「離れ湯 百八歩」の露天風呂
2.大好評の2023年改装「和風デラックスツイン」
3.料理は蔵王牛をはじめ地元食材にこだわる

春から秋は人気の露天風呂へ

森とせせらぎと湯に癒やされる
蔵王温泉大露天風呂
ざおうおんせんだいろてんぶろ

温泉街の高台にある日帰り入浴施設。渓流沿いに大きな露天風呂が作られており、せせらぎを聞きながらゆったりくつろげる。

蔵王温泉 **MAP** 付録P.13 F-3

☎023-694-9417(蔵王温泉観光株式会社) 所山形県山形市蔵王温泉荒敷853-3 営9:30〜17:00(土・日曜、祝日は〜18:00、最終受付は各30分前) 休降雪時、11月下旬〜4月中旬 料600円 交蔵王温泉バスターミナルから徒歩20分 Pあり

↑タオルを販売しているので、気軽に立ち寄れる

仙台●周辺の街とスポット

松島

❖

古くから都人が遠く憧れた光景は、
極楽浄土につながる霊場として
信仰の対象にもなった。
穏やかな海に浮かぶ緑の島々は
今も変わらぬ美しい姿を見せる。
それを愛した政宗ら代々の
仙台藩主ゆかりの地を訪ねたい。

美しい多島海は
日本有数の
歌になる光景

旅のきほん

エリアと観光のポイント
松島はこんなところです

島々の景観が美しい松島、魚介グルメが味わえる塩竈、自然のパワーみなぎる
リアス海岸の三陸エリア。伊達政宗も愛した名勝と屈指の海の幸を堪能したい。

空、海、緑の島々がつくり出す絶景
松島 ➡ P.98
まつしま

松島は塩竈市から松島町、東松島市の海に広がる島々の通称で、古来より天橋立、宮島と並び「日本三景」として知られてきた。東日本大震災では、松島湾に浮かぶ260余の大小さまざまな島が天然の防波堤となり、周辺地域に比べると津波の力を5分の1に和らげたという。

松島観光の中心地は五大堂や観瀾亭のある海岸沿いで、船着場からは島巡りの遊覧船が運航している。2018年に修復工事が完了した瑞巌寺や円通院など歩いて巡れる観光スポットもあり、おみやげ店に焼きガキやカキバーガーなどテイクアウトできる店が増えている。

観光のポイント 遊覧船と松島湾一望の四大観 P.98
伊達政宗ゆかりの古刹 P.100
松島名物のカキ料理 P.106

松島

寿司の街として活気づく日本屈指の港町
塩竈 ➡ P.108
しおがま

陸奥国一之宮・鹽竈神社の門前町で、日本屈指のマグロ水揚げ高を誇る寿司の街。

観光のポイント 鹽竈神社 P.108
港町の新鮮寿司 P.109

複雑な地形にさまざまな楽しみが待つ
三陸海岸 ➡ P.110
さんりくかいがん

島巡りや豊かな自然を生かしたレジャースポットや復興商店街の名物グルメも注目。

観光のポイント 復興商店街 P.112
三陸グルメ P.113

石巻
いしのまき

北上川下流の港町。沖合は世界三大漁場を擁する海の幸の宝庫。

南三陸
みなみさんりく

リアス海岸の美しい景観に、復興商店街など観光スポットが点在。

気仙沼
けせんぬま

フカヒレの産地として名高い港町。漁労や魚食文化体験メニューが豊富。

96

岩手県

平泉前沢

平泉町
平泉駅

一関
一ノ関駅

栗原市

若柳金成

宮城県

築館

くりこま高原駅

古川駅

美里町
小牛田駅

大崎市

大郷町

鳴瀬奥松島

矢本

東松島市

松島町
松島駅

松島
五大堂

松島海岸
松島海岸駅

塩竈
塩竈神社
本塩釜駅

多賀城市

仙台港北

仙台湾

一関市

今泉街道

気仙沼街道
大船渡線

登米市

三滝堂

南三陸

登米東和

登米

桃生津山

桃生豊里

前谷地駅

河北

石巻港
石巻河南

石巻女川
石ノ森
萬画館

太平洋

陸前高田

陸前高田市

陸前高田長部

唐桑
小原木
唐桑半島

気仙沼市

気仙沼駅

気仙沼 ★
気仙沼中央
気仙沼港

岩井崎

本吉津谷 ★ 大谷海岸

小泉海岸 小泉湾

歌津北

南三陸町
志津川
三陸自動車道

南三陸
さんさん商店街

石巻市

石巻 ★
石巻駅

女川町
女川駅

田代島 ★

通岡

通岡

三陸海岸

歌津

御前湾

女川湾

鮫浦湾

牡鹿半島

金華山 ★

網地島

三陸海岸

通岡

97

交通information

松島の移動手段

松島湾を巡る遊覧船は3社が運航。松島陸上の観光スポットは、ほぼ徒歩でまわれる範囲にある。三陸海岸沿いは鉄道が廃止され、高速路線バス(BRT)が走っている。道路の付け替えもまだ続いているので、車で行く際は最新状況を確認しておきたい。

仙台からのアクセス

鉄道・バス

JR仙台駅

仙石線で約30分 → 東北本線で約17分 → 東北新幹線で約35分

JR本塩釜駅 / JR塩釜駅
仙石線で約12分 / 東北本線で約10分

JR松島海岸駅 / JR松島駅
仙石線で約44分 / 東北本線で約1時間10分

JR石巻駅 → JR一ノ関駅
大船渡線で1時間30分

JR気仙沼駅

車

仙台市街 / 仙台東IC / 仙台宮城IC
国道45号経由15km / 仙台東部道路・三陸自動車道経由18km / 東北自動車道経由90km

塩釜
国道45号経由12km

松島 / 松島海岸IC / 一関IC
三陸自動車道経由27km / 国道284号経由48km

石巻河南IC
三陸自動車道経由34km

登米東和IC
三陸自動車道経由40km

気仙沼中央IC

問い合わせ先

観光案内
松島観光協会　☎022-354-2618
東松島市観光物産公社　☎0225-86-1511
塩竈市観光物産協会　☎022-362-2525
石巻観光協会　☎0225-93-6448
南三陸町観光協会　☎0226-47-2550
気仙沼観光サービスセンター
　☎0226-22-4560

交通
JR東日本(お問い合わせセンター)
　☎050-2016-1600

松島はこんなところです

松島・眺望ポイントと遊覧船

見晴らす。近づく。美島名景

2013年、松島湾は「世界で最も美しい湾クラブ」への加盟を果たし、「日本三景」から「世界の松島湾」となった。260にもおよぶ島々や奇岩が箱庭のように浮かぶ絶景を四大観で眺望し、遊覧船でクルージングすれば美しい島々を間近に見ることができる。

四大観のなかで360度景色を見渡せるのは大高森だけ

見渡す限りの
360度の大パノラマ

大高森 から見晴らす
（おおたかもり）

MAP 付録P.3 F-2

松島四大観随一の眺望の良さで「壮観」と呼ばれる。山頂からは松島湾に浮かぶ島々や広大な太平洋などが一望でき、特に日の出、夕景が美しい。

所 東松島市宮戸大高森 間休料 散策自由 交 JR野蒜駅から登口まで車で15分、山頂まで徒歩20分 P あり

西行戻しの松公園 から見晴らす
（さいぎょうもどしのまつこうえん）

MAP 付録P.15 D-2

西行法師が松の木の下で出会った童子との禅問答で敗れ、松島行きを諦めたと伝わる丘。桜の名所で春には約260本の桜越しに松島湾が一望できる。

所 松島町松島犬田 間休料 散策自由 交 JR松島海岸駅から車で5分 P あり

西行法師ゆかりの
桜の名所

多聞山 から見晴らす
（たもんざん）

MAP 付録P.14 C-4

四大観の「偉観」と呼ばれ、打ち寄せる波もダイナミックな代ヶ崎の断崖から馬放島や地蔵島を眼下に、白波を引いた船が行き交う風景も雄大。

所 七ケ浜町代ヶ崎浜八ヶ森 間休料 散策自由 交 JR多賀城駅から車で20分 P あり

白衣観音がある展望台からの眺め。桜の見頃は4月中旬～5月上旬

湾内の島々を間近に望む
断崖の眺望スポット

波音も聞こえる毘沙門堂に立てば太平洋が一望のもと

松島遊覧船

船もコースも企画も多彩な遊覧船で松島湾巡りを楽しもう。

松島島巡り観光船
まつしましまめぐりかんこうせん

グリーン席もある大型遊覧船を運航。仁王島、鐘島、千貫島などの島々を巡る仁王丸コースが人気。

☎ 022-354-2233
【仁王丸コース】出航時間 9:00～16:00(11～3月は～15:00)の毎正時、繁忙期は増便あり
所要時間 50分 料金 1500円

丸文松島汽船
まるぶんまつしまきせん

松島⇔塩釜を巡る芭蕉コースなどのほか、予約者のみでゆったり楽しめる松島湾内一周の政宗コースもおすすめ。

☎ 022-365-3611
【芭蕉コース】出航時間 9:00(松島発10:00)～15:00の毎正時
所要時間 50分
料金 1500円

奥松島遊覧船（嵯峨渓遊覧）
おくまつしまゆうらんせん（さがけいゆうらん）

日本三大渓のひとつで男性的で荒々しい「嵯峨渓」。奥松島の秘境を巡る感動の連続。

☎ 0225-88-3997
【嵯峨渓コース】出航時間 8:45～16:00(10～3月は～15:00)
所要時間 60分 料金 2000円
※荒天時はコース変更、欠航あり。平日は前日までの予約制

4つの洞門に押し寄せる
波音が鐘の響きに

鐘島 に近づく
かねしま

MAP 付録P.14 C-3

4つの洞門に打ち寄せる波が鐘の音の
ように聞こえたことが名の由来。

潮位や角度に
より形もさま
ざまに見える

松島で最も有名な
ユニークな形の島

仁王島 に近づく
におうじま

MAP 付録P.14 C-3

仁王様が葉巻をくわえて座っている
ように見える松島遊覧の名物島。

自然の力がつくり出
した湾内一の傑作

福浦島 に近づく
ふくうらしま

MAP 付録P.15 F-2

松島海岸から延びる全長252mの朱塗
りの橋で結ばれている島。遊歩道が設
けられた自然植物公園になっている。
橋のライトアップも見どころ。

所 松島町松島仙随
39-1 営 8:30～17:00
(11～2月は～16:30)
休 無休 料 200円、
小・中学生100円 交
JR松島海岸駅から徒
歩15分 Pなし

朱塗りの橋を渡っていく
自然豊かな島

別名「出会い橋」とも呼
ばれる朱塗りの橋

松島・四大観とは?
だいかん

松島の260余りの島々を一
望できるスポット。それぞ
れの眺めを表現した名で
呼ばれる。壮観・大高森、
偉観・多聞山、幽観・扇谷、
麗観・富山の4カ所。

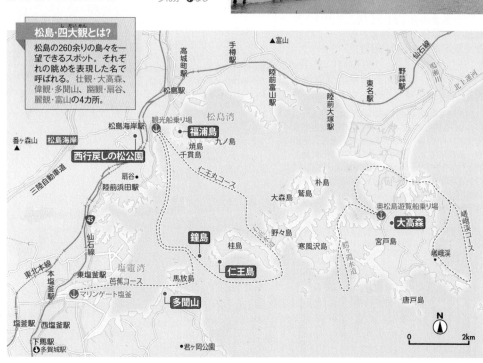

景勝地に華やぐ伊達政宗の古刹

陸の松島を巡る

平成の大修理を終えた
瑞巌寺本堂の豪華絢爛な桃山美術は必見。
松島湾の景色を楽しみながら
歴史散歩ができるのも魅力。

西洋バラや水仙が描かれた厨子がある光宗の霊廟三慧殿

「伊達もの」と呼ばれた政宗の美意識と進取の精神が息づく寺社エリア

　JR松島海岸駅から続く海岸沿いには、伊達政宗が自らの菩提寺として再興した国宝の瑞巌寺や五大堂に、「バラ寺」の通称名がある円通院、伊達家の迎賓館だった観瀾亭など伊達家ゆかりの建造物などが点在する。風光明媚な海岸通り沿いには湾内遊覧船の発着所や宿泊所におみやげ店、海鮮グルメをテイクアウトできる店も並び、絶景を眺めながら食べ歩きも楽しめる。

1 庭園が美しい伊達光宗の霊廟

円通院
えんつういん

MAP 付録P.15 D-1

19歳で早世した伊達政宗の孫・光宗の菩提寺。三慧殿の厨子には支倉常長が西洋から持ち帰ったバラが描かれ、バラ寺とも呼ばれる。4つの異なる庭も見どころ。

松島湾の海と七福神の島々をイメージした枯山水の石庭

☎022-354-3206 所松島町松島町内67 時9:00～16:00（12～3月は～15:30）、数珠作り体験9:00～15:30（12～3月は～15:00) 休無休 料300円、数珠作り体験1000円～ 交JR松島海岸駅から徒歩5分 Pなし

さんぽの目安 ◆ 約20分
さんぽコース

JR松島海岸駅 → 徒歩5分 → 1 円通院 → 徒歩すぐ → 2 瑞巌寺 → 徒歩5分 → 3 五大堂 → 徒歩3分 → 4 観瀾亭・松島博物館 → 徒歩5分 → JR松島海岸駅

2 桃山文化を今に伝える 政宗の菩提寺
瑞巌寺
ずいがんじ
MAP 付録P.15 D-1

天長5年(828)、慈覚大師が開創したと伝わる古刹。政宗が慶長9年(1604)から5年の歳月をかけて再興し、自らの菩提寺とした。桃山文化の粋を集めた彫刻や障壁画など華麗な装飾が施されている。

☎022-354-2023 所松島町松島町内91
開8:30〜17:00(入場は〜16:30、季節により変動あり) 料700円
交JR松島海岸駅から徒歩10分 Pなし

↑2018年、10年におよんだ「平成の大修理」が完了し、創建当初の姿が現在に甦った

↑絢爛豪華な「室中(孔雀の間)」は法要が営まれる部屋

伊達政宗甲冑倚像
だてまさむねかっちゅういぞう

政宗の17回忌に正室・陽徳院が制作させた等身大の木像。遺言により右目が開いている。

©井上久美子

---

3 政宗が再建した松島の象徴
五大堂
ごだいどう
MAP 付録P.15 E-2

慈覚大師が五大明王を祀ったと伝わる御堂。現在の建物は伊達政宗が慶長9年(1604)に再建したもので、東北地方現存最古の桃山建築。

☎022-354-2023(瑞巌寺)
所松島町松島町内111 開8:00〜17:00
休無休 料無料 交JR松島海岸駅から徒歩10分 Pなし

↑御堂の蟇股(かえるまた)には十二支の彫刻が施され、桃山建築の技術の高さを伝える

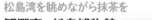
↑松島湾のシンボル、五大堂

↑透かし橋

陸の松島を巡る

立ち寄りスポット

松島 雪竹屋
まつしまゆきたけや

ていねいに作られた伝統工芸品や、松島や東北がモチーフのおしゃれなオリジナル和雑貨など、長く使いたくなる逸品が揃う。店内で炭火焼きした香ばしいせんべいも人気。

MAP 付録P.15 E-2
☎022-354-2612
所松島町松島町内109 開10:00〜17:30(季節により異なる) 休12〜3月火曜、4〜11月無休 交JR松島海岸駅から徒歩8分 Pなし

↑秘伝の醤油を染み込ませた割り餅しょうゆ650円

↑オリジナルの手ぬぐい1320円〜

---

4 松島湾を眺めながら抹茶を
観瀾亭・松島博物館
かんらんてい・まつしまはくぶつかん
MAP 付録P.15 E-2

↑床の間の張付絵や襖絵が壮麗な桃山式極彩色で描かれている御座の間

伊達政宗が豊臣秀吉から拝領した伏見桃山城の一棟を移築した建物。亭内では松島湾を望みながら抹茶がいただける(菓子付き600円〜)。

☎022-353-3355
所松島町松島町内56
開8:30〜17:00(11〜3月は〜16:30)
休無休 料200円
交JR松島海岸駅から徒歩5分
Pなし

↑伊達家の納涼・月見御殿として利用された

おくのほそ道をたどって

松尾芭蕉の俳句には誰でも一句は知っているだろうと思うほど有名なものが多い。
『おくのほそ道』は俳句が作られた舞台がちりばめられ、300年余前に芭蕉が歩いた道に誘ってくれる。

人生という旅のガイドブック

松尾芭蕉が『おくのほそ道』の旅に赴いたのは46歳のとき。元禄2年(1689)の3月27日(新暦5月16日)に弟子の曾良を連れて江戸を発ち、日光、松島、平泉、象潟、金沢などを経て、同年8月21日(新暦10月4日)大垣に到着するまで、全行程約600里(2400km)、約150日間の長旅だった。旅の目的は、敬慕する西行や能因法師の足跡をたどって歌枕や名所旧跡を訪ね、さらに源義経を追懐し、旅した土地の俳人との交流もあったとされる。

「松島の月先心にかゝりて」と、芭蕉がこの旅でいちばん期待したのが松島であった。人生50年といわれた時代、漂泊の旅に死す覚悟もしていた芭蕉の見たみちのくの風景は、大自然を前にして人間の無力を嘆じることもあれば、人との交わりに感激し、古人の思いに落涙しつつ多くの名句を生み出した。『おくのほそ道』の俳句は全50句。ゆかりの地に立つ句碑も多く、芭蕉の旅を偲ぶことができる。

平泉・中尊寺(P.118)にある芭蕉の像

中尊寺 ★ 高館義経堂
★ 5月12・13日 一関・平泉
5月15・16日
封人の家
6月1・2日
新庄
尿前の関跡 ★
5月14日 岩出山   5月11日 登米
5月17〜26日 尾花沢
5月28〜30日 大石田
宝珠山立石寺   5月8日 塩竈
(山寺)   5月10日 石巻
5月4〜7日   5月9日 松島
5月27日   仙台
山寺
陸奥国分寺 ★
薬師堂

5月3日 白石   3月27日に江戸・深川を出発
※日付は旧暦。『おくのほそ道』による

あやめ草 足に結ん 草鞋の緒

「五月の節句あやめ葺く日」に仙台に入った芭蕉。仙台滞在中に画工の加右衛門と知り合いになり、宮城野の歌枕に詠まれる薬師堂を案内してもらう。別れ際、紺の染緒の草鞋を餞別に贈られ、加右衛門の風流な趣向に感激し句を詠んだという。

陸奥国分寺薬師堂
むつこくぶんじやくしどう

仙台駅東口 MAP 付録P.5 E-4
奈良時代に聖武天皇の詔で建立された国分寺で最北に位置し、伊達政宗が慶長12年(1607)に再建した木造建築物で、国指定重要文化財。南西の准胝観音堂脇に「あやめ草 足に結ん 草鞋の緒」の句碑が立つ。

伊達政宗によって講堂跡に再建された薬師堂

所 仙台市若林区木ノ下3-8-1
開休料 境内自由 交 地下鉄・薬師堂駅から徒歩3分 P あり

なつくさ つわもの ゆめ あと

5月13日(新暦6月29日)、平泉に到着した芭蕉がまず向かったのが高館。500年前、源義経が戦った居城跡もいまや夏草が生い茂るばかりで、「国破れて山河在り、城春にして草青みたり」と杜甫の詩を借用するとともに、奥州藤原3代の栄華の儚さと、自害して果てた義経と家臣の最期を偲んで詠んだ。

高館義経堂 ●P.123
たかだちぎけいどう

平泉 MAP 付録P.18 B-2
高館の丘に天和3年(1683)、伊達綱村が建立した義経堂には義経像が祀られ、北上川を眼下に句碑が立つ。
↓ 高館からは眼下に北上川と敬愛する西行が詠った束稲山を望む

松島での芭蕉 ◀ 絶景を前にして口をつぐむ

芭蕉は憧れの松島で句を詠んでいない。「松島や ああ松島や 松島や」の句が芭蕉作といわれることがあるが、実は江戸時代後期の狂歌師・田原坊の作「松島やさてまつし満や 杢嵩や」が誤って伝わったもので、松島で句を詠んだのは同行の曾良のみであった。

芭蕉が塩竈から船で松島へ上陸したのは5月9日(新暦6月25日)のこと。霊地として知られた雄島や瑞巌寺に参り、五大堂を見て松島湾に面する旅籠で2日間、飽きもせず入り江を眺め続けたという。洞庭湖や西湖にも恥じない日本一の絶景を目の前にし、もはや黙して語らずの境地だったのかもしれない。

↑芭蕉が絶賛した、300年経ても変わらぬ松島湾の風景

↑室町時代から500年金色堂を覆っていた旧覆堂。句碑と芭蕉像が立つ

五月雨の 降のこしてや 光堂
さみだれ ふり ひかりどう

中尊寺に参拝したのは、5月13日(新暦6月29日)。曾良の日記によれば当日は晴天で、初案は「五月雨や 年々降りて 五百たび」の句だったという。光堂は金色堂のこと。かつての伽藍の大部分は荒廃してしまったのに、何百年の五月雨も光堂にだけは雨を降らせず残してくれたのであろうか、と詠嘆している。

中尊寺 ●P.118
ちゅうそんじ
平泉 MAP 付録P.18 A-1
藤原清衡が造営した金色堂で名高い古刹。芭蕉が訪れたときもほぼ現在の遺構に近かったといわれる。

蚤虱 馬の尿する 枕もと
のみしらみ うま ばり まくら

5月15日(新暦7月1日)、芭蕉と曾良は尿前の関を越え、出羽の国へと旅路を急いでいたが、悪天候で封人(国境の番人)の家に3日滞在することになった。蚤や虱に悩まされる旅寝ではあるが、人馬がひとつ家で寝食をともにする住環境をおもしろがってもいる。

尿前の関跡
しとまえのせきあと
鳴子温泉郷 MAP 付録P.19 E-4
陸奥と出羽を結ぶ峠越えの要衝で出羽街道に設けられた関所跡。芭蕉が平泉から出羽の尾花沢へと向かう途中、関所の役人に怪しまれ厳しい取り調べを受けた。

↑芭蕉像と句碑が立つ関所跡から封人の家までは約9km

所大崎市鳴子温泉尿前 時休料見学自由(冬期閉鎖あり) 交JR鳴子温泉駅から徒歩30分 Pあり

閑かさや 岩にしみ入る 蝉の声
しず いわ い せみ こえ

5月27日(新暦7月13日)、人のすすめで予定を変更して山寺へ赴いた。羽州街道を七里南下して15時頃に到着し、その日のうちに山内を拝観。そこは「佳景寂寞」とした別天地で、心が澄み切っていくままに名句が生み出された。

宝珠山立石寺(山寺) ●P.85
ほうじゅさんりっしゃくじ(やまでら)
山寺 MAP 本書P.2 B-3
山寺の通称で知られる比叡山延暦寺の別院。宝珠山の奇岩の上に諸堂が立ち並ぶ一大霊場。

↑芭蕉の句の短冊を埋めた蝉塚

松島湾を見晴らす宿
絶景に憩う至福のひととき

大きく開いた客室の窓や天然温泉の展望風呂から、心落ち着けて大パノラマをじっくりと見つめる。
名景・松島に宿泊してこそ味わえる、とびきり贅沢な時間を楽しみたい。

朝・昼・夜といろいろな顔の松島を楽しめる

小松館 好風亭
こまつかん こうふうてい

MAP 付録P.15 F-2

松島を見晴らせる絶好の場所に建つ。どの客室も眺望は抜群だ。食事は和のフルコース、炭火焼き、部屋食の3つから選択。松島の新鮮素材をたっぷりいただける。月見台、展望足湯からの絶景も見逃せない。

☎022-354-5065
所松島町松島仙随35-2 交JR松島海岸駅から徒歩15分 Pあり in15:00 out10:00
客41室 予約1泊2食付2万6400円〜
※立ち寄り湯(昼席・入浴付日帰りプラン)
営土・日曜11:00〜14:30 料1名8800円〜(2名以上、要予約) 休不定休(要問い合わせ)

1.松島に最も近い露天風呂付の客室「石斛」 2.キングとダブルのベッドが置かれたデラックスルーム「二人静」 3.「炭火焼き」ぷらんでは新鮮な食材の炭火焼きが楽しめる 4.宿のすぐ前には、松島の絶景が広がる 5.東北一円の山海の幸を使った和のフルコース 6.貸切露天風呂「朝日見の湯」(有料・予約制)

1.松島のおみやげやバリ島の小物なども販売
2.美しい月明りを独り占めできる屋上展望風呂(男女入替制)
3.夕食は海の見える「レストラン七海」で海風土風・和会席コース料理を
4.露天風呂付きの和室やバリ風の客室などさまざまな客室がある

エキゾチックな雰囲気と100%の天然温泉を堪能できる

松島温泉元湯
ホテル海風土
まつしまおんせんもとゆ ホテルうぶど

MAP 付録P.15 F-1

バリのリゾート地ウブドに由来するというホテル名のとおり、和とアジアンリゾートが融合した内装。2008年に発掘された天然温泉を楽しめる屋上展望風呂がおすすめだ。松島を眺めながら温泉を満喫できる。

☎022-355-0022
所松島町松島東浜5-3 交JR松島海岸駅から徒歩16分(松島海岸駅または松島駅から無料送迎あり) Pあり in15:00 out11:00
客26室 予約1泊2食付2万2150円〜
※立ち寄り湯 営12:30〜14:30 料1300円 休月・木曜

松島の海を借景にした絶景の温泉リゾート

松島一の坊

まつしまいちのぼう

MAP 付録P.15 F-1

松島の景色、広大な庭園散策、温泉、アート、美食とさまざまな魅力にあふれる宿。美肌効果があるといわれる湯に浸かって絶景を楽しみ、宮城の山海の幸を堪能。隣接する藤田喬平ガラス美術館も見応え十分だ。

☎0570-05-0240
所松島町高城浜1-4 交JR松島駅から徒歩10分（松島駅または松島海岸駅から無料送迎あり、要予約）Pあり in15:00 out11:00 室81室 予算1泊2食付2万7500円～

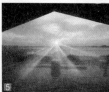

1.7000坪の水上庭園。潮風を感じながらのんびり散策したい　2.眺望露天「五大観」。露天の湯と大きな窓が付いた内湯の両方を楽しめる　3.庭園越しに松島を望む「松島リゾートツイン」　4.「レストラン青海波」で味わうできたて料理の品々　5.最上階にある露天風呂「八百八島」からの朝日は絶景

1.

贅沢な時間の使い方ができる静かな大人の隠れ家

松島佐勘 松庵

まつしまさかん しょうあん

MAP 付録P.14 C-3

松島の海に突き出した岬にたたずむ宿。檜やバラの香りが漂う湯処で静かにくつろぎの時間を過ごすことができる。岬に広がる散策路を歩いたり、「松島文庫」の本を読みふけったりするのもおすすめの過ごし方だ。

☎022-354-3111
所松島町手樽梅木1
交JR松島駅から車で15分 Pあり
in15:00 out12:00 室11室
予算1泊2食付4万1800円～

1.松島を一望できるテラスが付いたスタンダードルーム　2.ステンドグラスからの光が美しい女湯　3.水揚げされたばかりの新鮮な魚介類を中心に、野菜をふんだんに使った懐石料理　4.ラウンジ「くら」。お酒を飲んだり読書をしたりと自由気ままに過ごせる

新鮮なカキや穴子を
食べられる人気店

味処 さんとり茶屋

あじどころ さんとりちゃや

MAP 付録P.15 E-2

松島湾を一望できる和食店。三陸産の新鮮な魚介をはじめ松島産穴子やカキなどを食べられる。カキの殻焼き・ポン酢・フライの豪華カキ三昧セット2700円も人気。松島産カキは10〜3月のみ。松島産魚介が入荷しない場合は他産地の場合もある。

☎022-353-2622
㉠松島町松島仙随24-4-1
🕐11:30〜15:00
17:00〜21:00（LO20:00）
🈺火曜夜、水曜
🚃JR松島海岸駅から徒歩10分　Pあり

店は観光船発着所の東側にある

松島あなご丼 2100円〜
松島産穴子を自家製タレで仕上げた。数量限定なのでお早めに

↑店舗は2階建て。写真は2階の座敷席で、窓から松島湾を眺められる

観光の合間に名物のカキや穴子に舌鼓

豊かな海が生み出す美味

松島湾の入り組んだ地形は、上質なカキや穴子が獲れる海の幸の宝庫でもある。

ひつまぶしがおいしい
カキ料理専門店

かき松島こうは
松島海岸駅前店

かきまつしまこうは まつしまかいがんえきまえてん

MAP 付録P.15 D-2

さまざまなカキ料理を食べられる専門店。生ガキ1個400円のほか、コース料理5500円などが人気。カキのひつまぶしなどのオリジナル料理もあり、カキ好きにおすすめの店のひとつ。使っているカキは食味優先で県産が中心。

☎022-353-3588
㉠松島町松島浪打浜10-14
🕐12:00〜15:00　🈺不定休
🚃JR松島海岸駅から徒歩すぐ　Pなし

↑1階はカウンター席。2階は予約のみ利用可のテーブル席

↑店舗は松島海岸駅近くの道路沿いにある

オイスタープレミアム
ランチ＆ディナーBセット
3190円
焼きガキ、カキフライ、カキのひつまぶしなどがセットに。要予約

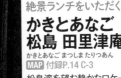

カキと穴子の専門店で
絶景ランチをいただく

かきとあなご
松島 田里津庵
かきとあなご まつしま たりつあん
MAP 付録P.14 C-3

松島湾を望む静かなロケーション。三陸
産天然活穴子を料理長秘伝のタレでじっ
くり香ばしく焼き上げた「あなごひつまぶ
し」や、宮城県産2年もの大ぶりカキを使
用した期間限定の「究極のかきフライ」は
絶品。どれを食べても絶景がついてくる。

☎0570-041-075
⌂利府町赤沼井戸尻132-2
⏰11:00～15:00(LO14:00)　休不定休
⊗JR陸前浜田駅から徒歩10分　Pあり

↑全席が松島湾を望むオー
シャンビューの特等席

↑陸前浜田駅で降り、風情あ
る松林の間の道の先にある

予約	可
予算	L4800円～

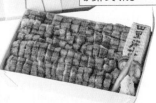

ふっくら煮あなご重
2300円
(テイクアウト)
秘伝のタレをたっぷり絡
めて、オーダーを受けて
から作ってくれる

かきあなご膳
5800円～
究極のかきフライ
とあなごひつまぶ
しをWで味わえる

豊かな海が生み出す美味

冬の風物詩「松島かき」のお楽しみいろいろ

カキの名産地ならでは、食べ放題のカキ小屋。イベントや新メニューも。

松島湾を含む三陸海岸一帯は、複雑な地
形や海流による豊富なプランクトンのおか
げで、日本有数のカキの養殖地となって
いる。松島町内の各飲食店やカキ小屋で
楽しめるほか、カキ丼やカキバーガーの
ようなさまざまなメニューもある。2月第1
日曜に行われる松島かき祭りには大勢の
人が集まる。

↑カキ丼は天ぷらや卵とじなど、店
ごとに味付けや調理法が異なる

↓松島かき祭りではさまざまなカキ料
理や新鮮な生ガキの販売が行われる
※会場など詳細は松島かき祭り実行委
員会☎022-354-2618に要問い合わせ

↑開催期間など要問い合わせ

松島観光協会 かき小屋
まつしまかんこうきょうかい かきごや
MAP 付録P.15 F-1

殻付きカキを鉄板で豪快に蒸
し上げる、冬季限定の殻付
きカキ焼き食べ放題専門店。
40分3300円で予約は専用
サイトからのみ受付(当日店
頭受付もあり)。

☎022-353-3208(問合
せ専用)　⌂松島町松島
東浜12-1　⏰10:45～
当日受付終了まで※当
日受付時間10:00～13:
00頃(水揚げ、仕入れの
状況により受付終了時
間が早まる場合あり)
休10月下旬～3月上旬営
業予定　⊗JR松島海岸駅
から徒歩15分　Pあり

写真提供:(一社)松島観光協会

107

↑建具や家具も贅を尽くした意匠が残る

旧亀井邸
きゅうかめいてい

MAP 付録P.15 E-4

塩釜港の繁栄を物語る邸宅

塩釜港の繁栄に伴い石油の販売代理店として財を成した現・カメイ株式会社の初代社長が大正13年（1924）に建てた伝統的な日本建築に西洋建築を取り入れた「和洋併置式住宅」を無料公開している。

☎022-364-0686
所塩竈市宮町5-5 時10:00～15:30
休火～木曜（イベント時など臨時休あり）
料無料 交JR本塩釜駅から徒歩7分
Pなし

陸奥国一之宮が守る歴史ある港町

塩竈
しおがま

古くから港としてその名を広く知られていた仙台と松島の中間地点にある港町。大漁港・塩釜港に揚がる魚介も楽しめる。

古社にお参りをしたら
名物の寿司に舌鼓

古くは陸奥の国府多賀城への荷揚げ港として開けた塩竈は、いまや日本有数の生マグロ水揚げ高を誇る大漁港の塩釜港を擁し、寿司店の数の多さでも有名。由緒ある鹽竈神社の門前町として栄えた街で出会うアートな最新スポットも趣深い。また、松島観光への海の玄関口でもある。

交通information

車 松島市街から国道45号経由で9km
鉄道 JR松島海岸駅から仙石線で本塩釜駅まで12分、またはJR松島駅から東北本線で塩釜駅まで10分

塩竈から松島訪問

塩竈からも松島への遊覧船が運航している。発着所では、寿司や季節料理などを味わえる飲食店や地場産品のみやげ店が並ぶ。
マリンゲート塩釜 MAP 付録P.15 F-3
☎022-361-1500 所塩竈市港町1-4-1
時9:00～18:00 休無休

↑乗船場はマリンゲート塩釜にある

鹽竈神社
しおがまじんじゃ

MAP 付録P.15 D-3

陸奥国一之宮を彩る桜の名所

陸奥国一之宮として1200年余の歴史を誇る鹽竈神社は、古くから大漁祈願、海上安全、安産守護の信仰を集めてきた。境内からは松島湾を一望でき、春には天然記念物「鹽竈桜」が咲き揃う。

☎022-367-1611 所塩竈市一森山1-1 時5:00～18:00（11～2月は～17:00）、博物館8:30～17:00（10・11・2・3月は～16:30、12・1月は～16:00）
休無休 料参拝無料、博物館200円 交JR本塩釜駅から徒歩15分／JR塩釜駅から徒歩25分 Pあり

←本殿や拝殿などは国の重要文化財

⤴202段の表参道と楼門

塩竈市杉村惇美術館
しおがましすぎむらじゅんびじゅつかん

MAP 付録P.15 E-4

静物画の奥深い魅力を味わう

洋画家・杉村惇による静物画ほか、多数のモチーフを展示。建築も見どころのひとつで、アーチ型天井が美しい大講堂では多彩なイベントも行われる。1階にコーヒーの店「塩竈本町談話室」がある。

↑塩竈市公民館分室をモダンにリノベーション
☎022-362-2555 所塩竈市本町8-1 時10:00～17:00（入館は～16:30）、塩竈本町談話室11:00～17:00（LO16:30）休月曜（祝日の場合は翌日）、塩竈本町談話室は月・火曜 料常設展200円（企画展は別料金）交JR本塩釜駅から徒歩10分／JR塩釜駅から徒歩20分 Pあり

寿司激戦区・塩竈の人気店
港町の新鮮寿司をいただく

塩釜漁港は寒流と暖流がぶつかる豊かな漁場に面し、生マグロをはじめ国内有数の水揚げ量を誇る。米どころでもあり、おいしい寿司になるのは必然。各地からファンが集まる人気店を紹介。

塩竈すし哲
しおがますしてつ

予約	可
予算	Ⓛ2000円〜 Ⓓ3000円〜

MAP 付録P.15 E-4

塩竈寿司発展の礎を築いた名店

絶品マグロが食べられる塩竈の店として、30年以上前から食通に愛されてきた。今では全国に知られる有名店。うまいマグロを見分ける親方の目利きの技が光る。近海の白身魚や貝類などマグロ以外のネタも申し分なし。

☎022-362-3261
所塩竈市海岸通2-22 営11:00〜15:00 16:30〜21:00 土・日曜、祝日11:00〜21:00 休木曜（祝日の場合は営業）交JR本塩釜駅から徒歩3分 Pあり

↳客席は1階のほか、2、3階もある

すし哲物語（奥）4580円
つまみ盛り合わせ（手前）1500円〜
「すし哲物語」は近海で獲れた魚介など11貫が並ぶ。マグロは天然もののみを使う

亀喜寿司
かめきすし

予約	可
予算	ⓁⒹ1650円〜

MAP 付録P.15 F-4

旬を彩る新鮮な魚介を丹精込めて

初夏のカツオ、夏のウニ、冬の白子など季節の魚介を使い、彩り豊かに旬を握る。一貫一貫からていねいな仕事ぶりが伝わる人気店だ。すり身入り玉子焼440円などオリジナルの一品料理や酒の肴も豊富に揃う。

☎022-362-2055
所塩竈市新富町6-12 営11:00〜15:00（LO14:40）17:00〜21:00（LO20:40）休火曜 交JR本塩釜駅から徒歩10分

↳カウンター席のほか、小上がり席や広間・椅子席もある

季節盛り合わせ寿司4400円
旬の魚介を中心にした9貫。親方おまかせコース6490円〜もおすすめ。塩竈の地酒も飲める

大黒寿司
だいこくずし

予約	望ましい
予算	Ⓛ3240円〜 Ⓓ5400円〜

MAP 付録P.15 E-3

ネタの良さとていねいな仕込みが光る

松島の穴子をはじめ、近海ネタを中心に使用。素材の良さを引き出す質のよい仕込みが評判で、地元の人に愛されている。握りのほか、巻物や一品料理も豊富。やわらかな穴子を贅沢に使った名物穴子ロール3080円が人気。

☎022-367-6396
所塩竈市北浜3-9-33 営11:30〜14:30 休木曜（祝日の場合は営業）交JR本塩釜駅から徒歩15分 Pあり

↳木のぬくもりを感じる落ち着いた雰囲気。2階は座敷席

特上寿司 4400円
旬のにぎり7貫と巻物が並ぶ。赤酢を使ったまろやかなシャリにも注目。マグロは天然本マグロ

> 海産物を買って、食べて、楽しむ

塩釜水産物仲卸市場
しおがますいさんぶつなかおろしいちば

MAP 付録P.14 B-3

活気に満ちた広大な市場内には約100店が並び、21ものマグロ専門店が軒を連ねる。新鮮なマグロをはじめ三陸の海の幸に珍味や加工品などの食材を卸価格で販売している。

↳活気あふれる場内。100を超える小売の店舗が並ぶ

↳場内で購入した具材をのせてマイ海鮮丼を作る。ごはんセットは400円

☎022-362-5518 所塩竈市新浜町1-20-74 営3:00（日曜、祝日6:00）〜13:00（土・日曜、祝日は〜14:00）、食事処6:30〜12:00（土・日曜、祝日は〜13:00）休水曜 交JR東塩釜駅から徒歩15分／しおナビバス・北回りで3分、魚卸市場前下車すぐ Pあり

新旧の楽しみが詰まった海岸沿い
沿岸道路を駆ける

自然の美しい風景と海の幸に恵まれた海岸エリア。
震災から10年を経て、生まれ変わった景観や
グルメや地元の活力に会いに行こう。

注目ポイント JR仙石線マンガッタンライナー

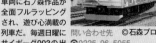

「萬画の国・いしのまき」へ仙台から定期運行しているJR仙石線のマンガ列車。車両に石ノ森作品が全面フルラッピングされ、遊び心満載の列車だ。毎週日曜にサイボーグ003の出迎えがある。

問い合わせ先
☎0225-96-5055
（石森萬画館）
©石森プロ

---

1 いしのまきマンガロード

MAP 付録P.17 D-3

懐かしのヒーローが街中に点在

JR石巻駅から石ノ森萬画館までの道沿いには、サイボーグ009や仮面ライダーなど、40を超えるモニュメントが立ち並ぶ。さまざまな隠れキャラクターもいる。

☎0225-96-5055（石ノ森萬画館） 所石巻市鋳銭場～立町～中央 開料散策自由 交JR石巻駅からすぐ Pなし（周辺駐車場利用）

©石森プロ・東映

↑駅のホームで出迎えてくれる仮面ライダー

↑駅前通りの萬画ポケットパークに立つサイボーグ009
©石森プロ

↑サイボーグ009の世界 ©石森プロ

2 石ノ森萬画館
いしのもりまんがかん

MAP 付録P.17 D-3

石ノ森作品の聖地

宇宙船のような外観の石ノ森萬画館は、宮城県出身のマンガ家・石ノ森章太郎の作品をテーマにしたミュージアム。マンガの世界を体感できるアトラクションも充実している。

☎0225-96-5055 所石巻市中瀬2-7 開9:00～17:00（最終入館16:30）
休火曜（除外日あり、詳細は公式HPを要確認） 料900円 交JR石巻駅から徒歩12分
P提携駐車場利用

©石森プロ

④気仙沼「海の市」／シャークミュージアム

JR気仙沼駅 **GOAL**

大船渡線
（気仙沼駅～盛駅間は
BRTで運行）

広田湾

浦島大島

気仙沼市

気仙沼港

気仙沼湾

気仙沼中央

岩井崎

③岩井崎

陸前階上

大谷海岸

気仙沼線
（柳津駅～気仙沼駅間は
BRTで運行）

小泉海岸

**★南三陸ハマーレ歌津
商店街 P.112**

南三陸町

歌津

伊里前湾

志津川駅

志津川湾

**★南三陸さんさん商店街
P.112**

太平洋

雄勝湾

川町

御前湾

女川駅

女川港

**★シーパルピア女川
P.112**

鮫浦湾

牡鹿半島

金華山

鮎川港

---

③

岩井崎

いわいさき

MAP 付録P.16 B-2

吹き潮がダイナミックな岬

気仙沼湾の入口にある岬。
波が打ち寄せることで潮を
吹き上げる潮吹岩で知られ
る。岬には3.11に耐えて残
った横綱秀ノ山雷五郎像や
「龍の松」などがある。

▲吹き潮は波の状況によって、
吹き上げる高さが変わる

☎0226-22-4560（気仙沼市観光サービスセンター）　所気仙沼市波
路上岩井崎　開休料散策自由　交JR陸前階上駅（BRT）から車で
5分／仙台方面から：三陸自動車道・大谷海岸ICから車で10分／岩
手方面から：岩井崎ICから車で10分　Pあり

---

④

気仙沼「海の市」／
シャークミュージアム

けせんぬま「うみのいち」／シャークミュージアム

MAP 付録P.16 B-2

サメの不思議を体感できる施設

シャークミュージアムは気仙沼市が
水揚げ日本一を誇る「サメ」をテー
マにした日本で唯一の博物館。「海
の市」では気仙沼ならではの海の幸
を味わえる飲食店やおみやげ店も。

☎0226-24-5755　所気仙沼市
魚市場前7-13 気仙沼「海の市」
2F　開9:00～16:30（最終入
館）　休不定休　料600円　交
JR気仙沼駅（BRT）から車で10
分　Pあり

▲ホホジロザメの実物大模型

移動時間◆約2時間10分

おすすめドライブルート

石巻までは松島からは30分、仙
台からは1時間ほど。三陸自動車
道を通るルートを示したが、牡
鹿半島側の国道398号を通って
もよい。道路の付け替え工事が
続いているため、カー
ナビでは正しく表示
されないことも。最
新情報を確認して
おきたい。

◯JR石巻駅

JR石巻駅 いしのまきえき

⬇ 駅前すぐ

| **1** | **いしのまき
マンガロード** |

⬇ 国道398号経由で
1km・5分

| **2** | **石ノ森萬画館**
いしのもりまんがかん |

⬇ 三陸自動車道、国道45号経由で
77km・1時間30分

| **3** | **岩井崎**
いわいさき |

⬇ 国道45号、県道26号経由で
10.6km・25分

| **4** | **気仙沼「海の市」／
シャークミュージアム**
けせんぬま「うみのいち」／シャークミュージアム |

⬇ 県道26号経由で
3.1km・10分

JR気仙沼駅 けせんぬまえき

三陸海岸ドライブ

海の向こうにも
魅力いっぱい

ふらりと島旅へ

田代島 たしろじま　石巻中央発着所から

猫の数が島民より多い
ため「猫の島」と呼ば
れ、島内には猫が祀ら
れた「猫神社」がある。

MAP 付録P.17 E-4

☎0225-95-1111
（石巻市観光課）
石巻中央発着所から45分（詳しくは網地島ライン株式会社
☎0225-93-6125へ要確認）

↑アウトドア施設・マンガアイラン
ドのロッジは猫がモチーフ

金華山 きんかさん　女川港・鮎川港から

野生の鹿や猿が遊ぶ島
は奥州三大霊場のひと
つ。黄金山神社周辺の
パワースポットが人気。

MAP 付録P.17 F-4

↑金華山黄金山神社

☎0225-45-2301（黄金山神社）　鮎川港から20分
（詳しくは金華山航路事業共同組合☎0225-44-
1850へ要確認）　女川港から40分（詳しくは潮プラ
ンニング☎0225-98-9038へ要確認）

復興商店街・元気に営業中！

三陸海岸沿いに点在する復興商店街は、グルメにショッピングに大人気。
地域の人々と観光に訪れる旅行客との交流の場としても注目される。

南三陸の美人杉が醸し出す
木のぬくもりにあふれた商店街

南三陸さんさん商店街

みなみさんりくさんさんしょうてんがい

南三陸 **MAP** 付録P.16 A-4
南三陸杉をふんだんに使用した建物は
建築家・隈研吾氏の設計。地元の海鮮
を使った南三陸町名物「キラキラ丼」
をはじめ、新鮮な魚介類やスイーツな
どおみやげも豊富。

↑時期によって異なる
名物の南三陸キラキラ
丼は春つげ丼、うに丼、
秋旨丼、冬のみかくづ
くしの4種類

☎0226-25-8903
所南三陸町志津川五
日町201-5
営店舗により異なる
交JR志津川駅(BRT)
からすぐ Pあり

↑平屋建て6棟、27店
舗。100人以上入れる
フードコートも設置

"海のまち女川"が発信
地域の素顔に出会える場所

シーパルピア女川

シーパルピアおながわ

女川 **MAP** 付録P.17 E-2
女川駅前に整備されたレンガみちに隣接した商業施設で、日
用品の店舗、クラフト体験、飲食エリアの29店舗から構成さ
れ、地元の人々と観光客の交流の場として機能することを目
指す。クラフト体験エリアにはスペインタイルやギターの工房
があり、制作体験に挑戦することもできる。

☎0225-24-8118
所女川町女川2-60
営店舗により異なる
交JR女川駅からすぐ
Pあり

↑「みなとまちセラミ
カ工房」(P.114)では
タイルを使った小物
の製作体験ができる

何度も足を運びたくなる
アットホームさが魅力

南三陸ハマーレ歌津商店街

みなみさんりくハマーレうたつしょうてんがい

南三陸 **MAP** 付録P.16 A-4
新鮮魚介を味わえる飲食店や、オリジナ
ルのおみやげを扱う商店などが、海岸近
くの敷地に並ぶ。海が一望できる居心地
の良い商店街。国道沿いにあり、ベンチ
やテーブルでゆっくり過ごせる。

☎0226-36-3117 所南三陸町歌津伊里前96-1
営店舗により異なる 交JR歌津駅(BRT)から
すぐ Pあり

復興が進む閖上地区に
県産食材の店が集結

かわまちてらす閖上

かわまちてらすゆりあげ

名取 **MAP** 付録P.3 D-4
ゆりあげ港朝市に続いて名取川河口の
堤防に沿って2019年4月にオープンした
商業施設。地元の海産物やスイーツな
ど、多種多様な26店舗が軒を連ねる。
雄大な川辺を望むオープンテラスで憩い
のひとときを過ごすことができる。

☎022-399-6848 所名取市閖上中央1-6
営店舗により異なる 交JR名取駅から車で15
分 Pあり

ここにも注目

地域の魅力をワインでつなぐ

南三陸ワイナリー

みなみさんりくワイナリー

新たな賑わいの創造拠点としてワイン
の醸造と貯蔵、ショップ、キッチン
の機能を併せ持つワイナリー。海の
見えるテラスでは地元食材を使った
フードメニューやワインの飲食が可能。

MAP 付録P.16 A-4

☎0226-48-5519 所南三陸町志津川
旭ケ浦7-3 営13:00(土・日曜、祝日10:
00)〜18:00 休月・火曜 交JR志津川駅
(BRT)から徒歩15分 P6台

↑醸造棟の無料見学ツアーも実施(要予約)

松島●周辺の街とスポット

三陸の海の恵みを豪快に

ご当地の食材や新鮮な魚介を丼にあふれるほどのせた豪華な海鮮丼は、三陸の名物グルメ。
夏はウニ、秋は戻りガツオ、冬はイクラなど、季節ごとに異なる素材を味わえるのも楽しみ。

気軽な和食堂の食事から
予約制の本格会席料理まで

大もりや
おおもりや

予約	望ましい
予算	Ⓛ800円〜
	Ⓓ3500円〜

↑店舗は2階で座敷席もある。
3階は多目的ホール

石巻 MAP 付録P.17 D-3
明治26年(1893)創業の老舗日本
料理店。東日本大震災で全壊した
が新店舗で復興。うどんそばから天
ぷら、ウナギなど幅広い献立で気軽
に利用できる。旬の地元食材が評
判の会席料理(要予約)もおすすめ。
☎0225-22-4117
📍石巻市穀町12-25 大もり屋ビル2F
🕐11:00〜15:00(和食堂は昼のみ営業)
夜は会席の予約のみ4950円〜 休不定
休 🚉JR石巻駅からすぐ Ⓟなし

↑石巻駅のすぐ近く。1階はエントランスのみ

金華丼 3800円
(土・日曜、祝日限定
メニュー ※要問合せ)
金華サバなど近海のブランド
魚が満載。生はらこ飯やカキ
丼などの「地場丼」の献立も

新鮮魚介を使った
ウニやアナゴ丼が名物

女川海の膳
ニューこのり
おながわうみのぜん ニューこのり

予約	ディナーのみ可

※5〜8月の土・日曜、祝日は不可
※席のみの予約は不可

予算	Ⓛ1500円〜	Ⓓ1500円〜

↑女川駅前に広がるシーパルピアの一角に店を構える

女川 MAP 付録P.17 E-2
震災前から変わらぬ人気店のひとつ
で、2017年に整備が進む女川駅前
に移転した。三陸の魚介をふんだ
んに使った丼や定食が評判で、活穴
子天丼2090円などが食べられる。
☎0225-53-2134
📍女川町女川2-5-7
🕐11:00〜19:00(LO17:00)
休火曜 🚉JR女川駅からすぐ
Ⓟあり

気仙沼ふかひれ丼
ふかひれスープ付
7524円
最高級といわれるヨシ
キリザメのフカヒレ姿
煮をあんかけに。ご飯
はカニちらし

特選海鮮丼
3740円
エビやウニ、マグロ、鯨な
ど11種類の魚介を使う。
魚介は季節により異なる

気仙沼の旬の魚介と
フカヒレ料理が評判

予約	可
予算	Ⓛ1200円〜
	Ⓓ2000円〜

気仙沼 ゆう寿司
けせんぬま ゆうずし

←カウンター席とテーブル席がある

気仙沼 MAP 付録P.16 B-2
気仙沼の旬の魚介で握る寿司が評
判。高級食材で知られる気仙沼産
フカヒレを使った料理も人気がある。
にぎり寿司7貫とふかひれ寿司食べ
くらべ3貫、ふかひれスープ付きの
気仙沼寿司海道4510円。
☎0226-22-3144
📍気仙沼市本郷11-5 🕐11:
30〜14:00(LO13:30) 17:00
〜21:00(LO20:30) 休水曜
🚉JR気仙沼駅(BRT)から車で5
分 Ⓟあり

113

復興とともに始まったものづくりの店を訪ねる

心温まる手作りの品々

震災復興のため各地でスタートしたものづくりプロジェクトもすっかり定着。いまや三陸観光に欠かせないトピックのひとつ。応援という意味あいを超え、素敵なアイテムとの出会いを求めて訪れたい。

1.地元作家さんが心を込めて作った雑貨がずらり 2.積み重ねると南三陸の海風景がつくれる積むコースター各715円 3.南三陸藍染め手ぬぐい各1760円 4.志津川湾でとれた本物のウニの歯を使用したウニピアス2200円

1.2017年にオープンした南町紫神社前商店街内にある 2.SQUARE TOTE 9350円 3.FLOAT TOTE 7480円 4.COIN CASE 1540円

1.絵タイル(フレーム付き)4840円(上)など 2.定番人気のタイルコースター各1760円 3.駅前テナント商店街・シーパルピア内にある 4.絵付け体験ワークショップ2750円もある

香り高いコーヒーと温かみのある手作り雑貨の店

雑貨と珈琲の店サタケ

ざっかとこーひーのみせ サタケ

南三陸 **MAP** 付録P.16 A-4

大正12年(1923)創業の佐武商店は、震災後の2017年3月に自家焙煎コーヒーと手づくり雑貨の店として再スタート。地元の人々によるハンドメイドの雑貨を数多く取り揃えている。

☎0226-28-9465 ㊟南三陸町志津川五日町201-5 南三陸さんさん商店街内 🕐10:00～17:30 🚫火曜、不定休あり 🚃JR志津川駅(BRT)からすぐ ㋿あり

港町をイメージした気仙沼発の帆布商品

MAST HANP

マスト ハンプ

気仙沼 **MAP** 付録P.16 B-1

機能性・デザイン性を兼ね備えた気仙沼発の帆布バッグブランド。すべて工房で制作しており、店舗ではオーダーメイドも可。好きな生地を選んでデザインも自由。世界にひとつだけのバッグが制作できる。

☎0226-25-7081 ㊟気仙沼市南町2-4-10 南町紫神社前商店街2F 🕐10:00～19:00 🚫木曜 🚃JR気仙沼駅(BRT)から車で7分 ㋿あり

スペインタイルを使った時計や小物を制作・販売

みなとまちセラミカ工房

みなとまちセラミカこうぼう

女川 **MAP** 付録P.17 E-2

スペインタイルの技法を用いた女川発の新商品。南欧風のポップな色合いと凹凸のある仕上がりが特徴で、時計やコースター、表札などを制作・販売している。絵柄は自由に作ることもできる。

☎0225-98-7866 ㊟女川町女川2-7-4 シーパルピア女川内 🕐9:00～16:00 🚫無休 🚃JR女川駅から徒歩2分 ㋿あり(施設共有駐車場)

平泉

❖

世界遺産の平泉の寺院をまわり、
かつての栄華と
奥州藤原氏や源義経、松尾芭蕉の
通い路に思いを馳せる。
奥羽山脈と北上山地に
囲まれた周辺では、
美しい渓谷美に出会うこともできる。

黄金のお堂が
浄土をこの世に
現出させる

エリアと観光のポイント

平泉はこんなところです

中尊寺、毛越寺を中心とする世界遺産・平泉では平安期の文化の一端にふれられる。
足をのばせば泉質のよい鳴子温泉郷、歴史的街並みが独特な登米がある。

画像提供：中尊寺

藤原氏3代の栄華と義経・芭蕉

平泉
ひらいずみ
➡ P.118

　平泉は、平安時代末期、奥州藤原氏3代が奥州に仏教文化を中心とした平和な理想郷をつくり上げようと、およそ100年にわたって絢爛たる浄土の世界を具現化させた地である。世界文化遺産に登録されたのは国宝の中尊寺金色堂をはじめ、毛越寺、観自在王院跡、無量光院跡、金鶏山の5資産。いずれも北上川や束稲山など変化に富んだ自然地形を生かしたのびやかな遺跡や景観を擁している。

　奥州藤原氏の栄華とともに、滅亡への誘因ともなった源義経と弁慶終焉の地でもあり、松尾芭蕉が「兵どもが夢の跡」と詠ったロマンをかき立てる義経ゆかりの史跡も点在する。

観光の ポイント	中尊寺で平泉文化を知る P.118 浄土庭園の世界遺産巡り P.122 壮大な渓谷美を堪能する P.125

◎ 毛越寺など平安期の浄土庭園が秀逸
◎ 猊鼻渓や厳美渓で大自然を満喫したい

秋田県　栗駒高原
虎毛山
大崎市　温湯温泉
大鏑山　栗原市
最上町
前森高原　鳴子温泉郷
　　　　鳴子温泉駅
鳴子峡 ★　鳴子御殿湯駅
中山平温泉駅
山形県
蛍泉湖
翁山　宮城県
山美湖　加美町

116

多彩な泉質の名湯が楽しめる

鳴子温泉郷 ➡P.130
なるこおんせんきょう

バラエティに富んだ泉質を誇る奥州三名湯の古湯。下駄履きで温泉街を歩いて湯めぐりできる。

観光の ポイント 名湯に癒やされる P.132
鳴子こけしの絵付け体験 P.131

江戸と明治のロマン漂う街並み

登米 ➡P.134
とよま

城下町の名残をとどめる武家屋敷と明治期に建築された洋風建築が融合する歴史の街。

観光の ポイント 「みやぎの明治村」で時間旅行を楽しむ P.134

交通information

平泉の移動手段

平泉駅から中尊寺まで約2km。中尊寺に着いてからも坂道を上ることになるので、巡回バスの「るんるん」やレンタサイクルをうまく利用したい。登米など電車でのアクセスが難しい場所も多い。バスは便数が少ないので、事前によく確認してから行動したい。

仙台からのアクセス

鉄道・バス

JR仙台駅

⤵東北新幹線で12分　⤵東日本急行バスまたは宮城交通バスで1時間30分

JR古川駅

⤵東北新幹線で17分　⤵陸羽東線で44分

JR一ノ関駅		JR鳴子温泉駅	登米

⤵東北本線で10分

JR平泉駅

車

仙台宮城IC		仙台東IC

⤵東北自動車道経由45km　⤵仙台東部道路・三陸自動車道経由72km

古川IC		登米IC

⤵国道47・108号経由26km　登米

⤵東北自動車道経由45km　鳴子温泉郷　⤵国道342号経由48km

一関IC	平泉

問い合わせ先

観光案内
平泉観光協会(平泉町観光案内所)
☎0191-46-2110
鳴子観光・旅館案内センター
☎0229-83-3441
とよま観光物産センター遠山之里
(とよま振興公社)　☎0220-52-5566
交通
JR東日本(お問い合わせセンター)
☎050-2016-1600
東日本急行バス　☎022-218-3131
ミヤコーバス(佐沼営業所)
☎0220-22-3064

平泉はこんなところです

永遠の平和を祈り山中につくられた
まばゆく輝く浄土の世界

中尊寺
ちゅうそんじ

平安時代の末期、平泉は奥州藤原氏3代によって
東日本随一の都市として発展していた。
金色堂で知られる中尊寺は、藤原氏が築いた
黄金と仏都の世界を伝えて永久不変の光を放つ。

錦繍の中尊寺・雪の中尊寺
全山が紅葉に包まれる境内は杉や
竹の緑とのコントラストも美しく、10
月下旬から11月上旬が見頃。森厳
な雰囲気に包まれる雪の月見坂は
滑りやすく、上り口に滑り止めの
「ワラ縄」が用意されている。

新覆堂(しんおおいどう)は昭和40年
(1965)に完成。鉄筋コンクリート造りで、
金色堂はこの覆堂内のガラスケースに収
められ、温度・湿度が調整されている

「仏教都市平泉」構想の象徴
初代・清衡の黄金の極楽浄土

中尊寺は奥州藤原氏初代・清衡の後半生
の20年をかけた一大プロジェクトであった。
高さ9mの大仏を中心とした平安時代最大
の阿弥陀堂とされる二階大堂や経蔵など、
清衡が創建した中尊寺の建物群で、唯一
現存する金色堂が建立されたのは天治元年
(1124)。皆金色といわれるように、堂全体
が金箔で覆われた「光堂」は、後三年合戦
ののち、平泉に本拠地を移した清衡があま
たの戦いで犠牲となった生きとし生けるもの
すべての魂を浄土に導き、争いのない平和
な仏国土をつくろうという願いを込めたもの
だった。東北は日本で初めて金を産出した
地であり、莫大な富は京の都ばかりでなく
大陸との交易も可能にし、誰も実現できな
かった「本物の光があふれる」贅の限りを
尽くした極楽浄土の世界をつくり上げた。

MAP 付録 P.18 A-1

☎0191-46-2211 ㊟岩手県平泉町平泉衣関202
⏰8:30〜17:00(11月4日〜2月末日は〜16:30) 休無休
💴金色堂、讃衡蔵、経蔵、旧覆堂800円 🚃JR平泉駅か
ら徒歩25分／巡回バス「るんるん」で10分／岩手県交通
バス・国道南線で4分、中尊寺下車すぐ Ｐあり

中尊寺の主な行事

1月1日　初詣
元旦0時より6時まで、金色堂正面扉が開放さ
れ、多くの参拝客で賑わう。

1月1〜8日　修正会
山内の僧侶たちによって天下泰平、万民豊楽、
五穀豊穣が祈念される。

2月初旬　節分会
本堂で護摩祈祷のあと、相撲の関取や厄年の善
男善女による豆まきが行われる。

5月1〜5日　春の藤原まつり
3日に行われる義経公役に毎年芸能人が扮する
源義経公東下り行列が圧巻。

6月第2日曜　法華経一日頓写経
6万8千余字からなる法華経の一部を一日で書
き写す参加行事。

8月14日　薪能
白山神社の野外能舞台で、かがり火が燃えるな
か、能や狂言が演じられる。

8月16日　大文字送り火
藤原4代公、義経主従の追善と先祖供養の送り
火で東稲山に大の字が夜空に浮かぶ。

10月20日〜11月15日　菊まつり
愛好家たちが丹精込めて育てた大菊500鉢が、
中尊寺境内に展示される。

11月1〜3日　秋の藤原まつり
郷土芸能が催され、能や狂言の奉納のほか毛越
寺では「延年の舞」が披露される。

中尊寺を参拝する

白山神社の能舞台を目指して
樹齢300年の杉並木に覆われた
上り坂の参道を歩く。

↑本堂まで560m、金色
堂まで800m続く月見坂

2 弁慶堂
べんけいどう

弁慶と義経の木像を安置

火伏の神・勝軍地
蔵菩薩を祀り、源
義経と立ったまま
大往生を遂げたと
伝わる弁慶の木像
が安置されている。

➡弁慶堂の前は道を挟
んで東物見台がある

1 月見坂
つきみざか

杉木立に覆われた参道

仙台藩によって植樹された樹齢300年を超える杉木立に覆われた上
り坂の参道。杉木立が途切れた先に東物見台があり、束稲山と北
上川や衣川の眺望が開ける。

西行歌碑
さいぎょうかひ

弁慶堂の先、右手に
広がる東物見台に
は、西行の歌碑が立
つ。東物見台からは
「きゝもせず束稲
やまのさくら花よし
野のほかにかるべしとは」と詠われ
た束稲山の美しい山姿が目に入る。

3 本堂
ほんどう

一山の中心となる建物

明治42年（1909）の再建。
丈六釈迦如来を本尊とし、
比叡山延暦寺から分火さ
れた「不滅の法灯」を護っ
ている。

➡古くから伝わる法要儀式の
多くはこの本堂で行われる

4 峯薬師堂
みねやくしどう

目のご利益に特化した仏様

本尊の薬師如来は目の病気にご利益が
あるとして名高い。全国的にも珍しい目
の絵馬と御守りが買える。

➡本堂の西側。目、目、目と書かれたのぼりが
目印

平泉 ● 歩く・観る

5 讃衡蔵
さんこうぞう

平安美術が堪能できる宝物館

藤原氏の遺宝、国宝・重文3000点以上を収蔵。3体の丈六仏、金色堂の仏具や藤原氏3代の御遺体の副葬品、中尊寺経などの寺宝を展示。

ここで金色堂の参拝券を購入できる

『紺紙金銀字交書一切経』
こんしきんぎんじこうしょいっさいきょう

清衡発願による装飾経。藍染めの料紙に、1行おきに金泥・銀泥で経文を書写したもので、見返し絵は経に沿った場面が描かれている。

『金銅華鬘』
こんどうけまん

金色堂の堂内に吊り下げる荘厳具。団扇型の枠内の宝相華唐草文と極楽に住むという迦陵頻伽（かりょうびんが）が一体化した透かし彫り文様が美しい。

7 経蔵 重文
きょうぞう

中尊寺経ゆかりの紅葉スポット

往時の栄華を伝える「中尊寺経」など貴重な経典を収納した建物。鎌倉時代に創建当初の古材で建立された建物で、秋には紅葉が美しい。

⤴国宝の経典は現在、讃衡蔵に保管されている

拝観の目安◆約1時間30分

中尊寺 参拝コース

| 1 月見坂 | 徒歩7分 | 2 弁慶堂 | 徒歩6分 | 3 本堂 | 徒歩2分 | 4 峯薬師堂 | 徒歩3分 | 5 讃衡蔵 | 徒歩2分 | 6 金色堂 | 徒歩1分 | 7 経蔵 | 徒歩1分 | 8 旧覆堂 | 徒歩3分 | 9 能舞台 |

6 金色堂 国宝
こんじきどう

まばゆいばかりの黄金の御堂

中尊寺の創建当初を伝える唯一の遺構。堂内外が金箔に覆われ、夜光貝の螺鈿細工や漆の蒔絵、透かし彫りなど当時の工芸技術の粋を結集。藤原氏4代の遺体と首級を安置する。

⤴阿弥陀三尊、地蔵菩薩など33体の仏像が並ぶ

注目ポイント

800年の時を超え咲く中尊寺蓮

昭和25年（1950）の学術調査の際、4代泰衡の首桶から蓮の種子が発見され、1998年に開花。花弁は淡い紅色、開花期間は7月中旬から約1カ月。

中尊寺を参拝する

9 能舞台 重文
のうぶたい

茅葺きの野外能舞台

中尊寺の鎮守・白山神社内に建つ。嘉永6年（1853）の再建で、本舞台に通路の橋掛、鏡の間を完備した能舞台は東日本唯一の遺構。

⤴高い天井と太い柱のみの堂内も見学できる

8 旧覆堂 重文
きゅうおおいどう

金色堂を護った偉容を仰ぐ

鞘堂とも呼ばれ、室町時代より500年以上にわたって金色堂を風雪から護ってきた建物。昭和40年（1965）に新覆堂の完成により移築された。

⤴毎年8月、中尊寺薪能で演能が行われる

「この世の極楽浄土」に思いを馳せる旅
平泉 世界遺産さんぽ

平泉が世界文化遺産に登録されたのは、東日本大震災の3カ月後の2011年6月のこと。東北地方では初の登録で、未来へ向けての再出発となった。

↖規模は平等院よりひとまわり大きかったとされ、遺構の池に水を張って往時の景観を復元している

↖池泉の中島から金鶏山に沈む夕日と阿弥陀堂を遥拝できる設計
資料提供：平泉町教育委員会

平泉 ● 歩く・観る

1　平等院鳳凰堂を模した寺院

無量光院跡　世界遺産
むりょうこういんあと
MAP 付録P.18 C-3

3代秀衡が宇治の平等院を模して建立した寺院跡。翼廊を持つ本堂や阿弥陀仏に祈るための拝所が池泉の中島に設けられ、仮想極楽浄土を体感できる壮麗な浄土庭園が営まれていた。

☎0191-46-4012（平泉文化遺産センター）　㊟岩手県平泉町平泉花立地内　㊟㊟㊟見学自由　㊦JR平泉駅から徒歩8分／巡回バス「るんるん」で16分、無量光院跡下車すぐ　Ｐなし

美しい自然に包まれて今も残る
奥州藤原氏が築いた黄金と浄土の理想郷

　平泉の文化遺産の対象は、平安後期、奥州藤原氏が仏教に基づく「浄土世界」の実現を目指して築いた中尊寺、毛越寺、観自在王院跡、無量光院跡、金鶏山の5資産で構成される。

　中尊寺の金色堂、毛越寺の浄土庭園以外は遺跡だが、相次ぐ戦乱や天災を乗り越えて、それぞれの時代の人々によって多くの文化遺産が守られ続けてきた。現在も発掘調査、遺跡の復元が進められ、浄土思想をこの世に現出させた寺院が並んだ平泉独自の都市空間を蘇らせつつある。

移動の目安 ◆ 約55分
さんぽコース

| JR平泉駅 | ➡徒歩8分 | 1 無量光院跡 | ➡徒歩7分 | 2 高館義経堂 | ➡徒歩8分 | 3 中尊寺 | ➡徒歩10分 | 4 平泉文化遺産センター | ➡徒歩9分 | 5 毛越寺 | ➡徒歩すぐ | 6 観自在王院跡 | ➡徒歩8分 | JR平泉駅 |

（地図）
北上駅　平泉バイパス
3 中尊寺
金鶏堂卍
卍不動堂
卍観音堂
卍地蔵堂
瑠璃光院・月見坂
平泉観光レストセンター
卍中尊寺
中尊寺案内所ℹ
2 高館義経堂
卍東福寺
P.125翁知屋
P.125地水庵
P.125きになるお休み処 夢乃風
無量光院跡
P.123金鶏山 ★
平泉文化遺産センター 4
1
道の駅平泉
卍千手院
武蔵坊🅷悠久の湯
START&GOAL
JR平泉駅
観自在王院跡 6
毛越寺 5
平泉局🏤
毛越寺口
大沢が池
観自在王院跡史跡公園
毛越寺宝物館
平泉小
平泉町役場
一関IC
0　　300m

平泉トンネル
東北新幹線
東北本線
北上川
一ノ関駅

122

2 源義経終焉の地

高館義経堂
たかだちぎけいどう

MAP 付録P.18 B-2

源頼朝の圧力に屈した4代泰衡
の急襲に遭い、義経が妻子とと
もに自害した地と伝わる。北上
川に面した丘の頂上に甲冑姿の
義経像を祀る義経堂がある。

☎0191-46-3300 所岩手県平泉町平
泉柳御所14 開8:30～16:30(11月下
旬～3月上旬は要確認 ※冬期休館あ
り) 休無休 料300円 交JR平泉駅
から徒歩16分/巡回バス「るんるん」で
14分、高館義経堂下車すぐ Pあり

↑世界遺産の対象ではない
が、平泉観光名所のひとつ

↓義経堂の反対側に芭蕉の
「夏草や〜」の句碑が立つ

芭蕉句碑からの景色。北上川と
束稲山(たばしねやま)の駒形峰
の間にはのどかな田園が広がる

3 仏都造営への最初の寺

中尊寺 世界遺産
ちゅうそんじ

MAP 付録P.18 A-1

初代藤原 清衡が
平泉に最初に造
営した古刹。金
色堂は日本の国
宝建造物第一号。

➡P.118

↓緑深い月見坂を
上り、金色堂へ

P.124に続く➡

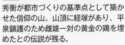

伝説に彩られた信仰の山

金鶏山 世界遺産
きんけいさん

MAP 付録P.18 B-3

秀衡が都市づくりの基準点として築か
せた信仰の山。山頂に経塚があり、平
泉鎮護のため雌雄一対の黄金の鶏を埋
めたとの伝説が残る。

☎0191-46-4012(平泉文化遺産セン
ター) 所岩手県平泉町平泉花立
休料見学自由 交JR平泉駅から巡回
バス「るんるん」で6分、悠久の湯下車、
徒歩10分 Pなし

↑中尊寺と毛越寺の中間に位置する標
高98.6mの山

お役立ちinformation

平泉巡回バス「るんるん」

各観光地を巡り
30分間隔で運行
(土・日曜、祝日
のみ)。ルートは
一方向のみなの
で、巡回バスで
巡る場合は毛越寺から時計回りで観光す
るといい。駅から中尊寺へは路線バスも
利用できる。
[運行ルート]
平泉駅前→毛越寺→悠久の湯→平泉文化
遺産センター→中尊寺→高館義経堂→無
量光院跡→道の駅 平泉→平泉駅前
[運行時間]10:15～16:15(要確認)
[料金]1回乗車200円、1日フリー券550円
●岩手県交通 ☎0191-23-4250

観光タクシー

毛越寺や中尊寺などを組み合わせた貸切
観光コースを、各社用意している。小型タ
クシー2時間で1万2560円など。
●一関平泉タクシー ☎0191-23-5630
●なのはな観光タクシー
 ☎0191-23-1111
●県南タクシー ☎0191-26-5555
●一関中央交通 ☎0191-31-3333
●アイタクシー
 ☎0120-656-266/☎0191-25-6666

レンタサイクル

スワロ―ツアーは平泉駅のすぐ隣にある営
業所で貸し出し。料金は普通自転車が4時
間700円、1日1300円など。
●スワロ―ツアー ☎0191-46-5086

平泉の新しい拠点

道の駅 平泉
みちのえき ひらいずみ

MAP 付録P.18 C-3

2017年にオープンしたバイパス沿いの
道の駅。産直コーナーやレストランがあ
るほか、巡回バスの経路にもなっており、
世界遺産めぐりの拠点にぴったり。6時
から提供している定食も人気。

☎0191-48-4795 所岩手県平泉伽羅楽
112-2 開9:00～18:00(12〜3月は〜17:
00)、レストラン11:00～16:00 休無休
交JR平泉駅から徒歩15分 Pあり

4 平泉の歴史と文化を楽しく学べる

平泉文化遺産センター

ひらいずみぶんかいさんセンター

MAP 付録P.18 B-3

平泉の世界文化遺産の魅力を映像やパネルを使ってわかりやすく紹介。出土した遺物も多数展示している。

☎0191-46-4012　🏠岩手県平泉町平泉花立44
🕐9:00〜17:00(入館は〜16:30)　🈂無休
🚃JR平泉駅から徒歩18分／巡回バス「るんるん」で7分、平泉文化遺産センター下車すぐ　🅿あり

🔺藤原氏を中心に解説

🔺エントランスではパノラマを活用

---

5 平安時代を偲ばせる浄土の庭

毛越寺 世界遺産

もうつうじ

MAP 付録P.18 B-3

京都白河の法勝寺を模して2代基衡と3代秀衡が造営した寺院。往時は中尊寺をしのぐ壮麗さと規模を誇ったが、度重なる災禍ですべてを焼失。池を中心とした優美な浄土庭園は平安時代の貴重な遺構。

☎0191-46-2331
🏠岩手県平泉町平泉大沢58
🕐8:30〜17:00(11月上旬〜3月上旬は〜16:30)
🈂無休　💴700円
🚃JR平泉駅から徒歩10分
🅿あり

↪ 池を中心としてつくられた毛越寺庭園は国の特別史跡・特別名勝に指定されている

毛越寺内の庭園・諸堂

自然美あふれる平安の庭

浄土庭園

じょうどていえん

大泉が池は築山、州浜、出島石組みに遣水など平安時代そのままに復元され、四季折々の花に彩られる。

再建された朱塗りの本堂

本堂

ほんどう

平安様式の建物で1989年の建立。薬師如来を本尊とする。

白鹿伝説を残す開祖を祀る

開山堂

かいざんどう

白鹿に導かれて毛越寺の前身・嘉祥寺を建立した開祖・慈覚大師を祀る。

古式ゆかしい延年の舞の舞台

常行堂

じょうぎょうどう

毎年1月20日、重要無形民俗文化財の「延年の舞」が奉納演舞される。

[地図]

開山堂
花菖蒲園
嘉祥寺跡
P
本堂
経楼跡
講堂跡
大泉が池
金堂
円隆寺跡
南大門跡
鐘楼跡
芭蕉句碑
遣水
毛越寺宝物館
山門札所
常行堂
山門
浄土庭園
常行堂・法華堂跡
0 50m N

平泉●歩く・観る

6 毛越寺に寄り添う寺

観自在王院跡 世界遺産
かんじざいおういんあと

MAP 付録P.18 B-3

毛越寺の東隣に広がる基衡の妻が建立した寺院跡。平安時代の作庭手法に基づいて造られた舞鶴が池と2つの阿弥陀堂が並ぶ浄土庭園の遺構。現在は史跡公園として整備されている。

☎0191-46-4012（平泉文化遺産センター）　岩手県平泉町平泉志羅山　見学自由　JR平泉駅から徒歩8分　なし

➡美しい芝生の中ほどに復元された舞鶴が池と中島

平泉周辺の名所・名勝へ

達谷窟毘沙門堂
たっこくのいわやびしゃもんどう

MAP 本書P.3 D-1

坂上田村麻呂公が蝦夷討伐の戦勝お礼として建立した毘沙門堂。前九年合戦では源頼義、義家が戦勝祈願をしたとされ、源頼朝が奥州藤原氏を滅ぼして鎌倉への帰り道に寄った記録も残る。

☎0191-46-4931　岩手県平泉町平泉北沢16　8:00〜17:00（冬季は〜16:30）　無休　500円　JR平泉駅から車で10分　あり

➡切り立った岩壁と一体となって建つ毘沙門堂

➡八幡太郎義家が彫ったと伝わる「岩面大仏」

厳美渓
げんびけい

一関 **MAP** 本書P.3 D-1

伊達政宗が松島とともに絶賛した景勝地。栗駒山を源とする磐井川に約2kmにわたって奇岩が連なる渓谷で、水流によって小石が岩を球状に削ってできた甌穴など天然の造形美が楽しめる。

☎0191-23-2350（一関市観光協会）　岩手県一関市厳美町滝ノ上地内　見学自由　JR一ノ関駅から岩手県交通バス・厳美渓行きで20分、厳美渓下車すぐ　あり

➡渓谷の名物は「空飛ぶだんご」

猊鼻渓
げいびけい

一関 **MAP** 本書P.3 E-1

高さ50mを超える断崖や奇山に囲まれた渓谷で、棹1本で舟を操っている船頭の歌声とともに自然美あふれる舟下りが楽しめる。冬のこたつ船も風流。

☎0191-47-2341（げいび観光予約センター）　岩手県一関市東山町長坂砂鉄川　8:30〜16:30（季節により変動あり）　荒天時　1800円　JR猊鼻渓駅から徒歩5分　あり

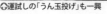

➡運試しの「うん玉投げ」も一興

平泉の食事処&手みやげ

古民家を改築した店内で香り高いそばを

地水庵
ちすいあん

そば殻を外した丸抜きの実を石臼で挽いた古典そばは1日限定10食のみ。わずかに緑がかった色合いが、本物のそばであることを物語る。ここでしか食べられない逸品。

MAP 付録P.18 B-2

☎0191-46-5484　岩手県平泉町平泉衣関1-3　11:30〜15:30　土〜火曜　JR平泉駅から車で5分　あり

➡農家風の造りで広々。開店間もなく売り切れになることも

➡古典そば1000円。せいろそば900円やそばがき800円もある

地元の名物、お餅でほっとひと息

きになるお休み処 夢乃風
きになるおやすみどころ ゆめのかぜ

平泉産もち米・こがねもちを使った餅料理が評判。ずんだなど6種の味を楽しめる藤原三代お餅御膳がおすすめだ。平泉名物の餅とわんこそばを食べられる夢御前1320円もある。

MAP 付録P.18 B-2

☎0191-46-2641　岩手県平泉町平泉花立11-2　10:00〜18:00　無休（12〜3月は不定休）　JR平泉駅から徒歩13分　あり

➡坂の上にある店舗。中尊寺前の街道を駅方面に向かうと見えてくる

➡藤原三代お餅御膳1210円。しょうが、クルミ、ゴマなど6種類

平泉が生んだ秀衡塗の漆器をおみやげに

翁知屋
おおちや

華やかな文様で知られる平泉の伝統工芸品・秀衡塗の老舗。椀や茶器などの高級漆器のほか、ストラップや髪留めなど現代風の意匠を凝らした小物も数多く揃えている。

MAP 付録P.18 B-2

☎0191-46-2306　岩手県平泉町平泉衣関1-7　9:00〜17:00　水曜　JR平泉駅から車で5分　あり

➡螺鈿ストラップ各5280円　秀衡ストラップ4620円も人気がある

➡溜ゆい1個1万560円。色も柄も多彩でボタンとしても使える

東北の地に100年の平和をもたらした

黄金の都に秘められた思想

朝廷の支配がおよばぬ地で、京都と並ぶ日本の中心都市のひとつとなるまでの繁栄を遂げた平泉。
波乱の世を平和へと導いた藤原清衡（ふじわらのきよひら）はどんな人物だったのか。知れば、散策はより深いものとなる。

平安時代　東北に渦巻く思惑の果てに

初代清衡の出自

蝦夷諸勢力の内部抗争と源氏の野心が
泥沼の戦いを引き起こす

　11世紀半ば、陸奥国には安倍氏、出羽国には清原氏といういずれも俘囚（ふしゅう）の流れをくむ強力な豪族が存在していた。

◎奥六郡と山北三郡

　清衡は、陸奥国府の官人だった藤原経清（ふじわらのつねきよ）を父に、奥六郡を支配した安倍頼時の娘を母に天喜4年（1056）に生まれた。父・経清は前九年合戦で安倍氏に味方し、官軍源頼義、義家親子に敗れて処刑されてしまう。母は源氏に加勢し安倍氏滅亡の原因を作った清原氏に再嫁させられ、7歳だった清衡は連れ子として清原氏に引き取られた。

　その21年後、清原氏の跡目争いで清衡と異母兄弟間で内紛が起こり、後三年合戦が始まる。一方、陸奥守として赴任していた源義家は、清原氏内紛へ介入することで駿馬や金の産地である奥州への進出を狙っていた。凄絶を極めた後三年合戦で、清衡は妻子を皆殺しにされるという悲劇を味わうも義家と結んで勝利を収め、奥六郡と山北三郡（せんぽくさんぐん）を支配することとなった。清衡32歳であった。

蝦夷と俘囚　東北に住む人々の呼び名

　東北などに住む支配に従わぬ人々を、蔑視を込めて朝廷側が呼んだ名が「蝦夷」。のち蝦夷のなかでも朝廷の支配下に入ったものを「俘囚」と呼んだ。もとは独自の文化を持っていたが、前九年合戦が始まった11世紀には和人とほぼ同化していた。藤原清衡は公家にルーツを持っていたが、「俘囚の上頭」と自称し蝦夷の系譜に連なるものと自身を認識していたようだ。

前九年合戦・後三年合戦 勢力図

前九年合戦開戦時【永承（えいしょう）6年（1051）】

| 鎮守府将軍として蝦夷を管理 | 藤原登任（ふじわらのなりとう） | 安倍頼時（あべのよりとき） | 奥六郡（陸奥）を支配する蝦夷 |
| 安倍氏の女婿だが鎮守府に従う | 藤原経清（ふじわらのつねきよ） | 平 永衡（たいらのながひら） | 鎮守府に仕えていたが妻の出身である安倍氏側へつく |

【きっかけ】藤原登任が貢納の怠慢を責め、安倍氏を攻撃。
【結果】鬼切部の戦いで安倍氏が勝利。藤原登任は解任され、源頼義が後任。平永衡は許されず鎮守府へ復帰。

前九年合戦終戦時【康平（こうへい）5年（1062）】

黄海の戦いで大敗し清原氏に協力要請	源 頼義	安倍貞任（あべのさだとう）	頼時の嫡男。津軽で戦死した頼時の跡を継ぐ
頼義の息子	源 義家（みなもとのよしいえ）		
山北三郡（出羽）を支配する蝦夷の一族	清原武則（きよはらのたけのり）	藤原経清	同じ境遇の平永衡の殺害を受け、安倍氏側へ逃亡

【きっかけ】鬼切部の戦い後、一時休戦したものの頼義が鎮守府将軍退任直前に衝突が起き、戦いが再開。
【結果】安倍氏が敗北し滅亡。源義家に協力した清原武則が鎮守府将軍に、源頼義は伊予守に就任。処刑された藤原経清の子・清衡は、清原武則の子・武貞の養子に。

後三年合戦開始時【永保（えいほう）3年（1083）】

武貞の嫡男で清原氏の異母兄	清原真衡（きよはらのさねひら）	清原清衡	藤原経清と安倍氏の血を継ぐ武則の養子
真衡の要請を受け清原氏の内紛に介入	源 義家	清原家衡（きよはらのいえひら）	清衡の同母弟
		吉彦秀武（きみこのひでたけ）	清衡の義理の叔父

【きっかけ】清原武貞の跡を継いだ真衡が叔父・吉彦秀武を攻撃。真衡は陸奥守に就任した源義家に、吉彦秀武は真衡に不満を持っていた清衡・家衡に協力を仰ぐ。
【結果】真衡が勝利するが急死。源義家の調停で清衡と家衡が奥六郡を3郡ずつ分け合う。

後三年合戦終戦時【寛治（かんじ）元年（1087）】

| 家衡に妻子を殺され義家に助けを求める | 清原清衡 源 義家 | 清原家衡 | 義家の調停に不満 |

【きっかけ】家衡が分割方法に不満を持ち蜂起。
【結果】清衡と義家が勝利。清衡は清原氏の領地を継ぐ。源氏は2度の合戦を通じて、東北の地や関東の武士と強いつながりを持つことになった。

平安時代

平泉に築かれた浄土の世界
3代にわたる栄華

戦乱の果てに東北の長となった清衡
平和を祈る心が一大宗教都市を生み出す

後三年合戦ののち、清衡は父が藤原摂関家の末流であるとして、藤原姓を名乗るようになる。奥州の長となり、継承した富を活用して中央政治とつながりをつけ、蝦夷とヤマトの国境線だった衣川を越えた平泉で独自の仏国土を構築していく。

清衡が中尊寺建立に着手したのは50歳の年。それから21年の歳月をかけて、堂宇40、僧坊300という中尊寺の大伽藍を完成させた。黄金に輝く浄土世界を具現化し、俘囚の国を仏の慈悲によって戦いのない平和な国へ導くことが清衡の宿願であった。

その願いを引き継いだ2代基衡は毛越寺を、3代秀衡は無量光院と荘厳な浄土庭園を持つ大寺院を建立している。なかでも3代秀衡は陸奥守まで上りつめ、源平の合戦の際も戦禍に巻き込まれることなく平和と独立を保ち続けた。約100年にわたった平和とその栄華も文治5年(1189)4代泰衡が源頼朝率いる鎌倉軍の侵攻を許し、清衡以来の平泉館(柳之御所)を焼き払って幕を下ろす。

柳之御所遺跡
やなぎのごしょいせき

平泉 **MAP** 付録P.18 C-3

藤原氏の政庁「平泉館」と推定される。堀・園池・掘立柱建物跡などから、かわらけや中国陶磁器などが多数発見され、史跡公園として整備されている。

🏠岩手県平泉町平泉柳御所
🚋JR平泉駅から徒歩15分 🅿あり

毛越寺 ⊕P.124
もうつうじ

平泉 **MAP** 付録P.18 B-3

創建は9世紀。奥州藤原氏2代基衡と3代秀衡が多くの伽藍を建立。度重なる火災で焼失したが、庭園は往時の姿を残し、特別史跡・特別名勝に指定されている。

🚋JR平泉駅から徒歩10分

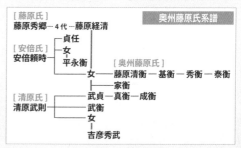

奥州藤原氏系譜

[藤原氏]
藤原秀郷…4代…藤原経清

[安倍氏]
安倍頼時
　貞任
　女
　平永衡

[奥州藤原氏]
女━藤原清衡━基衡━秀衡━泰衡
家衡

[清原氏]
清原武則
武貞━真衡━成衡
武衡
女
吉彦秀武

黄金の都に秘められた思想

中尊寺建立供養願文 中尊寺建立に込められた救済への願い

紙本墨書中尊寺建立供養願文 〈中尊寺大長寿院蔵〉

大治元年(1126)、中尊寺の落慶法要に、仏前で清衡自らが読み上げた願文。都の名文家・藤原敦光によって起草されたもので、鎌倉の能書家・藤原輔方と陸奥守を務めた北畠顕家の2本の写しが残る。

冒頭に「鎮護国家の大伽藍」と表明し、白河院、鳥羽院、崇徳天皇の健康と長寿を祈るという外見をとっているが、願文は仏の功徳はあまねく平等と説く「法華経」の教えを根本とし、清衡は中尊寺を建立することで、戦乱で亡くなった人々を浄土に導くと同時に、荒廃したみちのくに生きる人々のために、中尊寺を中心に仏教文化の華を咲かせたいという熱い思いを伝えている。

この鐘の音は、あらゆる世界に響きわたり、誰にでも平等に、苦悩を去って、安楽を与えてくれる。攻めてきた都の軍隊も、蝦夷とさげすまれ攻められたこの地の人たちも、戦いにたおれた人は昔から今まで、どれくらいあっただろうか。いや、人間だけではない。動物や、鳥や、魚や、貝も、このみちのくにあっては、生活のため、都への貢ぎもののために、数え切れないが、今も犠牲になっている。その魂はみな次の世の世界に旅だって行ったが、朽ちた骨は今なおこの地の塵となって、うらみをのこしている。鐘の声が大地を響かせ動かす毎に、心ならずも命を落とした霊魂を浄土に導いてくれますように。

(平泉文化遺産センター 前館長 故大矢邦宣氏による口語訳／部分)

西行の平泉訪問

漂泊の歌人を魅了したみちのくの旅

平安時代のみちのくは都人にとって蝦夷(えみし)の住む辺境の地と思われていた。
一方、好奇と憧憬の対象としてみちのくには歌枕が多い。
西行は能因法師の足跡をたどりつつ、縁戚の藤原秀衡の黄金期の平泉を2度も訪れている。

西行を感嘆させた衣川と束稲山の桜

　西行(さいぎょう)の本名は佐藤義清。鳥羽上皇に北面の武士として仕え、妻子もいたが突如23歳で出家した。最初の奥州(おうしゅう)への旅は20代後半とされる。能因法師が訪れたみちのくの歌枕を巡ることが目的だった。

　詠まれたのが最初の旅か2度目か説は分かれるが、旧暦の10月に平泉に到着した西行は、激しく荒れる天候のなか、古戦場だった衣川を見に行き、「とりわきて 心も凍みて 冴えぞわたる 衣河みにきたるけふしも」と絶唱する。また、束稲山の桜を見て、吉野山以外にもこれほど見事な桜の山があったのだと驚嘆している。

戦乱の余波が渦巻く40年後の訪問

　文治2年(1186)、西行69歳、2回目の平泉への旅は、源平の争乱で焼け落ちた東大寺再建の砂金勧進のためだった。途中、鎌倉に立ち寄り、源 頼朝に歌ではなく流鏑馬(やぶさめ)の技法などを講じたという。平泉では同世代だった秀衡(ひで)と語り合い、砂金450両が東大寺に渡された。

　中尊寺での西行は、奥州に流された奈良の僧と会って涙を流すばかりで、都に聞こえた中尊寺の金色堂や絢爛豪華な伽藍も毛越寺も歌に残してはいない。平泉の自然と心象に歌の題材を見つけて平泉の山野に分け入っている。平泉を離れた翌年、源 義経の平泉滞在が発覚し、鎌倉と平泉の対立は決定的となり、奥州藤原氏が滅亡したさらにその翌年、西行は73歳で西方浄土へ旅立った。

多賀城碑
たがじょうひ

多賀城 **MAP** 付録P.14 B-4
西行も句に詠んだ古くからの歌枕「壺碑(つぼのいしぶみ)」としても知られ、日本遺産「政宗が育んだ"伊達"な文化」構成文化財のひとつ。国指定名勝、日本三古碑。
❷JR国府多賀城駅から徒歩10分

西行戻しの松公園
さいぎょうもどしのまつこうえん　●P.98

松島 **MAP** 付録P.15 D-2
西行が松の大木の下で出会った童子と禅問答をして敗れ、松島行きを諦めたという由来の地。桜越しの松島湾の風景が有名。
❷JR松島海岸駅から車で5分

能因法師 ▶ 漂泊の歌人の元祖

　西行よりも100年ほど前の時代の人物。26歳で出家し、奥州や四国などを訪ね歩いた。各地の名所(歌枕)をまとめた『能因歌枕』を著している。奥州を訪れた際に詠んだ「都をば 霞とともに たちしかど 秋風ぞ吹く 白河の関」が代表作だが、この歌については、都にいながら詠んだのをつまらなさに感じ、何日か家にこもり日焼けすることで奥州に行った体裁を整えてから発表したという逸話もある。

藤原秀郷 ▶ 奥州藤原氏と西行共通の祖

　平安時代中期、平 将門(たいらのまさかど)の乱を平定し武家の棟梁となり、子孫の多くは関東に勢力を広げた。藤原清衡の父・経清(つねきよ)は6代目、西行は9代目にあたる。のちの世には俵 藤太(たわらのとうた)の名で、ムカデ退治などさまざまな伝説の主人公にもなった。

西行桜の森
さいぎょうさくらのもり

平泉 **MAP** 本書P.3 D-1
「聞きもせず 束稲山のさくら花 よし野のほかに かかるべしとは」と西行が詠んだ桜の名所。北上川や中尊寺、毛越寺、高館などの街並みが一望できる。
❷東北自動車道・平泉前沢ICから車で15分

平泉●歴史

奥州藤原氏滅亡後の平泉

兵どもが夢の跡

義経と弁慶にまつわる数多くの伝説
後世にも多くの俳人・詩人が訪れる

　文治5年(1189)閏4月30日、藤原泰衡に急襲された源義経は、高館の衣川館で妻子を殺害したあと、自害して果てた。弁慶は義経を守って堂の入口に立ちはだかり薙刀を振るって戦うも、雨あられと降る敵の矢を受けて立ったまま死んだとされ、「弁慶の立往生」と世に語り継がれた。「判官贔屓」から義経主従は死なず、平泉を脱出して青森や北海道へ逃れ、さらに大陸に渡りチンギス・ハンになったという「義経北行伝説」まで、義経と弁慶に関するエピソードは数多い。

　その500年後の元禄2年(1689)に平泉を訪れた松尾芭蕉は「夏草や 兵どもが 夢の跡」の句を残した。

　また、法華経信者であった宮沢賢治の詩と歌も中尊寺に残る。「中尊寺 青葉に曇る夕暮れの そらふるわして青き鐘鳴る」。青き鐘は平和と非戦を願う鐘。東日本大震災時、犠牲者の冥福を祈り、特別に撞かれたという。

高館義経堂 ⊕P.123
たかだちぎけいどう
平泉 MAP 付録P.18 B-2
源義経の最期の地。堂内には義経像。北上川を眼下に松尾芭蕉の「夏草や……」の句碑が立つ。
🚃JR平泉駅から徒歩15分

武蔵坊弁慶の墓
むさしぼうべんけいのはか
平泉 MAP 付録P.18 B-2
五条の大橋で会って以来、義経の忠臣として生涯を捧げた弁慶が立ち往生した衣川からほど近い中尊寺参道、月見坂の上り口に立つ。
🚌中尊寺バス停からすぐ

平泉 歴史年表

西暦	元号	事項
749	天平 21	陸奥国で日本初めての金が産出
780	宝亀 11	伊治呰麻呂(これはるのあざまろ)が多賀城を焼き払う
802	延暦 21	阿弖流為(あてるい)と母礼(もれ)が征夷大将軍・坂上田村麿に降伏する
850	嘉祥 3	寺伝では、比叡山の高僧・慈覚大師円仁が中尊寺⊕P.118と毛越寺⊕P.124を開山
1051	永承 6	鬼切部で陸奥守・藤原登任が安倍頼良に敗北。源頼義が陸奥守として赴任(前九年合戦始まる)
1052	7	大赦により休戦。平永衡は国府へと戻る
1056	天喜 4	阿久利川事件をきっかけに合戦再開。内通を疑われた平永衡の殺害を受け藤原経清は安倍氏側へ
1057	5	黄海で源義家が安倍貞任に敗北
1062	康平 5	清原武則が参戦。安倍氏は敗北し滅亡。清原氏が安倍氏の旧領を得る(前九年合戦終わる)
1083	永保 3	清原真衡と弟の清衡・家衡が争う。陸奥守・源義家の援助を受けた真衡が勝利するが急死。清原氏の所領は清衡・家衡が分割相続(後三年合戦始まる)
1086	応徳 3	分割に不服な清原家衡が清原清衡の居城を攻める。妻子を失うも清衡は逃げ源義家に助力を仰ぐ
1087	寛治 元	清原清衡が清原家衡を敗り清原氏の全所領を継承。実父の姓・藤原を名乗り、奥州藤原氏の初代となる(後三年合戦終わる)

西暦	元号	事項
1094	嘉保 元	この頃(～1104の嘉保・康和年間)、藤原清衡が平泉に居を移したと推定(柳之御所遺跡⊕P.127)
1105	長治 2	藤原清衡、中尊寺の造営に着手
1124	天治 元	金色堂⊕P.121完成
1131	天承 元	この頃(～1134)、2代藤原基衡が毛越寺を造営
1144	天養 元	この頃、西行が平泉を訪問
1174	承安 4	源義経が平泉へ。3代藤原秀衡の保護を受ける
1180	治承 4	源頼朝が伊豆で挙兵し、源義経は平泉を離れ頼朝のもとへ馳せ参じる
1186	文治 2	西行が東大寺再建の勧進のため2度目の平泉訪問
1187	3	平家討伐後、源頼朝との関係が悪化した源義経が平泉に亡命。藤原秀衡死去
1189	5	源義経自害。藤原泰衡は首を源頼朝へ届けるが、頼朝は奥州征伐を行い、奥州藤原氏滅亡
1288	正応 元	鎌倉幕府により金色堂に覆堂が設置される(旧覆堂⊕P.121)
1337	建武 4	中尊寺のほとんどの堂が火災により焼失
1689	元禄 2	松尾芭蕉が平泉を訪問
1699	元禄 12	仙台藩により金色堂の修理が行われる
1962	昭和 37	金色堂解体修理(昭和の大修理)が始まる
2011	平成 23	「平泉－浄土思想を基調とする文化的景観」、世界文化遺産に登録される

黄金の都に秘められた思想

平泉 ● 周辺の街とスポット

愛らしいこけしが迎える奥州の名湯

鳴子温泉郷
なるこおんせんきょう

1000年以上の歴史を有する古湯で奥州三名湯のひとつ。豊富な源泉数と泉質で古くから湯治場として愛された。間歇泉や鳴子峡などのダイナミックな自然も魅力だ。

泉質も風情もさまざまな温泉郷
湯めぐりで多彩な効能を満喫

江合川の流域に点在する鳴子、東鳴子、中山平、川渡、鬼首の5つの温泉の総称。約400本の源泉と9種の泉質を楽しめる。こけしで有名な鳴子、昔ながらの木造宿が並ぶ川渡、各所に温泉蒸気が噴き上がる鬼首、紅葉の名所・鳴子峡近くの中山平など、趣の異なる湯を巡りたい。

交通 information

車 仙台市内から東北自動車道・国道47号経由で80km
鉄道 JR仙台駅から東北新幹線・陸羽東線(古川駅乗り換え)で1時間

まずは駅前の足湯でゆったり

JR鳴子温泉駅前にある足湯「ぽっぽの足湯」。帰りの列車の待ち時間にも便利。鳴子温泉街にも足湯や手湯がある。

ぽっぽの足湯 **MAP** 付録P.19 F-3
☎0229-83-3441(鳴子温泉郷観光案内所) 所大崎市鳴子温泉湯元2-1 JR鳴子温泉駅構内
開入場自由 休無休

○紅葉は10月下旬~11月上旬が見頃

鳴子峡
なるこきょう
MAP 付録P.19 D-4

錦に染まる雄大な渓谷

大谷川沿いに深さ約100m、長さ約2.5kmも続く渓谷。紅葉の名所として知られ、鳴子峡レストハウスの見晴台から大深沢橋の架かる渓谷美を一望できるほか、付近に整備された遊歩道で森林浴を楽しめる。

☎0229-83-3441(鳴子温泉郷観光案内所) 所大崎市鳴子温泉星沼内 開休料期間内散策自由(11月中旬~4月下旬は閉鎖)※一部時間規制の遊歩道あり 交JR鳴子温泉駅から車で10分 Pあり

鳴子温泉神社
なるこおんせんじんじゃ
MAP 付録P.19 F-3

温泉と同じ歴史を刻む古社

承和4年(837)の火山噴火で温泉が湧き出た際に、温泉の神様を祀るため創建されたと伝わる。神社前には源義経が妻子とともに平泉へ向かう途中、鳴子に立ち寄ったことを伝える「啼子之碑」が立つ。

↑温泉街の高台に古めかしい社が建つ

☎0229-82-2320 所大崎市鳴子温泉湯元31-1 開休料参拝自由 交JR鳴子温泉駅から徒歩5分 Pあり

地獄谷遊歩道
じごくだにゆうほどう
MAP 本書P.2 C-1

ダイナミックな温泉風景

吹上沢沿いに温泉がグツグツと自噴する様子を随所で見られる、片道20分ほどの遊歩道。湯煙を上げて熱湯が噴き上がる大小の間欠泉は迫力がある。

⤴地元では古来、間欠泉を「地獄」と呼んでいた。熱湯に注意しよう

☎0229-86-2288（鳴子温泉ブルワリー） 🏠大崎市鳴子温泉鬼首吹上 🕐休散策自由（11月中旬～4月下旬は冬季閉鎖、降雪がある場合は早めに自然閉鎖） 🚃JR鳴子温泉駅から市バス・鬼首行きで31分、かんけつ泉下車 🅿あり

⤴大きなこけしがお出迎え

⤵こけしの制作工程を紹介する展示も見られる

日本こけし館
にほんこけしかん
MAP 付録P.19 D-4

可憐なこけしを眺める

およそ200年の歴史を持つ鳴子のこけしは、首を回すとキュッと鳴るのが特徴。館内は伝統こけし約5000本を展示。職人による制作実演や絵付け体験のコーナーもある。

➡無垢なかわいい表情を見せる鳴子のこけし。館内で多くのこけしを販売する

☎0229-83-3600 🏠大崎市鳴子温泉尿前74-2 🕐8:30～17:00 12月9:00～16:00 休1～3月 🉐400円 🚃JR鳴子温泉駅から車で5分 🅿あり

こけし絵付け体験

自由にこけしを彩って
絵付けをして、自分だけのオリジナルこけしを作ってみよう。9名までは予約不要。当日に持ち帰りできる。
【所要時間】30分
【料金】1本1500円

鳴子温泉郷 共同浴場で気軽に湯めぐり
山あいの温泉郷ならではのひなびた木造湯屋の温泉に開放的な高原湯。手ごろな湯が多いので、あちこち訪ねて泉質や風情の違いを楽しみたい。

ヒバ造りの風情ある湯屋
滝の湯
たきのゆ

鳴子温泉神社の御神湯が湯船に注がれる、歴史の古い共同浴場。
MAP 付録P.19 F-3

☎080-9633-7930 🏠大崎市鳴子温泉湯元47-1 🕐7:30～21:00（最終受付20:30） 休無休 🉐200円 🚃JR鳴子温泉駅から徒歩3分 🅿なし

吹き抜けのゆったり空間
鳴子・早稲田桟敷湯
なるこ・わせださじきゆ

戦後間もなく、早稲田大学の学生がボーリング実習中に掘り当てた温泉。
MAP 付録P.19 F-3

☎0229-83-4751 🏠大崎市鳴子温泉新屋敷124-1 🕐9:00～21:30（入場は～21:00） 休無休 🉐550円 🚃JR鳴子温泉駅から徒歩3分 🅿なし

山並みを望む高原の温泉
すぱ鬼首の湯
すぱおにこうべのゆ

キャンプ場にあり、2種類の露天風呂と内湯を日替わりで利用。
MAP 本書P.2 C-1

☎0229-86-2493 🏠大崎市鳴子温泉鬼首本宮原23-89 🕐10:00～18:00（入場は～17:30、季節により変動あり）休11～4月 🉐600円 🚃JR鳴子温泉駅から市バス・鬼首行きで31分、吹上キャンプ場下車すぐ 🅿あり

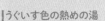
うぐいす色の熱めの湯
川渡温泉浴場
かわたびおんせんよくじょう

住宅街にあり、地元に長く愛され続ける素朴な風情の温泉。
MAP 本書P.2 C-2

☎0229-83-3441（鳴子温泉郷観光案内所） 🏠大崎市鳴子温泉川渡25-59 🕐9:00～17:00 休無休（月・金曜8:00～13:30は清掃のため入浴不可） 🉐200円 🚃JR川渡温泉駅から徒歩30分 🅿なし

鳴子温泉郷

ウナギのようにつるっとした
神秘の湯に癒やされる

元祖うなぎ湯の宿 ゆさや旅館

がんそうなぎゆのやどゆさやりょかん

MAP 付録P.19 F-3

創業から約400年の歴史ある温泉旅
館。うなぎ湯はつるつるとしたアル
カリ泉でなめらかな肌ざわり。天候
や気温によってエメラルド色やカラ
ス色に変化する幻想的な湯だ。硫黄
泉の湯や貸切露天風呂も楽しめる。

☎0229-83-2565
㊟大崎市鳴子温泉元84
🚉JR鳴子温泉駅から徒歩4分 🅿あり
🕑14:00 🕙10:00 🛏14室
💰1泊2食付1万7250円〜

1. 江戸時代中期には世間に名前を知られてい
たといううなぎ湯　2. 山の幸をふんだんに使
用した山里料理　3. 昭和11年(1936)に建
てられた木造の建物は国の登録有形文化財に指
定されている　4. 貸切露天風呂「茜の湯」は、
木々に囲まれておりリラックス効果は抜群

鳴子温泉郷の湯宿

多彩に揃う癒やしの湯

古くから湯治場として利用されてきたこともあり、じっくりと湯を味わうような風呂が多く見られる。
多くの源泉がありそれぞれ湯質も違うため、宿泊先以外でも湯めぐりを楽しみたいところ。

極上の湯浴み体験が楽しめる
伝統ある湯治宿

百年ゆ宿 旅館大沼

ひゃくねんゆやどりょかんおおぬま

MAP 本書P.2 C-2

100年の歴史を持つ小さな宿。湯治
滞在に最適なお風呂は貸切の庭園露
天風呂など全8種類。自然の力で心と
体を癒やしたい。滞在プランにはス
タンダードプランのほか一汁五菜プ
ランや自炊湯治プランなどがある。

☎0229-83-3052
㊟大崎市鳴子温泉赤湯34 🚉JR鳴子御殿湯
駅から徒歩5分 🅿あり 🕑14:00
🕙10:00 🛏20室 💰1泊2食付1万7600
円〜(本館、「母里の湯」入浴付)
※立ち寄り湯は2024年1月現在、休止中

1. 命の洗濯「快浴洗心」をする場とい
う庭園貸切露天風呂「母里(もり)の湯」
2. 「薬師千人風呂」など内湯は7種
3. 床下に流れ込む温泉の熱で芳香浴を
楽しむ「ふかし風呂」　4. 1室限定の
ベッド付き和室　5. 玄米と野菜を中心
にした一汁五菜プランのメニュー

彩り鮮やかな色の変化を
楽しめる美肌の湯

鳴子ホテル
なるこホテル

MAP 付録P.19 F-3

美しい山里の風景と、色が変化する湯に癒やされる温泉宿。3つの源泉から引かれた温泉は、美容液そのものといわれるほど美肌効果が抜群。紅葉館の露天足湯付きお客室は3世代で利用できるコネクティングタイプもある。

☎0229-83-2001
所大崎市鳴子温泉湯元36
交JR鳴子温泉駅から徒歩5分　Pあり　in15:00
out10:00　室115室
予算1泊2食付1万6650円〜
※立ち寄り湯🕐11:00〜15:00 料1100円 休無休（臨時休あり）

1. 夕食はバイキングレストラン宮城野で季節の料理を
2. 刻々と変わるお湯の色がとても幻想的な「芭蕉の湯」
3. 内風呂と露天風呂があり広々とした「玉の湯」

鳴子温泉郷の湯宿

鳴子温泉郷の食事処&手みやげ

古くから温泉街として栄えてきたため、飲食店も老舗が多く揃う。
工芸品はこけしのほか、日用でも使いやすい鳴子漆器がよく知られている。

地鶏南蛮が人気のそば店
そば処 小花
そばどころ こはな

温泉街中心部にある日本そば店で、大正4年(1915)に創業。鳴子温泉とともに歩んできた。放し飼いの地鶏を使った地鶏南蛮そばが人気。地元食材を使った季節のそばもおすすめだ。

MAP 付録P.19 F-3

☎0229-83-2126　所大崎市鳴子温泉湯元87　🕐11:00〜21:30　休不定休
交JR鳴子温泉駅から徒歩3分　Pあり（提携駐車場）

地鶏南蛮そば850円。天ぷらそばは1200円などもある。

鳴子名物・栗だんごが評判
餅処 深瀬
もちどころ ふかせ

老舗の餅店で、現在はケーキなど洋菓子も販売している。なかでも、栗の甘露煮入りの餅をみたらし餡で食べる、鳴子名物・栗だんごが一番人気。

⤴和菓子のほか、洋菓子も販売する老舗の和洋菓子店
⤵栗だんごは2個入り400円、5個入り850円

MAP 付録P.19 F-3

☎0229-83-2146　所大崎市鳴子温泉湯元24-2
🕐8:00〜18:00（栗だんごは売り切れ次第終了）　休不定休
交JR鳴子温泉駅から徒歩3分　Pなし

絵付け体験に挑戦しよう
桜井こけし店
さくらいこけしてん

江戸時代から代々続くこけし店。趣のある広々とした店内には多彩なこけしやだるま、木地の雛人形などが並ぶ。こけしの絵付け体験2750円〜もできる。予約がおすすめ（3名以上は要予約）。

⤴鳴子こけしは2640円〜。さまざまなこけしグッズが揃う

MAP 付録P.19 F-3

☎0229-87-3575
所大崎市鳴子温泉湯元26　🕐10:00（土・日曜、祝日9:30）〜17:00　休不定休
交JR鳴子温泉駅から徒歩3分　P3台

昔のワンシーンが再現された
明治建築を探して街さんぽ

江戸時代に登米伊達藩の城下町となり、明治以降は北上川の水運で栄えた登米市登米町。明治期の洋館や蔵が街に多く残ることから、「みやぎの明治村」と呼ばれている。点在するレトロ建築を訪ねてハイカラな街の雰囲気を楽しみ、ご当地グルメの油麩丼も味わってみよう。

交通 information

車 平泉から国道342号経由で約48km
鉄道・バス JR平泉駅から東北本線・東北新幹線（一ノ関駅乗り換え）で仙台駅まで1時間、仙台駅前から東日本急行の高速バス・とよま総合支所行きでとよま明治村まで1時間30分

> **注目ポイント**
>
>
>
> 春は
> 桜で彩られる
> 4月中旬〜下旬頃に、「春蘭亭」の庭のしだれ桜が見事に咲き誇る。武家屋敷通りにも枝が差しかかり、通りを鮮やかに彩る。

「みやぎの明治村」で時間旅行を楽しむ

登米
とよめ

日本情緒たっぷりの武家屋敷通りからモダンなハイカラ建築が残る明治村へ、タイムスリップが楽しめる歴史の街。

武家屋敷「春蘭亭」

ぶけやしき「しゅんらんてい」
MAP 付録P.19 E-1

江戸建築の休憩所でひと休み

江戸中期〜後期頃に建てられた武家屋敷を保存。囲炉裏端や縁側でひと休みしながら、この地に自生する春蘭を浮かべた春蘭茶と和菓子のセット500円を味わえる。

☎0220-52-2960
所登米市登米町寺池桜小路79
開9:00〜16:30 休無休 料無料
交とよま明治村バス停から徒歩2分 Pあり

↑屋敷内には囲炉裏を囲む喫茶コーナーがある
写真提供:㈱とよま振興公社

趣ある茅葺きの母屋。花の咲く庭園もある

警察資料館

けいさつしりょうかん
MAP 付録P.19 E-2

明治時代の留置所を再現

明治22年（1889）から昭和43年（1968）まで使われた旧登米警察署で、県の有形文化財に指定されている。明治期の警察関連資料や留置所の再現、昭和期のパトカーなどを展示している。

☎0220-52-2595 所登米市登米町寺池中町3
開9:00〜16:30 休無休 料300円
交とよま明治村バス停から徒歩7分 Pあり

↑洋風バルコニーと瓦屋根が混在する和洋折衷建築。明治期の留置所は全国でも珍しい

→昭和48年（1973）までは校舎として使用されていた

教育資料館
きょういくしりょうかん
MAP 付録P.19 E-1

ハイカラな明治の小学校

明治21年（1888）建造の旧登米高等尋常小学校。バルコニーや外廊下を設けたモダンな造りだ。館内では、大正時代の授業風景が再現されている。国の重要文化財。

→明治期の学校建築の歴史を伝える貴重な建物
写真提供：㈱とよま振興公社

☎0220-52-2496　所登米市登米町寺池桜小路6　開9:00〜16:30　休無休　料400円　交とよま明治村バス停から徒歩3分　Pあり

登米懐古館
とよまかいこかん
MAP 付録P.19 E-1

登米の武家文化を紹介

建築家・隈研吾氏の設計。登米伊達家ゆかりの資料を多数展示。武家屋敷通りにある歴史と現代をつなぐ施設。

→2019年9月に移転新築。四季折々の庭の表情も見どころ
写真提供：丹青社
撮影：フォワードストローク

☎0220-52-3578　所登米市登米町寺池桜小路72-6　開9:00〜16:30　休無休　料400円　交とよま明治村バス停からすぐ　Pあり（交通公園）

登米の食事処&手みやげ

人気ご当地丼を堪能
味処 もん
あじどころ もん

だし汁で煮込んだ油麸（揚げ麸）を卵でとじてご飯にのせたご当地グルメ「油麸丼」が食べられる。油麸丼と、郷土料理のはっと汁がセットになったとよまセット1100円が人気。
MAP 付録P.19 F-1
☎0220-52-3161
所登米市登米町寺池桜小路91
営11:30〜14:00
休不定休　交とよま明治村バス停からすぐ　Pあり

→だしが染みた油麸はジューシー

→地元の人にも愛される食事処

登米みやげを探すならここで
とよま観光物産センター遠山之里
とよまかんこうぶっさんセンターとおやまのさと

登米観光の拠点施設で、観光案内所や地場産品を豊富に揃える売店がある。名物の油麸2本入り410円〜などはおみやげに最適だ。ご当地グルメを食べられる食事処も併設。
MAP 付録P.19 E-1
☎0220-52-5566　所登米市登米町寺池桜小路2-1
営9:00〜17:00　休無休　交とよま明治村バス停からすぐ　Pあり

→街歩き途中の休憩スポットにもぴったり

水沢県庁記念館
みずさわけんちょうきねんかん
MAP 付録P.19 E-1

明治期に県庁が置かれた場所

廃藩置県後の明治5年（1872）に建てられた県庁庁舎。のちに小学校や裁判所に利用された。明治の裁判所を再現した展示もある。

☎0220-52-2160
所登米市登米町寺池桜小路1
開9:00〜16:30　休無休　料200円
交とよま明治村バス停からすぐ　Pなし

→玄関が和風、本棟が洋風の和洋折衷建築

海老喜 蔵の資料館
えびきくらのしりょうかん
MAP 付録P.19 F-1

昔のまま残る酒蔵を見学

天保4年（1833）創業の酒・味噌・醤油の醸造元・海老喜商店が、明治まで使用した酒蔵を公開。酒造りの歴史について解説してくれる。

☎0220-52-2015
所登米市登米町寺池三日町22　開9:00〜17:00
（入館は〜16:40）　休不定休　料200円
交とよま明治村バス停からすぐ　Pあり

→館内では仕込みに使った井戸も見られる

伝統芸能伝承館 森舞台
でんとうげいのうでんしょうかん もりぶたい
MAP 本書P.3 E-2

本格的な能舞台がある

建築家・隈研吾氏の設計。300年近い歴史がある、地元伝統芸能の登米能に関する資料を展示し、能舞台では9月に薪能が催される。

☎0220-52-3927
所登米市登米町寺池上町42
開9:00〜16:30　休無休　料200円
交とよま明治村バス停から徒歩10分　Pあり

→建物は1997年日本建築学会賞を受賞

仙台・松島・平泉 宿泊のアドバイス

初めての土地では、どこでホテルを探せばよいのかわかりにくいもの。
便利な場所や特別な楽しみがある場所、大枠を把握してから、旅のテーマに沿った施設を探そう。

宿泊のアドバイス

仙台周辺での宿泊

便利な仙台駅周辺と、贅沢な奥座敷

まず探したいのは仙台中心部。宿泊施設はJR仙台駅から徒歩
圏内に集中している。交通の便はさほど変わらないので、施設
内容と料金で好みのものを選べばよい。秋保温泉や作並温泉か
らは旅館のシャトルバスなどを利用して1時間足らずで仙台中心
部まで移動できるため、十分に選択肢に入る。

● 仙台中心部の宿泊施設

近隣にたくさんの温泉街があるためか、大都市のわりには宿泊
施設の数は多くはない。ビジネス用途の簡素なホテルが多い
が、2010年に開業したウェスティンホテル仙台をはじめ、高級
ホテルも増えている。

● 秋保温泉・作並温泉の宿泊施設

どちらも仙台市内、仙台の奥座敷と呼
ばれるように、仙台中心部の観光にも
それほど不便でなく、贅沢にゆったりと
したステイが楽しめる。リゾートタイプ
のホテルや低価格帯のシンプルなホテ
ルも増えている。

松島周辺での宿泊

絶景を望むステイは旅の醍醐味

日本有数の観光地である松島湾周辺
に、多くの宿泊施設がある。松島温泉
は近年になってから開発されたものな
ので、温泉が楽しめる施設はまだそれ
ほど多くない。松島湾以外では、宮城
県内第2の都市・石巻にも、ビジネスホ
テルや旅館が見つかる。

平泉周辺での宿泊

仙台からの日帰りがおすすめ

平泉駅周辺には宿泊施設は少ないので、仙台から日帰りで訪ね
るか、それほど近くはないが鳴子温泉郷の温泉旅館を利用する
のがおすすめ。どうしても近くに宿泊するならば、新幹線駅と
高速道路のインターチェンジがある一関にもビジネスホテル中
心に宿泊施設があるので選択肢に入れておこう。

仙台中心部の主要ホテル

仙台駅 MAP 付録P.11 E-2
ホテルメトロポリタン仙台
ホテルメトロポリタンせんだい
☎022-268-2525
所仙台市青葉区中央1-1-1
URL sendai.metropolitan.jp

仙台駅西口 MAP 付録P.10 C-3
ウェスティンホテル仙台
ウェスティンホテルせんだい
☎022-722-1234
所仙台市青葉区一番町1-9-1
URL www.the-westin-sendai.com

仙台駅西口 MAP 付録P.11 E-3
ホテルモントレ仙台
ホテルモントレせんだい
☎022-265-7110 所仙台市青葉
区中央4-1-8 URL
hotelmonterey.co.jp/sendai/

仙台駅西口 MAP 付録P.11 D-3
仙台国際ホテル
せんだいこくさいホテル
☎022-268-1111
所仙台市青葉区中央4-6-1
URL www.tobu-skh.co.jp

仙台駅西口 MAP 付録P.9 E-4
三井ガーデンホテル仙台
みついガーデンホテルせんだい
☎022-214-1131 所仙台市青葉
区本町2-4-6 URL www.
gardenhotels.co.jp/sendai/

仙台駅東口 MAP 付録P.11 E-3
仙台ワシントンホテル
せんだいワシントンホテル
☎022-745-2222 所仙台市青葉
区中央4-10-8 URL washington-
hotels.jp/sendai/

仙台駅東口 MAP 付録P.11 F-4
ANAホリデイ・イン仙台
エーエヌエーホリデイ・インせんだい
☎022-256-5111 所仙台市若林
区新寺1-4-1 URL www.
anaholidayinn-sendai.jp

仙台駅西口 MAP 付録P.11 D-1
リッチモンドホテルプレミア仙台駅前
リッチモンドホテルプレミアせんだいえきまえ
☎022-716-2855 所仙台市青葉区中
央2-1-1 仙台東宝ビル5F
URL richmondhotel.jp/sendai-ekimae/

仙台駅東口 MAP 付録P.11 F-1
コンフォートホテル仙台東口
コンフォートホテルせんだいひがしぐち
☎022-792-8711 所仙台市宮城
野区名掛丁205-5 URL www.
choice-hotels.jp/hotel/sendai-e/

仙台駅東口 MAP 付録P.7 E-3
ホテルビスタ仙台
ホテルビスタせんだい
☎022-385-6222 所仙台市宮城
野区榴岡1-7-3 URL sendai.hotel-
vista.jp/ja

仙台駅西口 MAP 付録P.7 E-2
ホテルJALシティ仙台
ホテルジャルシティせんだい
☎022-711-2580 所仙台市青葉
区花京院1-2-12 URL www.
sendai.jalcity.co.jp

仙台駅西口 MAP 付録P.9 D-3
KOKO HOTELS 仙台勾当台公園
ココ ホテルズ せんだいこうとうだいこうえん
☎022-721-2082 所仙台市青葉区本
町2-15-10 URL koko-hotels.com/
sendai-kotodai

ホテル予約サイトの利用法

数多くの予約サイトがあり、どれを使うべきか悩んでしまうが、
基本的に予約状況は共有されているため、どこのサイトで調べ
てもかまわない。高級な宿を探す場合には、独自の基準で上質
な宿をセレクトしている「一休.com」が便利だ。宿泊するホテ
ルを決めたら、ホテルの公式HPやほかの予約サイトも確認して
おこう。限定の特典があったり、同じような条件でももっと安い
プランがあることも。

アクセスと市内交通

東北地方の交通の拠点で、
新幹線も飛行機も利用でき、
どこから訪れるにも不自由しない街。
観光の拠点として、
さらに便利になった。

東北の玄関口を
賢く活用したい

主な交通手段は新幹線と飛行機。東北からは高速バスも活用

仙台へのアクセス

東日本から仙台へは東北新幹線の利用が主流。東北各県からは高速バスが本数も多く、運賃を抑えたい人にはおすすめ。西日本からなら飛行機が便利。仙台空港は市街まで30分以内と近く利用しやすい。

北海道・東北から

出発地	交通手段	所要時間／料金	到着地
✈ 新千歳空港	ANA・JAL・ADO・IBX・APJ	約1時間10分／ANA3万6500円〜、JAL3万6410円〜、ADO3万5760円〜、IBX3万5500円〜、APJ5290円〜	仙台空港
🚄 新青森駅	東北新幹線はやぶさ	約1時間50分／1万1420円	仙台駅
🚄 秋田駅	秋田新幹線こまち	約2時間20分／1万460円	
🚄 盛岡駅	東北新幹線はやぶさ	約40分／6790円	
🚄 山形駅	JR仙山線快速	約1時間25分／1170円	
🚄 福島駅	東北新幹線やまびこ	約25分／3740円	
🚌 青森駅	十和田観光電鉄・弘南バス「ブルーシティ号」	約5時間5分／5800円〜	仙台駅前
🚌 秋田駅 東口	秋田中央交通・宮城交通など「仙秋号」	約3時間35分／4500円	
🚌 盛岡駅 西口	岩手県交通・岩手県北バスなど「アーバン号」	約2時間30分／3300円	
🚌 山交ビルBT(山形)	山交バス・宮城交通(山形〜仙台線)	約1時間10分／1000円	
🚌 福島駅 東口	福島交通・宮城交通・JRバス東北(福島〜仙台線)	約1時間20分／1300円	

※所要時間は利用する便、列車により多少異なります。
※飛行機は2023年12月現在のANA通常期の料金、鉄道は通常期に指定席を利用した場合の料金です。
※航空会社はANA＝全日空、JAL＝日本航空、ADO＝エア・ドゥ、IBX＝アイベックス・エアラインズ、APJ＝ピーチ・アビエーション

関東方面から

出発地	交通手段	所要時間／料金	到着地
🚄 東京駅	東北新幹線はやぶさ	約1時間40分／1万1410円	仙台駅
🚄 東京駅	東北新幹線やまびこ	約2時間10分／1万1090円	
🚌 東京駅 八重洲通り	東北急行バス「ニュースター号」ほか	約5時間20分／3800円〜	仙台駅前
🚌 バスタ新宿	JRバス東北「仙台・新宿号」ほか	約5時間50分／3700円〜	

中部・北陸方面から

出発地	交通手段	所要時間／料金	到着地
✈ 中部空港	ANA・IBX・APJ	約1時間5分／ANA3万6400円〜、IBX3万5400円、APJ5690円〜	仙台空港

関西・中国方面から

出発地	交通手段	所要時間／料金	到着地
✈ 伊丹空港	ANA・JAL・IBX	約1時間10分／ANA3万9800円〜、JAL3万9710円〜、IBX3万8800円〜	仙台空港
✈ 関西空港	APJ	約1時間20分／5590円〜	
✈ 広島空港	ANA・IBX	約1時間20分／ANA4万8600円〜、IBX4万7600円〜	

九州・沖縄方面から

出発地	交通手段	所要時間／料金	到着地
✈ 福岡空港	ANA・JAL・IBX	約1時間45分／ANA5万6100円〜、JAL5万6100円〜、IBX5万5100円〜	仙台空港
✈ 那覇空港	ANA	約2時間30分／6万4500円〜	

仙台空港からのアクセス

仙台空港駅	仙台空港アクセス線 約30分／660円	仙台駅

問い合わせ先

ANA(全日空) ☎0570-029-222　日本航空 ☎0570-025-071　エア・ドゥ ☎011-707-1122
アイベックス・エアラインズ ☎0570-057-489　ピーチ・アビエーション ☎0570-001-292
JR東日本(お問い合わせセンター) ☎050-2016-1600　十和田観光電鉄 ☎0187-787-1558　弘南バス ☎017-726-7575
秋田中央交通 ☎018-823-4890　岩手県交通 ☎019-654-2141　岩手県北バス ☎019-641-1212
山交バス(案内センター) ☎023-632-7272　福島交通(福島支社) ☎024-535-4101　宮城交通 ☎022-771-5310
東北急行バス ☎022-262-7031　JRバス東北(仙台駅東口バス案内所) ☎022-256-6646

アクセスと市内交通

グルメにおみやげ、観光情報まで、何でも揃う東北最大のターミナル駅

旅の拠点・JR仙台駅

地下2階〜地上4階の6フロアからなる広い構内に、人気レストランやみやげ物店などが集まるJR仙台駅。
2019年には本館地下1階のエキチカキッチンが12年ぶりにリニューアル。ますます便利になった。

観光案内所

旅の情報はここでチェック

● 仙台市観光情報センター `2F`

せんだいしかんこうじょうほうセンター

びゅうプラザ内にある。観光スポットやイベントの情報を聞いたり、パンフレットを入手できる。

☎022-222-4069　開8:30〜19:00　休無休

おみやげ&駅弁

仙台名物がさまざまに揃う

● S-PAL仙台 エキチカおみやげ通り `B1`

エスパルせんだい エキチカおみやげどおり

笹かまぼこや牛たん、ずんだ餅など、仙台みやげを代表する商品を取り扱う約50店舗が集まり、名店の魅力を吟味できる。

☎022-267-2111(S-PAL仙台)
営9:00〜21:00　休不定休

● 牛たん駅弁屋 `2F`

ぎゅうたんえきべんや

牛たんに特化した駅弁の店。市内の牛たん専門店などの駅弁を販売する。11〜19時は店頭で牛たん焼きの実演も。

☎022-227-7310
(日本レストランエンタプライズ)
営9:00〜21:00　休無休

● 駅弁屋 祭 仙台駅店 `2F`

えきべんやまつり せんだいえきてん

三陸産の魚介や牛たんなど、仙台・東北地方の名物駅弁を中心に、全国各地の駅弁が揃う。

☎022-227-7310
(日本レストランエンタプライズ)
営7:00〜21:30　休無休

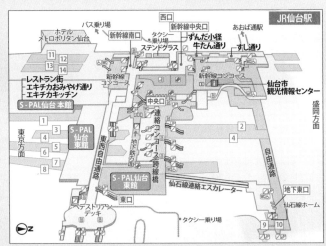

レストラン&スイーツ

老舗レストランからおしゃれカフェまで、仙台の味を気軽に

● S-PAL仙台 レストラン街 `B1`

エスパルせんだい レストランがい

S-PAL仙台本館の地下1階レストラン街には和洋中さまざまな飲食店約30店が集まる。また、東館3階にもグルメゾーン「杜のダイニング」がある。

☎022-267-2111(S-PAL仙台)
営11:00〜23:00(店舗により異なる)　休不定休

● 牛たん通り `3F`

ぎゅうたんどおり

仙台を代表する牛たんの有名店が6店並ぶ。休日の昼どきは行列ができる人気ぶり。

☎店舗により異なる　営10:00〜22:00
(店舗により異なる)　休無休

● すし通り `3F`

すしどおり

人気の寿司店4店が軒を連ねる。新鮮な旬の魚介や仙台ならではのネタも味わえる。

☎店舗により異なる　営10:00〜22:00
(店舗により異なる)　休無休

● ずんだ小径 `3F`

ずんだこみち

さまざまな「ずんだ」メニューが味わえるカフェやおみやげ店など2店が集まる。

☎店舗により異なる　営8:00〜21:30
(店舗により異なる)　休無休

ずんだ茶寮ずんだ小径店で人気のずんだシェイク330円

（縦書き右側）仙台へのアクセス／旅の拠点・JR仙台駅

139

仙台の市内交通

バスと地下鉄を使いこなせば市内移動も自由自在

主要な観光地にアクセスするには市内循環バス「るーぷる仙台」が便利。2路線が走る地下鉄は観光客にもわかりやすく気軽に利用できる。施設の割引もある共通一日乗車券を賢く活用しよう。

るーぷる仙台（周遊バス）

主要な観光スポットを結ぶレトロ調のバス

　仙台市中心部の観光スポットを周遊するレトロなデザインのバス。運行本数も多く、一日乗車券があれば何度でも乗り降りでき、仙台初心者にぴったり。仙台駅前を発着し、瑞鳳殿や仙台城跡、大崎八幡宮などを巡る。9:00〜16:00に仙台駅前発、20分間隔で運行している。

緑の多い仙台の街並みに溶け込む路面電車風の車体は

↑一日乗車券は乗り降り自由になるだけでなく、施設割引などの特典が付くのも魅力

料金と乗車方法

料金 1回乗車260円、乗り放題の一日乗車券は630円。仙台市地下鉄と共通の一日乗車券920円もある（P.141参照）。

乗車券の購入 仙台駅西口バスターミナル案内所のほか、仙台市交通局各営業所や市内21カ所のホテルなどで購入できる。

乗り場 仙台駅前での乗車は、西口バスターミナル16番乗り場で。そのほかは「るーぷる仙台」ロゴの入った赤いバス停が目印。

乗り方 1回乗車の場合、料金は降車時に支払う。Suica、PASMO、icsca（イクスカ）などのICカードも使用できる。一日乗車券は、初回降車時に運賃箱に通して日付を印字する。2回目以降はその日付を乗務員に見せて降車すればOK。

るーぷる仙台一日乗車券の特典

バスのルート上にある以下の施設で一日乗車券を提示するとサービスが受けられる。

瑞鳳殿（観覧料110円引）、青葉城資料展示館（入館料200円引）、宮城県美術館※休館中（常設展観覧料 団体料金適用）、大崎八幡宮（絵はがきプレゼント）、ホテルメトロポリタン仙台・ウェスティンホテル仙台（いずれも飲食料金5%引）、DATE BIKE（レンタサイクル1日パス学生パス料金適用）など

仙台市交通局案内センター ☎022-222-2256

るーぷる仙台 ルート図

アクセスと市内交通

仙台市地下鉄

南北線と東西線というシンプルな2つの路線

仙台市を走る地下鉄は、南北線と東西線の2路線。その名のとおり仙台駅を中心にそれぞれ南北と東西に延びている。乗車料金は仙台駅から3駅以内なら210円均一、最も長い区間で370円。乗り降り自由の一日乗車券は840円（土・日曜、祝日は620円）。

◔ 2015年に開業した東西線

地下鉄一日乗車券の特典

以下の施設で一日乗車券を提示すると、入館料が割引に。割引額は施設により異なる。
仙台市博物館、仙台市歴史民俗資料館、スリーエム仙台市科学館、八木山動物公園フジサキの杜、仙台市野草園、仙台市戦災復興記念館（資料展示室）、富沢遺跡保存館（地底の森ミュージアム）、仙台文学館
仙台市交通局案内センター ☎022-222-2256

◔ 4回ほど乗車すればもとが取れる

仙台市地下鉄 路線図

南北線
- 泉中央
- 八乙女
- 黒松
- 旭ヶ丘
- 台原
- 北仙台
- 北四番丁
- 勾当台公園
- 広瀬通
- 仙台
- 五橋
- 愛宕橋
- 河原町
- 長町一丁目
- 長町
- 長町南
- 富沢

東西線
八木山動物公園 — 青葉山 — 川内 — 国際センター — 大町西公園 — 青葉通一番町 — 仙台 — 宮城野通 — 連坊 — 薬師堂 — 卸町 — 六丁の目 — 荒井

市バス

ちょい移動には「120円パッ区」

地下鉄とともに仙台市の主要な交通機関として運行している。市内中心部には「120円パッ区」と呼ばれる区域があり、このエリア内は1回120円で乗車できるので、ちょっとした移動の際も気軽に利用できる。「120円パッ区フリー共通定期券」を購入すれば120円パッ区エリア内乗り降り自由。市営バスと宮城交通バスどちらも利用できる。1カ月4870円。
仙台市交通局案内センター
☎022-222-2256

自転車

気ままに移動するのに便利

● DATE BIKE（ダテ バイク）

電動アシスト付き自転車をレンタルしてラクラク移動。市内に約120カ所あるサイクルポートのどこでもレンタル・返却できる。
☎0570-783-677（サポートセンター）
利用時間
24時間（一部のサイクルポートは除く）
料金 1日バス1606円、午後バス1078円（14:00～）※1日バス購入は窓口で。
公式サイト要確認

タクシー

早くて確実な移動手段

仙台駅前に多く停まっておりつかまえやすい。荷物が多いときなどに便利。
第一交通	☎022-236-1221
仙台タクシー	☎022-288-6281
稲荷タクシー	☎022-241-1121

◔ 仙台駅の西口駅前広場

レンタカー

遠出したいときは自分で運転

松島や三陸方面まで足をのばすなら、レンタカーが移動しやすく便利。
JR駅レンタカー	☎022-292-6501
トヨタレンタリース仙台	☎022-291-0100
日産レンタカー	☎022-257-4123

お得なフリーきっぷ＆共通乗車券

複数の交通機関を利用する予定があれば、乗り放題きっぷも要チェック。観光施設の割引もある。

るーぷる仙台・地下鉄 共通一日乗車券
るーぷる仙台と仙台市地下鉄に一日乗り放題。アクティブに移動したい人におすすめ。

◔ 移動手段を選べるので使いやすい
☎022-222-2256（仙台市交通局案内センター） **料金** 920円
購入場所 仙台駅西口バスターミナル案内所、仙台市地下鉄窓口ほか

仙台まるごとパス
仙台空港アクセス線や仙台近郊エリアのJR、るーぷる仙台、仙台市地下鉄、市バス、宮城交通バスの仙台～秋保大滝線、阿武隈急行の一部路線が2日間乗り放題になるフリーパス。協賛施設のクーポンブックが付いているのもお得。
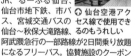
◔ 仙台空港アクセス線で使用できる
☎022-268-9568（仙台まるごとバス運営協議会事務局）
料金 2720円
購入場所 仙台駅、仙台空港駅、フリーエリア内のJRみどりの窓口・主な旅行会社ほか
◔ 路線図マップとリーフレットはHPからダウンロードできる

INDEX

仙台

歩く・観る

あ AER展望テラス ・・・・・・・・・・・・ 37
アクアイグニス仙台 ・・・・・・・・・ 22
青葉神社 ・・・・・・・・・・・・・・・・・・ 41
青葉山公園 仙臺緑彩館 ・・・・・ 23
一番町四丁目商店街 ・・・・・・ 36
大崎八幡宮 ・・・・・・・・・・・・・・・ 33
か 覚範寺 ・・・・・・・・・・・・・・・・・・・ 41
カメイ美術館 ・・・・・・・・・・・・・ 44
クリスロード商店街 ・・・・・・・・ 37
勾当台公園 ・・・・・・・・・・・・・・・ 35
光明寺 ・・・・・・・・・・・・・・・・ 41・50
さ サンモール一番町商店街 ・・・ 36
資福寺 ・・・・・・・・・・・・・・・・・・・ 40
定禅寺ストリートジャズフェスティバル ・ 43
新寺こみち市 ・・・・・・・・・・・・・ 39
瑞鳳殿 ・・・・・・・・・・・・・・・・・・・ 32
仙台・青葉まつり ・・・・・・・・・・・ 43
仙台アンパンマン
こどもミュージアム&モール ・・ 39
仙台うみの杜水族館 ・・・・・・・・ 46
せんだい 3.11 メモリアル交流館 ・ 52
仙台市天文台 ・・・・・・・・・・・・・ 47
仙台市博物館 ・・・・・・・・・・・・・ 33
仙台市野草園 ・・・・・・・・・・・・・ 47
仙台城跡 ・・・・・・・・・・・・・・・・・ 31
仙台市場外市場 杜の市場 ・・・・ 47
仙台市歴史民俗資料館 ・・・・・ 39
仙台七夕まつり ・・・・・・・・・ 25・42
仙台東照宮 ・・・・・・・・・・・・・・・ 46
SENDAI光のページェント ・・・ 43
仙台文学館 ・・・・・・・・・・・・・・・ 45
せんだいメディアテーク ・・・ 35・52
た 地底の森ミュージアム ・・・・・・ 47
榴岡公園 ・・・・・・・・・・・・・ 24・39
榴岡天満宮 ・・・・・・・・・・・・・・・ 39
東昌寺 ・・・・・・・・・・・・・・・・・・・ 41
東北大学植物園 ・・・・・・・・・・・ 46
東北大学史料館 魯迅記念展示室 ・ 45
な 中本誠司現代美術館 ・・・・・・・ 44
は ハピナ名掛丁商店街 ・・・・・・・ 37
林子平墓 ・・・・・・・・・・・・・・・・・ 51
晩翠草堂 ・・・・・・・・・・・・・・・・・ 45
ぶらんど〜む一番町 ・・・・・・・・ 36
ま マーブルロードおおまち商店街 ・ 37
三瀧山不動院 ・・・・・・・・・・・・・ 46
みちのくYOSAKOIまつり ・・・・ 43
宮城県美術館 ・・・・・・・・・・・・・ 44
陸奥国分寺薬師堂 ・・・・・・・・ 102
や 八木山動物公園フジサキの杜 ・・ 46
ら 楽天モバイルパーク宮城 ・・・・・ 38
輪王寺 ・・・・・・・・・・・・・・・・・・・ 40

食べる

あ 一番五郎 ・・・・・・・・・・・・・・・・・ 72
一心 本店 ・・・・・・・・・・・・・・・・ 58
うまいものあり おおみ矢
仙台駅前店 ・・・・・・・・・・・・・・・ 57
旨味太助 ・・・・・・・・・・・・・・・・・ 68
お寿司と旬彩料理 たちばな ・・ 61
おでん三吉 ・・・・・・・・・・・・・・・ 64
Au Bélier ・・・・・・・・・・・・・・・・ 63
か kazunori ikeda individuel ・・ 74
割烹 天ぷら 三太郎 ・・・・・・・・ 55
ガネッシュティールーム ・・・・・ 34
カフェ・ド・ギャルソン ・・・・・・・ 35
café Mozart Atelier ・・・・・・・ 74
歓の季 ・・・・・・・・・・・・・・・・・・ 56
甘味処 彦いち ・・・・・・・・・・・・・ 71
牛正 仙台店 ・・・・・・・・・・・・・・ 69
餃子元祖 八仙 ・・・・・・・・・・・・ 66
郷土酒亭 元祖 炉ばた ・・・・・・ 65
源氏 ・・・・・・・・・・・・・・・・・・・・ 66
さ 酒の穴 鳥心 ・・・・・・・・・・・・・・ 58
定禅寺通のわしょく 無垢とうや ・ 65
すけぞう ・・・・・・・・・・・・・・・・・ 67
炭火焼・山塞料理 地雷也 ・・・・ 60
仙台牛焼肉花牛 ・・・・・・・・・・・ 69
た 台湾中国料理 燕来香 ・・・・・・ 70
伊達の牛たん本舗 本店 ・・・・・ 68
中国美点菜 彩華 ・・・・・・・・・・ 70
中国料理 口福吉祥 囍龍 ・・・・ 72
中国料理 龍亭 ・・・・・・・・・・・・ 70
鉄板焼 すていき小次郎 ・・・・・ 69
東四ビアガーデン／
東四芋煮ガーデン ・・・・・・・・・ 73
な nacrée ・・・・・・・・・・・・・・・・・・ 63
日本酒bar 旅籠 ・・・・・・・・・・・ 58
日本料理 e. ・・・・・・・・・・・・・・ 54
は BAR Andante ・・・・・・・・・・・・ 75
バール アルカンシェル ・・・・・・ 75
富貴寿司 ・・・・・・・・・・・・・・・・・ 72
葡萄酒小屋 ・・・・・・・・・・・・・・・ 67
フレンチレストラン・プレジール ・ 63
ま 村上屋餅店 ・・・・・・・・・・・・・・・ 71
や ゆきむら ・・・・・・・・・・・・・・・・・ 62
ら 利久 西口本店 ・・・・・・・・・・・・ 68
LE BAR KAWAGOE ・・・・・・ 75
レストラン ロジェ ドール ・・・・・ 62
わ 和食堂さぶら ・・・・・・・・・・・・・ 60

買う

あ いたがき 朝市店 ・・・・・・・・・・・ 73
ウェスティンホテル仙台

せんだいスーベニア ・・・・・・・・ 77
エキチカおみやげ通り ・・・・・・ 79
S-PAL仙台 ・・・・・・・・・・・・ 37・79
お薬師さんの手づくり市 ・・・・・ 39
か KANEIRI STANDARD STORE ・・ 76
金華山 ・・・・・・・・・・・・・・・・・・・ 73
さ 齋藤惣菜店 ・・・・・・・・・・・・・・・ 73
しまぬき 本店 ・・・・・・・・・・・・・ 76
SWEETS GARDEN ・・・・・・・ 79
仙台朝市 ・・・・・・・・・・・・・・・・・ 73
仙台泉プレミアム・アウトレット ・・・ 47
仙台パルコ ・・・・・・・・・・・・・・・ 37
仙台フォーラス ・・・・・・・・・・・・ 37
仙台三越 ・・・・・・・・・・・・・・・・・ 37
た 伊達のこみち ・・・・・・・・・・・・・ 79
東北工芸製作所 上杉ショールーム ・ 77
は Pâtisseries Glaces Kisetsu ・・ 35
花笠だんご本舗 朝市店 ・・・・・ 73
藤崎 ・・・・・・・・・・・・・・・・・・・・ 37
藤原屋 みちのく酒紀行 ・・・・・・ 59
ま 三井アウトレットパーク 仙台港 ・・ 47
三好堂 ・・・・・・・・・・・・・・・・・・・ 77

泊まる

あ ウェスティンホテル仙台 ・・・・・ 136
ANAホリデイ・イン仙台 ・・・・・ 136
か コンフォートホテル仙台東口 ・・ 136
KOKO HOTELS 仙台勾当台公園 ・ 136
さ 仙台国際ホテル ・・・・・・・・・・ 136
仙台ワシントンホテル ・・・・・・ 136
は ホテルJALシティ仙台 ・・・・・・ 136
ホテルビスタ仙台 ・・・・・・・・・ 136
ホテルメトロポリタン仙台 ・・・・ 136
ホテルモントレ仙台 ・・・・・・・・ 136
ま 三井ガーデンホテル仙台 ・・・・ 136
ら リッチモンドホテル
プレミア仙台駅前 ・・・・・・・・・ 136

仙台周辺の街とスポット

歩く・観る

あ 秋保大滝 ・・・・・・・・・・・・・ 26・80
秋保温泉共同浴場 ・・・・・・・・・ 81
秋保工芸の里 ・・・・・・・・・・・・・ 81
秋保・里センター ・・・・・・・・・・ 80
秋保ワイナリー ・・・・・・・・・・・・ 81
御釜 ・・・・・・・・・・・・・・・・・・ 25・90
か 片倉家御廟所 ・・・・・・・・・・・・・ 89
鎌倉山（ゴリラ山） ・・・・・・・・・ 85
傑山寺 ・・・・・・・・・・・・・・・・・・・ 89
極楽山西方寺 ・・・・・・・・・・・・・ 85

駒草平 ・・・・・・・・・・・・・・・・・・・・ 91
さ 蔵王エコーライン ・・・・・・・・・・・・ 90
蔵王温泉大露天風呂 ・・・・・・・・・ 94
蔵王町伝統産業会館
みやぎ蔵王こけし館 ・・・・・・・・・ 91
蔵王ロープウェイ ・・・・・・・・ 26・91
白石川堤一目千本桜 ・・・・・・・・・ 24
白石城 ・・・・・・・・・・・・・・・・・・ 52・88
白石・人形の蔵 ・・・・・・・・・・・・・・ 89
仙台七夕花火祭り ・・・・・・・・・・・・ 43
仙台万華鏡美術館 ・・・・・・・・・・・ 81
た 多賀城碑 ・・・・・・・・・・・・・・・・・ 128
滝見台 ・・・・・・・・・・・・・・・・・・・・・ 90
当信寺 ・・・・・・・・・・・・・・・・・・・・・ 89
な ニッカウヰスキー 仙台工場
宮城峡蒸溜所 ・・・・・・・・・・・・・・ 84
は 武家屋敷 ・・・・・・・・・・・・・・・・・・ 88
船岡城址公園 ・・・・・・・・・・・・・・・ 51
宝珠山立石寺(山寺) ・・・・ 85・103
鳳鳴四十八滝 ・・・・・・・・・・・・・・・ 84
ま めがね橋(旧小滝沢橋) ・・・・・・ 80
や 湯神神社 ・・・・・・・・・・・・・・・・・・ 85
ら 磊々峡 ・・・・・・・・・・・・・・・・・・・・ 81
歴史探訪ミュージアム ・・・・・・・・ 88

食べる・買う

あ 秋保ヴィレッジ アグリエの森 ・・ 83
お食事処・お泊り処・お湯処 ろばた ・・ 91
か 元窯 ・・・・・・・・・・・・・・・・・・・・・・ 91
さ さいち ・・・・・・・・・・・・・・・・・・・・ 83
定義とうふ店 ・・・・・・・・・・・・・・・ 87
白樺商店 ・・・・・・・・・・・・・・・・・・ 91
白石うーめん やまぶき亭 ・・・・・・ 89
仙加苑 白石バイパス本店 ・・・・・・ 89
た つつみ屋 作並店 ・・・・・・・・・・・・ 87
な 二代目たまき庵 ・・・・・・・・・・・・・ 83
は Pizzeria vegetariana L'Albero ・・ 87

泊まる

あ オーベルジュ 別邸 山風木 ・・・・・・ 92
温泉山荘 だいこんの花 ・・・・・・・ 93
か かっぱの宿 旅館三治郎 ・・・・・・・ 93
さ 蔵王国際ホテル ・・・・・・・・・・・・・ 94
蔵王四季のホテル ・・・・・・・・・・・ 94
茶寮宗園 ・・・・・・・・・・・・・・・・・・ 82
旬菜湯宿 大忠 ・・・・・・・・・・・・・・ 94
た 伝承千年の宿 佐勘 ・・・・・・・・・・ 82
は ホテル瑞鳳 ・・・・・・・・・・・・・・・・ 83
深山荘 高見屋 ・・・・・・・・・・・・・・ 92
や ゆづくしSalon一の坊 ・・・・・・・・ 86
湯の原ホテル ・・・・・・・・・・・・・・・ 87
鷹泉閣 岩松旅館 ・・・・・・・・・・・・ 86

松島

あ 味処 さんとり茶屋 ・・・・・・・・・・ 106
円通院 ・・・・・・・・・・・・・・・・・・・ 100
大高森 ・・・・・・・・・・・・・・・・・・・・ 98
奥松島遊覧船(嵯峨渓遊覧) ・・・ 98
か かきとあなご 松島 田里津庵 ・・ 107
かき松島こうは 松島海岸駅前店 ・・ 106
鐘島 ・・・・・・・・・・・・・・・・・・・・・・ 99
観瀾亭・松島博物館 ・・・・・・・・・ 101
五大堂 ・・・・・・・・・・・・・・・ 26・101
小松館 好風亭 ・・・・・・・・・・・・・ 104
さ 西行戻しの松公園 ・・・ 24・98・128
瑞巌寺 ・・・・・・・・・・・・・・・・・・・ 101
た 多聞山 ・・・・・・・・・・・・・・・・・・・・ 98
な 仁王島 ・・・・・・・・・・・・・・・・・・・・ 99
は 福浦島 ・・・・・・・・・・・・・・・・・・・・ 99
ま 松島一の坊 ・・・・・・・・・・・・・・・ 105
松島温泉元湯 ホテル海風土 ・・ 104
松島観光協会 かき小屋 ・・・・・・ 107
松島佐勘 松庵 ・・・・・・・・・・・・・ 105
松島島巡り観光船 ・・・・・・・・・・・ 98
松島 雪竹屋 ・・・・・・・・・・・・・・・ 101
丸文松島汽船 ・・・・・・・・・・・・・・ 98
道の駅 東松島・矢本(仮称) ・・・ 23

松島周辺の街とスポット

あ いしのまきマンガロード ・・・・・・・ 110
石ノ森萬画館 ・・・・・・・・・・・・・・ 110
岩井崎 ・・・・・・・・・・・・・・・・・・・ 111
大もりや ・・・・・・・・・・・・・・・・・・ 113
女川海の膳 ニューこのり ・・・・・ 113
か 亀喜寿司 ・・・・・・・・・・・・・・・・・ 109
かわまちてらす閖上 ・・・・・・・・・ 112
旧亀井邸 ・・・・・・・・・・・・・・・・・ 108
金華山 ・・・・・・・・・・・・・・・・・・・ 111
気仙沼「海の市」/シャークミュージアム 111
気仙沼 ゆう寿司 ・・・・・・・・・・・ 113
さ 雑貨と珈琲の店サタケ ・・・・・・・ 114
シーパルピア女川 ・・・・・・・・・・・ 112
塩竈市杉村惇美術館 ・・・・・・・・ 108
鹽竈神社 ・・・・・・・・・・・・・・・・・ 108
塩釜水産物仲卸市場 ・・・・・・・・ 109
塩竈すし哲 ・・・・・・・・・・・・・・・ 109
JR仙石線マンガッタンライナー ・・ 110
た 大黒寿司 ・・・・・・・・・・・・・・・・・ 109
田代島 ・・・・・・・・・・・・・・・・・・・ 111
ま MAST HANP ・・・・・・・・・・・・・ 114
マリンゲート塩釜 ・・・・・・・・・・・ 108
道の駅 さんさん南三陸 ・・・・・・・ 23
道の駅 ひがしまつしま(仮称) ・・・ 23
みなとまちセラミカ工房 ・・・・・・ 114
南三陸さんさん商店街 ・・・・・・・ 112
南三陸ハマーレ歌津商店街 ・・・ 112
南三陸ワイナリー ・・・・・・・・・・・ 112

平泉

あ 翁知屋 ・・・・・・・・・・・・・・・・・・・ 125
か 観自在王院跡 ・・・・・・・・・・・・・ 125
きになるお休み処 夢乃風 ・・・・・ 125
金鶏山 ・・・・・・・・・・・・・・・・・・・ 123
さ 西行桜の森 ・・・・・・・・・・・・・・・ 128
た 高館義経堂 ・・・・・・・・ 102・123・129
達谷窟毘沙門堂 ・・・・・・・・・・・ 125
地水庵 ・・・・・・・・・・・・・・・・・・・ 125
中尊寺 ・・・・・・ 23・103・118・123
は 平泉文化遺産センター ・・・・・・・ 124
ま 道の駅 平泉 ・・・・・・・・・・・・・・・ 123
武蔵坊弁慶の墓 ・・・・・・・・・・・ 129
無量光院跡 ・・・・・・・・・・・・・・・ 122
毛越寺 ・・・・・・・・・・・・・・ 124・127
や 柳之御所遺跡 ・・・・・・・・・・・・・ 127

平泉周辺の街とスポット

あ 味処 もん ・・・・・・・・・・・・・・・・・ 135
岩出山城址 ・・・・・・・・・・・・・・・・ 49
海老喜 蔵の資料館 ・・・・・・・・・ 135
か 川渡温泉浴場 ・・・・・・・・・・・・・ 131
元祖うなぎ湯の宿 ゆさや旅館 ・・ 132
教育資料館 ・・・・・・・・・・・・・・・ 135
警察資料館 ・・・・・・・・・・・・・・・ 134
猊鼻渓 ・・・・・・・・・・・・・・・・・・・ 125
厳美渓 ・・・・・・・・・・・・・・・ 25・125
さ 桜井こけし店 ・・・・・・・・・・・・・・ 133
地獄谷遊歩道 ・・・・・・・・・・・・・ 131
尿前の関跡 ・・・・・・・・・・・・・・・ 103
すぱ鬼首の湯 ・・・・・・・・・・・・・ 131
そば処 小花 ・・・・・・・・・・・・・・・ 133
た 滝の湯 ・・・・・・・・・・・・・・・・・・・ 131
伝統芸能伝承館 森舞台 ・・・・・・ 135
東陽寺 ・・・・・・・・・・・・・・・・・・・・ 51
登米懐古館 ・・・・・・・・・・・・・・・ 135
とよま観光物産センター遠山之里 ・・ 135
な 鳴子温泉神社 ・・・・・・・・・・・・・ 135
鳴子峡 ・・・・・・・・・・・・・・ 26・130
鳴子ホテル ・・・・・・・・・・・・・・・ 133
鳴子・早稲田桟敷湯 ・・・・・・・・・ 131
日本こけし館 ・・・・・・・・・・・・・・ 131
は 百年ゆ宿 旅館大沼 ・・・・・・・・・ 132
武家屋敷「春蘭亭」 ・・・・・・・・・ 134
ぽっぽの足湯 ・・・・・・・・・・・・・・ 130
ま 水沢県庁記念館 ・・・・・・・・・・・ 135
餅処 深瀬 ・・・・・・・・・・・・・・・・ 133

STAFF

編集制作 Editors
(株)K&Bパブリッシャーズ

取材・執筆 Writers
MOVE(後藤悠里奈　茅根遥　増田裕美
東山文音　森合千鶴　加藤亜佳峰)
蟹澤純子　嶋嵜圭子
内野究　重松久美子　本田泉
福田妙子　加藤由佳子　遠藤優子

撮影 Photographers
川島啓司、keica

編集協力 Editors
(株)ジェオ

本文・表紙デザイン Cover & Editorial Design
(株)K&Bパブリッシャーズ

表紙写真 Cover Photo
PIXTA

地図制作 Maps
トラベラ・ドットネット(株)
DIG.Factory

写真協力 Photographs
公益財団法人 仙台観光国際協会
公益社団法人 宮城県観光連盟
公益財団法人 岩手県観光協会
宮城県観光課
関係各市町村観光課・観光協会
関係諸施設
PIXTA

総合プロデューサー Total Producer
河村季里

TAC出版担当 Producer
君塚太

TAC出版海外版権担当 Copyright Export
野崎博和

エグゼクティヴ・プロデューサー
Executive Producer
猪野樹

おとな旅 プレミアム
仙台・松島・平泉 第4版

2024年3月5日　初版　第1刷発行

著　者　TAC出版編集部
発行者　多田敏男
発行所　TAC株式会社　出版事業部
　　　　　　　　　（TAC出版）

〒101-8383 東京都千代田区神田三崎町3-2-18
電話　03(5276)9492(営業)
FAX　03(5276)9674
https://shuppan.tac-school.co.jp

印　刷　株式会社　光邦
製　本　東京美術紙工協業組合

©TAC 2024　Printed in Japan　ISBN978-4-300-10965-6
N.D.C.291　　落丁・乱丁本はお取り替えいたします。